教育部人文社会科学2005年度规划基金项目（05JA820012）
"西部缺水地区雨水资源利用的法律问题研究"成果

贾登勋　著

雨水权利制度研究

西部缺水地区雨水资源利用的法律问题研究

中国社会科学出版社

图书在版编目（CIP）数据

雨水权利制度研究：西部缺水地区雨水资源利用的法律问题研究/贾登勋著.—北京：中国社会科学出版社，2008.4
ISBN 978-7-5004-6766-3

Ⅰ.雨… Ⅱ.贾… Ⅲ.降水－蓄水－法律－研究－中国 Ⅳ.D922.664

中国版本图书馆 CIP 数据核字（2008）第 019189 号

责任编辑　郭晓鸿（guoxiaohong149@163.com）
责任校对　修广平
封面设计　格子工作室
版式设计　戴　宽

出版发行　中国社会科学出版社
社　　址　北京鼓楼西大街甲 158 号　　邮　编　100720
电　　话　010－84029450（邮购）
网　　址　http：//www.csspw.cn
经　　销　新华书店
印　　刷　华审印刷厂　　　　　　　　装　订　广增装订厂
版　　次　2008 年 4 月第 1 版　　　　印　次　2008 年 4 月第 1 次印刷
开　　本　710×1000　1/16
印　　张　17　　　　　　　　　　　　插　页　2
字　　数　300 千字
定　　价　28.00 元

前　言

有史以来，人类的生存和发展，经济社会的形成，都是以水为中心逐步发展起来的。古人逐水栖居，人类最早的文明源于埃及的尼罗河、中国的黄河、印度的恒河和古巴比伦的两河流域，近代世界和我国的一些大城市也都是依水滨海而建的。水资源的合理开发利用和保护对社会、经济发展有着决定性的影响。在中国历史上，中国文明与经济区的形成和转移都是与水利兴衰分不开的。历代统治者凡励精图治时，都是以大兴水利来开拓国土，发展经济，促进国家的统一。因此，水是一种战略资源，不仅牵动着国家的发展和稳定，而且关系到世界的和平与发展。

建设部的有关资料显示，我国是一个水资源短缺的国家，淡水资源总量为2.8万亿立方米，居世界第六位，但人均水资源占有量仅为2185立方米，不足世界平均水平的1/3。若扣除难以利用的洪水径流和散布在偏远地区的地下水资源后，现实可利用的淡水资源量更少，仅为1.1万亿立方米左右，人均可利用水资源量约为900立方米。而西部地区水土资源更是极不均衡。西北地区包括陕西、甘肃、宁夏、青海、新疆、内蒙古六省（区）。该区地域辽阔，国土面积428万平方公里，约占全国的44.5%，人口9916万人，占全国总人口的7.9%。土地资源丰富，现有耕地2.7亿亩，光照条件好。但因位处欧亚大陆腹地，远离海洋，降雨稀少、蒸发强烈、多风沙，是干旱半干旱地带。整个西北地区多年平均降水量230毫米，其中40%地区的年平均降水量在100毫米以下，而蒸发量高达1000—2600毫米以上，是全国降雨量极度少于农田作物需水量的地区。全区多年平均水资源总量为2344亿立方米，仅占全国的8%，可利用量不足1200亿立方米。单位面积产水量为6.23万立方米/平方公里，仅为全国平均水平的21%。区域分布过于集中，仅新疆、青海两省区就占西部地区总水量的68%。对新疆而言，其西北部地区占全疆国土面积的50%，水资源量却占全疆水资源总量的93%，而其东南部地区50%的全疆国

— 1 —

土面积水资源量仅为 7％。同时，我国西南地区是长江、珠江和怒江、澜沧江、雅鲁藏布江等江河的上游区，降雨丰沛，水系发达，年均水资源量 12752 亿立方米，可利用水资源量为 3470 亿立方米。水能资源极其丰富，可开发容量为 2.67 亿千瓦，占全国的 70％。但西南地区山高谷深，地形地貌复杂，耕地面积少、质量差且较分散，客观上加大了水利基础设施建设和水资源开发利用的难度。

2000 年 6 月 1 日，水利部和国务院西部地区开发领导小组办公室在北京联合组织召开了"西北地区水资源问题及其对策高层研讨会"，水利部部长汪恕诚在致辞中指出，西北地区特定的自然地理条件决定了水资源在西北经济社会发展进程中占有举足轻重的战略地位，水利在西北的发展中发挥了重要的作用，而西北地区的发展对支撑我国社会、经济的可持续发展又有着极为重要的意义。这一地区不仅是黄河上游经济开发带的重要支撑点和辐射源，也是联结西部少数民族地区的纽带，具有经济区位、交通通信、工业基础、市场集散和科技人才等多方面的优势，自古以来就是中华民族灿烂文化的重要发祥地。在古代历史上相当长的时间内，陕西、甘肃等西北地区，曾经是植被良好的繁荣富庶之地。司马光在《资治通鉴》中这样描述盛唐时期陕、甘的发展情景："闾阎相望，桑麻翳野，天下称富庶者无如陇右。"所谓"山林川谷美，天材之利多"，就是古来对陕西一带自然风物的描绘。这一地区位于黄河中、上游，远古时期这里的气候温暖湿润，是个稀疏的草原环境。低凹地丰富的水源，高山茂密的灌木丛，台地上疏松的黄土，灌木、草地上生活的多种动物，为原始人类生存提供了天然适宜的环境。因此，这里是我国历史上经济开发，特别是农业垦殖和古代文化发展较早的地区之一。即使在中华民族最光辉自豪的盛唐时期，最繁华的都市也不在如今东部的鱼米之乡，而是河西走廊上的肃州（今武威）、甘州（今张掖）、凉州（今酒泉）、沙州（今敦煌）四个商业城市。那时的河西走廊地肥水美，一派"天苍苍、野茫茫、风吹草低见牛羊"的壮丽景观，肥美的草场和膏腴的耕地在祁连山麓制造了物产丰富的千里沃野，成为富甲天下的农牧生产基地。汉武帝以前，河西走廊曾是匈奴最好的牧场，供养了匈奴绝大部分人口，以致霍去病收复河西疆土后，匈奴失去了最肥沃的土地，发出了绝望的哀叹："夺我祁连山，使我牲畜不蕃息；占我胭脂山，使我妇女无颜色！"匈奴自此衰落下去。可见当时的河西走廊肥沃到何种程度！

近年来，随着西部地区经济社会的快速发展，由于自然、历史等多方面的原因，西部水利发展严重滞后，水资源问题逐渐凸显，主要存在着水资源配置

不合理、开发利用效率低、水土流失和水污染严重、抗御洪涝灾害的能力差等
问题，造成了环境污染和生态环境的恶化，可利用的水资源大大减少，已经成
为制约我国经济发展的重要因素，水资源短缺对西北地区可持续发展的瓶颈制
约也愈加明显。从 20 世纪 80 年代以来，西北地区的水资源进入了十分紧张的
状态，供需缺口日益加大。1999 年 6 月 17 日，江泽民总书记在西安召开的
"西北五省区国有企业改革与发展座谈会"上，在谈到改善西部地区生态环境
问题时提出，由于千百年来各种战乱、自然灾害和人为的原因，西部地区自然
环境不断恶化，特别是水资源短缺，水土流失严重，生态环境越来越恶劣，荒
漠化年复一年地加剧，并不断向东推进。干旱缺水是制约西部地区国民经济发
展的最大因素，十年九旱，降水时空分布不均。据有关部门统计，西北部分地
区（陕西、甘肃、宁夏、青海、新疆、内蒙古西部）年径流量为 1000 亿立方
米，仅占全国的 4%。黄土高原（包括河套平原）土地面积占全国的 6.9%，
耕地面积占全国的 12.2%，雨水资源仅占 1.8%，单位耕地面积平均水量仅占
全国平均的 14%，人均水量 654 立方米，是全国平均的 24.1%。而降水时间
分布差异也非常明显，全区多年平均降雨量为 235 毫米，除陕西南部年均降雨
量大于 600 毫米外，青海和甘肃及宁夏三省区的南部、陕西北部地区为 400—
600 毫米，青海和甘肃及宁夏三省区的中部、新疆北部地区为 200—400 毫米，
其他地区基本都在 50—200 毫米之间，部分沙漠和戈壁地区甚至在 10 毫米以
下。降水年内分配不均，一般 6—9 月份连续降水占全年降水量的 40%—
70%，夏秋季来水占全年来水的 50%—70% 左右，春季来水仅占全年来水的
20% 左右。

由于西北地区水少土多，水资源时空分布不均，水土流失严重，开发利用
难度大，加之缺少骨干性水资源调蓄配置工程以及盲目开荒，无序取水，管理
粗放，水资源浪费严重，水质恶化，大部分河道已成为季节性或常年无水的河
道，地下水严重超采，城乡供水出现全面紧张的态势。特殊的地理、气候条件
以及各种人为因素，加上社会经济的迅速发展，致使西北地区水资源紧缺的矛
盾日益突出，生态环境严重恶化。为了保证城市供水，不得不大量挤占农业用
水，致使这一地区大量土地得不到灌溉和开发，农业产量低，抵御自然灾害能
力差，部分地区还长期开采饮用有害物质含量超过标准的深层地下水，人民健
康受到严重威胁，地区之间、部门之间的争水矛盾日益激化，人畜饮水困难，
广大农民长期处于贫困状态或仅在温饱线上徘徊，给社会安定造成严重影响，
在很大程度上限制了西部大开发的前进步伐。为进一步说明其水资源开发利用

情况，我们可将西北地区分为以下三部分加以阐述：

1. 西北内陆河地区。由于中游土地过度开发，水资源长期不合理的开发利用，使水量散发严重，土地盐碱化；下游河道断流，绿洲与湖泊萎缩，尾闾湖泊干涸，草场退化，土壤沙化发展，沙漠化面积扩大。缺水主要集中在天山北坡中段、东疆地区等地，尤其是塔里木河下游已断流 320 多公里，石羊河、黑河等流域下游生态环境严重退化。

2. 黄河干支流地区。黄河干流的宁蒙灌区、关中盆地等支流及景泰、固海等扬黄灌区，灌水定额高，灌溉技术落后，用水效率低。

3. 黄土高原。这些地区土地资源丰富，降水很少，当地水资源贫乏，黄河水低地高，自然条件恶劣，水土流失严重，生态环境脆弱，也是我国贫困人口集中地，属水资源严重缺少地区。

西部地区特定的自然地理条件决定了水资源在西部经济和社会发展进程中的极端重要性。水资源短缺不仅对西部地区，而且对其他地区的经济社会发展也带来不利的影响。国务院西部开发办公室副主任曹玉书指出，解决西北地区水资源问题，不仅关系到西北地区人民的生产生活，也关系到全国的水资源安全和经济发展；不仅关系到当代人的安居乐业，也关系到子孙后代的可持续发展。科技进步是解决资源"瓶颈"问题的强有力武器，经济的持续快速发展特别是西部大开发战略的实施为解决西北地区水资源问题创造了良好条件，宏观调控的日趋成熟和体制政策的不断完善为解决西北地区水资源问题创造了有利环境。因此，解决西北地区水资源问题，我们必须进一步转变用水观念，创新发展模式，科学配置水资源，促进经济增长方式的转变。

1999 年 1 月 18 日，时任副总理的温家宝在与两院院士座谈水资源保护时曾指出："水问题是关系我国经济、社会可持续发展的重大战略问题，必须依靠科学技术，发挥广大科技人员的作用，不断提高水利科学技术水平和水利建设现代化水平。"鉴于水资源短缺给我国的社会、经济、环境带来的诸多问题，加快开发西部地区，就需要把合理利用水资源和社会经济可持续发展效益结合起来，将各种水资源进行优化组合，使之与人口、耕地、资源开发得到最佳配置，发挥最大的效益。在这种形势下，一些大型跨流域调水工程也就应运而生。将南方地区的水调到华北、西北缺水的地方去，成了解决国民经济和社会发展中缺水问题的基本思路。

我国是世界上最早进行调水工程建设的国家之一，有著名的都江堰、灵渠等。解放以后特别是改革开放以来，为解决缺水城市和地区的水资源紧张状况，我国又修建了 20 座大型跨流域调水工程，如江苏江水北调、天津引滦入津、广东东深供水、河北引黄入卫、山东引黄济青、甘肃引大入秦、山西引黄入晋、辽宁引碧入连、吉林引松入长、甘肃景电扬水等，都是把富余水资源调剂到水资源不足的地区，改变了水资源空间分布和时间分布状况，合理有效地利用了部分洪水资源。江水北调、引黄入卫及引大入秦、景电扬水等东、西部地区农业灌溉调水工程，虽然一定程度上缓解了水资源供需矛盾，但是在目前的市场经济条件下，还是受到农民经济承受能力等方面的限制。而早在 20 世纪六七十年代，党和国家就提出的南水北调的宏大计划，其实施也同样受到了诸多因素的制约。南水北调计划分三线：①东线。从江苏扬州附近提水，沿京杭大运河一路北上，将长江水调到缺水的山东、河北、北京、天津地区。②中线。在丹江口水库西北开挖明渠，利用丹江口水库水面和京津地区近 100 米的海拔高度差，通过自流把汉江的水引到河北、北京、天津地区。③西线。利用我国第一阶梯和第二、第三阶梯间的海拔差，将金沙江、大渡河的水引到华北地区。尽管西线工程有着巨大的经济、社会、环境效益，但就目前调水方案与施工地质环境来看，本着依据国力实力、量力而行、先易后难、分布进行的原则，西线调水的条件尚不成熟，并且对西线工程的水价确定、工程财务评价和国家管理政策等都较复杂。并且其后续工程，即澜沧江、怒江引水，及供水范围扩大到内陆河的设想方案较多，不同方案的差距很大，现均处于探讨阶段。问题主要表现在以下几个方面：

　　第一，尽管西部地区多水的西南地势高，缺水的西北、华北地势逐级降低，符合三个阶梯间的海拔差的要求，但是区域间地形复杂，有较多不良地质段，调水线路漫长，施工造价高，工程难度非常大。同时也会受前期准备阶段技术水平或资金筹措影响等方面的限制，在确定项目实施方案时，往往不是最优方案或最合理方案，相应地也就达不到工程预期的最佳效果。如甘肃景电工程二期，在规划阶段曾对灌区规模做过不同方案的规划设计和比较，但在决策中，为了降低投资规模，最终采取的方案是中型规模的折中方案，使古浪县 30 亩宜农宜林、土壤条件和开发条件均较好的荒地今后再也难以开发。

　　第二，跨流域调水必须要考虑调出区和调入区的水资源承载能力即其所具有的维护或改善生态系统和支撑经济社会发展的能力，既不能以牺牲生态和环境为代价来换取一时的经济发展，也不能为了确保满足此地的用水需求而影响到彼地的用水安全。工程沿线虽有较多的调蓄湖、库，但由于输水工程并非专用输水道，而是大量利用具有泄洪、灌溉、航道等综合工程的河道，因此调水工程如何与需水量变化做出快速响应，如何在调度运行上与之相适应、协调和安排，这些也都是制约西线调水工程顺利实施的因素。同时由于调水区位于相对寒冷地带，不能全年引水，每年调水的时间大概只有 7—8 个月。用于输水的总干渠冬季会出现冰盖或流冰，无冰盖输水时可能出现冰塞、冰坝等冰害，会危及输水渠道和建筑物安全。冰盖输水虽可减少大量流冰引起的冰害，但也会影响渠道输水能力。而合理配置调水工程，达到提高水资源承载能力的目的，就需要统筹考虑生态、环境、社会、经济等方面的水资源安全保障，考虑主水与客水的关系、调出区与调入区的关系。虽然我国已有能够修建青藏铁路的"硬汉"式施工队伍，但是，按目前实际经济能力和工程技术水平，如何利用现代技术进行集控以满足实时供水要求仍然是一个难题。

第三，调水工程建设基金是由中央和地方共享，分配比例为中央基金占 30％，地方基金占 70％。工程建成后，继续征收南水北调工程基金，用于偿还部分银行贷款本息。在目前地方筹集困难，中央也无法拿出更多资金的情况下，为了保证水资源工程项目的投资回收，投资方不得不提高水的运行成本，采取适当提高受水区水价的办法来筹集部分建设资金。但是，受益地区分散，人口稀少，整体生产力水平在全国相对最低，受水区则会出现因为水价等因素宁肯超采地下水、牺牲环境用水也尽量少用外调水的情况。因此"以需定供"（即在实施容量水价制度前提下，根据水源蓄水和来水情况，按照用水户的需求供水）这一原则很难实施。

第四，跨流域调水工程是一个包括跨流域引水、输水、蓄水、净水和配水等综合性水资源开发利用的城乡供水系统，涉及面广，工程历时长，但受到当前管理体制、机构设置等因素的影响，配套工程建设、水资源管理等方面都会不可避免地出现一些问题，影响工程总体效益的发挥。

由于西部地区被气候、地质、地貌和土壤等客观方面的因素所限制，跨流域调水在西部仍属"远景"，因此天然降雨就成了可利用的主要水源，大力建设集雨工程，发展雨养农业，切实搞好雨水资源利用也就成了西部地区水资源紧缺形式要求下的产物，顺应了社会发展进步的时代潮流。其应对措施的进展，从一个侧面也反映出西北地区人文历史和经济的发展。早在四千年前的周朝，人们就在农业生产中利用中耕等技术增加降雨入渗，提高作物产量；秦汉时期，一些地方修建涝池、塘坝拦蓄雨水进行灌溉；二千七百年前的春秋时期，黄土高原地区已有引洪漫地技术；六百多年前的明代已出现水窖。在 20 世纪 60 年代，我国科学家在黄土高原进行水土保持研究时也曾涉及鱼鳞坑和水平沟雨水集流技术，70年代还在吕梁山采用集雨梯田发展雨养农业，80年代，为解决干旱贫困山区人畜饮水问题，甘肃省水利厅和甘肃省农科院等有关单位对集雨技术的可行性进行了系统研究，90年代，在政府的支持和科技人员的努力下，以集雨技术为依托，在这一地区建立了初具规模的雨水集蓄工程。

雨水集蓄利用是指经过一定的人为措施对自然界中的雨水径流进行干预，使其就地入渗或汇集蓄存并加以利用，其形式和种类常取决于当地的地理环境和气候条件，具有千差万别的方式，如集流梯田、微型集水区集雨、人工集雨面集雨等。这种技术有四个特点：①适用于干旱和半干旱地区；②以利用地表径流为基础，由产流区和存水区组成；③大部分是就近利用水源，不包括水库中储存的河水和开采的地下水；④集水系统在集水区面积、储存量和资金投入方面属于小规模操作。雨水集蓄的类型主要分为三种：一是为解决人畜饮水和发展小面积的庭院经济，以庭院和屋顶为集雨面的雨水收集工程，主要适用于严重缺水的西北黄土高原地区以及在缺乏优质饮用水的地区（如高氟病区）；二是为农业生产提供水源和增加土壤水分的雨水利用形式，主要在我国西北黄土高原旱作农业地区和华北旱作农业地区广泛应用；三是以缓解城市及其周围地区的水环境问题为目的的雨洪利用工程。

不论是人们的日常生活，还是通常的灌溉农业，在增加用水有效供应、开辟供给水源、减少不必要的水量损失等方面，雨水集蓄利用都存在着巨大的潜力。

第一，用于降雨集存系统的工程投资小，一旦装设后，可在不需要燃料和电力的条件下供应水量，见效快，适合家庭使用，也能适用于各种复杂地形，维护管理较为方便。增加用水的办法仅靠改善现有的供水系统，而不需要新的设施和装置，就可以获得较多的水资源可供利用。例如，用封闭导管（如塑料管）取代渠道或敞开水面的输水道来抑制水分蒸发，防止渗漏损失，并可以发展到田间的地表覆盖，来增加作物的有效供水，改进现存的水分供给系统并使现有的水得到最大限度的利用。

第二，雨水矿化度低，无污染，收集储存后可以作为饮用水供应，直接解决缺水地区的人畜饮水问题，或用来补灌浇地，软化为土壤水后，可供植物有效利用，提高作物产量，进而改善人民的生活质量和提高经济效益。这一技术是稳定解决干旱缺水山区群众饮水困难和温饱问题、改善基本生存条件的唯一可靠途径，是促进当地农村产业结构调整，实现人口、资源、经济、环境可持续协调发展的根本性措施，在增加农民收入、改善生态环境、保持社会稳定、加强民族团结、加快西部地区发展等方面，都具有十分重要的意义。

本书通过大量的实地调查、资料收集，以问卷和访谈等形式对西部缺水地区雨水集蓄现状进行了调研和分析。在受访地区，群众将传统的雨水集蓄工程和节水灌溉措施结合起来，实施雨水集蓄利用，发展农业生产，从试点示范到规模发展，大致经历了以下三个阶段：

第一，试验研究阶段。通过对相关技术的试验研究，论证了雨水集蓄利用工程的可行性和可持续性，提出了雨水集蓄利用的理论与方法，编写了有关雨水集蓄利用理论与实践的论文集，为雨水集蓄利用工作的开展奠定了理论和技术基础。

第二，庭院集雨蓄水工程的落实推广和农田集雨灌溉试验示范阶段。在试验区，长期以来困扰当地人畜饮水的问题在经过实施庭院集雨蓄水工程后基本得到解决，群众摆脱了饮水困境，同时也为发展集雨灌溉提供了重要的启示。相关人员在试验研究的基础上，利用窖水灌溉塑料大棚蔬菜和地膜粮，很多地区都因此破了不能种植蔬菜、粮食的历史纪录。

第三，示范性推广阶段。在试验区进行集雨节水补灌工程和集雨蓄水利用工程的示范推广工作的同时，相关部门及人员又决定将此技术扩展到其他缺水干旱地区开展试验示范工作，并在发展雨水灌溉农业的基础上，新增了适宜生长于西北地区的地膜豌豆、洋芋、向日葵、百合和胡麻等新品种作物种植，获得全面丰收。目前，集雨节灌工程正如火如荼地在西北大部分地区发展开来。

在雨水集蓄利用的实施和发展阶段，其工程模式与技术方法也逐渐呈现出灵活多样的特点。集流面形式有自然坡面、路面、人工集雨场（碾压场、薄膜、混凝土等），有些地区还采用人工集流场或天然集流场与人工拦截措施相结合的方式；蓄水工程形式以窖、塘坝、涝池为主；节水灌溉的方法有管道输水灌溉、滴灌、渗灌、喷灌、补灌及精细地面灌、点浇等。这些地区都普遍采用了地膜覆盖及其他综合农业技术措施，有些地方甚至还发展起了基于雨水集蓄利用技术之上的养殖业。甘肃省自 1995 年开始实施"121 雨水集流工程"（即每个家庭修建 100 平方米的混凝土集水面和两个容积约 40 立方米的水窖，并发展 1 亩左右的庭院经济），并在此基础上向实施范围、建设方式、发挥效益三个方面拓展，形成了目前全省全面实施的集雨工程，在全国乃至亚洲都具有广泛的影响力。集水面的类型主要为混凝土庭院、屋顶、柏油路面，收集的雨水储存在混凝土薄壳水窖及传统的红胶泥旱井中。水窖主要分布在庭院旁或接近路面的田地中，容积为 20—30 立方米，除供应人畜饮用外，还结合滴灌和微灌措施发展果园、蔬菜、花卉和小规模的农田作物生产。

本书在深入调查的基础上还展开了对西部集蓄雨水的法律性质研究，立足于我国水资源开发利用现状，结合世界传统法学理论对自然资源法律属性的界定以及我国现行法律体系，通过对水权法律性质的探讨，并根据调研情况对这些地区的雨水集蓄工程用地及其法律属性、集蓄雨水的物权与债权流转的法律制度作了较为深入的研究。

此外，本书还就西部集蓄雨水市场化和综合利用现有资金促进西部集雨事业发展等问题，对集蓄雨水市场化、产业化的发展前景和经济效益等问题进行分析，并针对集雨工程的现有可利用资金使用方面存在的缺陷，对合理优化现有资金，实现经济、社会、环境等综合效益方面做出了一些有益的尝试，其中部分成果已在有关学术刊物上发表，引起社会有关方面的广泛关注，产生了积极的影响，如《新华文摘》对主要论点予以摘引，甘肃省水利厅组织相关专家对本课题进行了专题研讨。

目前，我国西北地区水源条件和水利设施较好的关中平原、宁蒙河套灌区、新疆天山南北麓的绿洲、青海湟水河谷地、甘肃黄河谷地等地区，是西部区域经济发展的中心区，也是环境优美的"塞北江南"，这些地区都是经过几十年甚至几百年的努力才逐步建成的，而水利基础差的干旱缺水地区往往都是我国生态环境最恶劣、最贫困的地区。西北地区特定的自然地理条件决定了雨水资源利用与区域发展息息相关。在我国当前落实科学发展观、构建和谐社会的大政方针背景下，国家再次将建设资源节约型和环境友好型社会纳入到当前的"十一五"规划中，把发展循环经济作为我国"十一五"经济增长方式转变的重要途径和实现新型工业化道路的必由之路，也是我国"十一五"消费模式转变的重要方式。而加快开发西部地区应该是全面的，要把水资源的开发和有效利用放在突出位置，只有解决了水的问题，才能促进经济、社会、环境协调发展。因此，坚持人与自然和谐相处，大力推进节水型社会建设，加强水资源的优化配置和统一管理，建立有利于水资源节约和保护的经济社会自律式发展模式，促进经济社会步入科学发展的轨道，就要求西部地区在工业生产和生活消费过程中，强化节约资源、保护环境、科学发展的意识，广泛深入地开展开源节流，提高水资源综合利用水平，努力实现水资源的循环，保证供水与用水的平衡。为了使之成为西部地区解决资源、环境与发展问题的有效途径，需要全社会各界人士的共同努力，在水利工程方面，在国家财力稳定增长的前提下，逐步加大对西部地区的支持力度，加强对现有水利工程的改造、维修，努力扩大灌溉面积；从经济、技术、法律和行政上全面合理用水的角度，在充分利用本地水资源的基础上，实施雨水集蓄技术，合理开发空中云水资源，加强人工增雨作业的规划、实施、管理及其工程建设，优化配置水资源，加强用水制度管理。

自 20 世纪 80 年代开始，西部地区的雨水集蓄工程经过技术引进、研究实验、设施建设实施，直到 21 世纪初达到全面推行的新阶段，目前面临着发展的新形势，并将以更多、更新的方式展开，应用技术发展将登上一个新的台阶，相关的设计规范和制度建设也将逐步完善。在当前国家科学的宏观方针政策指引下，随着相关法律法规的不断健全和人们的环保意识、水资源意识、环境价值观的不断提高，雨水集蓄利用技术将得到更为广泛的应用。作为水资源开发利用的重要手段和发展循环经济模式的重要支撑，雨水集蓄利用技术必将为解决西部地区水紧缺问题以及实现人类社会的可持续发展发挥重要作用。

本书的写作大纲由笔者提出并完成主体部分的写作，书稿完成后由笔者统一修改、审定并总纂。本课题组成员和笔者的一些研究生进行了大量的调研和基础性工作，在此表示感谢。

特别感谢对本课题研究给予大力支持和帮助的地方各级政府部门、科研单位和接受调研的各位朋友。

本书在写作过程中，还参阅了大量的国内外相关文献，对所有引用的文献，笔者都尽可能地一一注明出处，如有遗漏，实非故意，谨请原作者谅解。在此对所有笔者所引用或参阅文献的作者表示诚挚的感谢。

贾登勋

2007 年 7 月 22 日

于兰州大学

目　录

第一章 缺水地区雨水集蓄的基本理论及其法律属性

第一节 缺水地区雨水集蓄基本问题的阐释

一 关于"缺水地区"的界定

"缺水地区",顾名思义,就是指缺少水资源,生产生活用水得不到基本满足的地区。从一般意义上讲,我国缺水地区主要集中在西部的干旱和半干旱地区,主要包括内蒙古高原、黄土高原、四川盆地西缘到云贵高原以西的地区。从整体上看,这些地区较之湿润、半湿润地区更为干旱缺水,但是,实际情况比地理上的划分要复杂得多。在广阔的干旱半干旱地区地理范围内存在许多拥有较丰富淡水资源(河流、湖泊、地下水)的地区,这些地区不是本书研究的地理对象。相反,在湿润半湿润地区也存在着大量的"绝对缺水地区"和"相对缺水区",前者是指全年降水总量在半湿润地区降水标准以下;后者是指全年总降水量在半湿润地区降水标准之上,但是,由于降水季节分布严重不均、同时缺少其他水源而出现季节性缺水的地区,比如,西南山区就存在这种情况,虽然全年降水量很高,但是由于降水主要集中在夏秋季节,同时由于特殊的地理构造导致这些地区缺乏地下水,每年春冬缺水季节还要翻山越岭寻找水源。以上是概括性的总结,根据自然科学的成果,我国缺水地区具体是指以下三个区域:

(1)西北黄土高原丘陵沟壑区、华北干旱缺水山丘区、西南旱山区。主要涉及 13 个省（市、自治区）、742 个县（市），面积约 200 万平方公里，人口2.6 亿。水资源贫乏，区域性、季节性干旱缺水问题严重，是这些地区的共同特征。

（2）北方黄土高原丘陵沟壑区与干旱缺水山区。多年平均降雨量仅为250—600 毫米，且 60％以上集中在 7—9 月份，与作物需水期严重错位。根据试验资料，该地区的主要作物在 4—6 月份的需水量占全年需水量的 40％—60％，而同期降雨量却只有全年降雨量的 25％—30％。由于特殊的气候、地质和土壤条件，区域内地表和地下水资源都十分缺乏，人均水资源量只有200—500 立方米，是全国人均水资源量最低的地区。"三年两头旱，十种九不收"是当地干旱缺水状况的真实写照。

（3）西南干旱山区。尽管年降雨达 800—1200 毫米，但 85％的降雨集中在夏、秋两季，季节性的干旱缺水问题也十分突出。这些地区大部分属喀斯特地貌，土层薄瘠，保水性能极差，雨季降雨大多白白流走；许多地方河谷深切、地下水埋藏深，水资源开发难度大；加之耕地和农民居住分散，不具备修建骨干水利工程的条件，干旱缺水是当地农业和区域经济发展的主要制约因素。

制约以上地区经济社会发展的最主要因素是水资源缺乏问题，在这些地区一般不适合修建大型的骨干水利工程，而是适合开发、推广技术难度小、投资少、见效快、生态破坏小的雨水集蓄利用工程。

二 人类利用雨水的历史回顾

离开了水源，生命就无从产生和繁衍，人类就无法生存和走向文明，著名的人类文明都与水紧密交织在一起，如尼罗河文明、印度河文明、黄河文明、地中海文明，等等。人类早期的生活是"逐水而居"，早期的水源利用也仅局限于"取水于江河"。但是，随着人类活动范围的日益扩大、生产技术不断提高，人类开始学会利用雨水来满足生活、生产需要。从理论上和有关考古材料看，我们认为雨水利用技术应该早于凿井技术和大型水利技术，人类进入农业社会之后起初是靠天吃饭，后来受到启发，必然会逐步掌握雨水的收集和利用技术，而这种技术较之凿井技术和大型水利工程技术则要简单得多。

以上是理论分析，下面看一下考古资料：

据有关资料记载，雨水集蓄利用可追溯到公元前六千多年的阿滋泰克（Aztec）和玛雅文化时期，那时人们已把雨水用于农业生产和生活所需。公元前二千多年的中东地区，典型的中产阶级家庭都有雨水收集系统用于生活和灌溉。阿拉伯人收集雨水，种植了无花果、橄榄树、葡萄、大麦等。在利比亚的干燥河谷内，人们用堤坝、涵管把高原上的水引至谷底使用。埃及人用集流槽收集雨水作为生活之用。二千年前，阿拉伯闪米特部族的纳巴泰人在降雨仅 100 余毫米的内盖夫（Negev）沙漠，创造了径流收集系统，利用极少量的雨水种出了庄稼，后人称之为纳巴泰方法。20世纪 70 年代从卫星照片上发现了埃及北部的径流收集系统和非洲撒哈拉东南部存在的集水灌溉系统。在印度西部的塔尔沙漠，人们通过水池、石堤、水坝、水窖等多种形式收集雨水，获得足够的水量来支持世界上人口最稠密的沙漠（60 人／平方公里）。几百年前，美国亚利桑那的印第安人用漏斗状的长堤，把雨水集中到几公顷的土地上，种植玉米、甜瓜等。五百多年前，科罗拉多的阿那萨基人建造数以千计的小坝截留雨水种植玉米、豆子和蔬菜。雨水集蓄利用曾经有力地促进了世界上许多地方古代文明的发展。

雨水集蓄利用技术在我国也有很久的历史。早在二千五百多年前，安徽省寿县修建了大型平原水库——芍陂，拦蓄雨水，用于灌溉。秦汉时期，在汉水流域的丘陵地区还修建了串联式塘群，对雨水进行拦蓄与调节。我国西北干旱半干旱地区通过长期的生产实践，创造了许多雨水集蓄利用技术，建造了如坎儿井、土窖、大口井等多种蓄水设施，对当地农业的发展发挥了十分重要的作用[①]。

实际上，其他考古资料表明，我国西北地区在西周时期就已经出现了以旱地为主的传统农业模式，而旱地农业的主要特征是充分利用雨水作为灌溉用水，因此，如果从这个时期的"雨养农业"算起，我国对雨水资源的利用应该有近四千年的历史。

以上资料表明，在近代之前的传统社会中，世界各国都在不同程度上、以不同方式利用雨水满足生活、发展生产，并且取得了良好的效果。实际上，在大自然对人类的影响中，雨水起了很大的作用，所以"风调雨顺"往往成为

---

①　顾斌杰等：《雨水集蓄利用技术与实践》，中国水利水电出版社 2001 年版，第 6 页。

"国泰民安"的标志和千百年来所有人的夙愿。但是,人类社会进入 19 世纪以来,伴随着近现代技术的兴起,地下水开采技术日益精湛,逐渐取代了雨水利用技术的地位;同时,大型的水利工程为经济发展提供了稳定的、充足的水源,效益显著。于是,原先的雨水利用传统被逐渐遗忘了。

然而,人口激增、经济迅速发展对水资源提出越来越高的要求,世界各地先后出现地下水枯竭、地面下陷以及大型水利工程引发的层出不穷的环境生态问题。"水资源危机的不断加剧,已成为全人类面临的重大环境问题,越来越严重地制约着国民经济的持续、健康发展"[1],水资源成为了制约 21 世纪经济社会发展的瓶颈,实践迫使人们开始探索其他获取水源的有效途径。

由于雨水的广布性和易于收集性,其必然进入到关注水资源开发利用的国家的视野之中。20 世纪 80 年代以来,发展雨水利用技术的国家中既有发达国家(如日本、澳大利亚、加拿大、美国、德国、瑞士等),也有欠发达国家和地区(如南亚、东南亚、中东、非洲等地区的国家)。这些国家中有传统的缺水地区(如以色列、埃及、伊朗、巴勒斯坦等),也有降水量高达 3200 毫米的丰水地区,如今雨水利用技术已经遍布于除了南极洲之外的六大洲了[2]。

近年来,国外利用雨水已经取得了丰硕的成果和技术经验。水资源奇缺的以色列,雨水资源利用率高达 85% 以上[3];德国早在 1989 年即出台了《雨水利用工程设施标准》,现在德国雨水利用技术已经相当成熟;美国加州近年来推行的"水银行"[4] 制度为解决该州的缺水矛盾已经取得了显著效果[5]。在农村利用雨水规模最大的是泰国,20 世纪 80 年代以来开展的"泰缸"(Taijar)工程,建造了 1200 多万个 2 立方米的家庭集流水泥水缸,解决了 300 多万农村人口的吃水问题。澳大利亚在农村及城市郊区的房屋旁,普遍建造了用波纹钢板制作的圆形水仓,收集来自屋顶的雨水。据南澳大利亚的一项抽样问卷调查表明,使用雨水的居民比用城镇集中供水系统的要多。加勒比海地区的雨水也是许多地方居民生活用水的主要来源,百慕大群岛 80% 以上的居民用水来自雨水收集系统。在非洲肯尼亚的许多地方,联合国开发署和世界银行的农村

---

① 查淑玲、孙广才:《水资源价值及商品水定价问题的探析》,《农业现代化研究》2004 年第 6 期。

② 顾斌杰等:《雨水集蓄利用技术与实践》,中国水利水电出版社 2001 年版,第 1 页。

③ 我国的许多干旱缺水地区其干旱程度并不亚于以色列,但是雨水利用率不到 1%。

④ 是指在丰水季节收集雨水、而在缺水季节加以利用的一种制度,类似于丰水期储蓄水源,而缺水期利用储蓄的水资源,所以称为"水银行"。

⑤ 任树梅:《水资源保护》,中国水利水电出版社 2003 年版,第 220 页。

供水和卫生项目把雨水存储罐作为项目的一个重要内容。这种技术后来传到博茨瓦纳、纳米比亚、坦桑尼亚等地，带动了非洲雨水集蓄工程的发展。在拉丁美洲的墨西哥和巴西，雨水利用也开展得比较普遍：墨西哥的恰帕斯（Chiapas）高原有较完善的雨水收集系统，由铝制屋顶、梯形地下水池、过滤池、水泵等组成；巴西东北部靠近赤道的半干旱带皮特罗利纳（Petrolina）地区，在加拿大等国际组织的资助下，帮助贫苦居民修建用铁丝网水泥、预制混凝土板、石灰衬砌和砖砌的储水罐，数量达 2000 多个[1]。

近年来，我国在海南岛地区、舟山群岛、上海市[2]等地区的雨水利用都取得了明显效果。但是成效最大的应属从 20 世纪 90 年代开始的，在我国政府支持下进行的，在西北黄土高原丘陵沟壑区、华北干旱缺水山丘区、西南干旱山区三个区域开展的"雨水集蓄工程"，该工程顺利开展，解决了三区人民的用水问题、提高了当地人民的生活质量、为当地经济发展、社会稳定和生态环境保护做出了较大贡献[3]，而且为这些地区经济进一步发展提供了一个可行性的思路，效果显著、意义重大！

"雨水集蓄技术"是适应我国大部分地区的水资源开发利用技术。进一步发掘雨水集蓄利用技术的潜力来发展我国社会经济，是我国解决水资源危机的有效途径之一。但是我国相关政策法规尚待完善，本书正是从这一个基础出发来展开对"雨水集蓄"相关法律问题的研究。

三　"雨水集蓄"概念的界定

"雨水集蓄"对于我国法学界还是一个比较陌生的概念，但是，这个概念对于相关技术领域的技术人员早已经耳熟能详。在工程技术方面，我国人民已经积累了上千年的历史经验[4]，即使在现在，我国在该领域的工程技术方面仍

---

[1]　顾斌杰等：《雨水集蓄利用技术与实践》，中国水利水电出版社 2001 年版，第 2 页。

[2]　洪崇恩：《水资源循环：上海提倡实施新方法收集利用雨水》，http://news.yninfo.com/guonei/gedi/2005/7/1121038304_15/。

[3]　顾斌杰等：《雨水集蓄利用技术与实践》，中国水利水电出版社 2001 年版，第 6—7 页。

[4]　在宁夏海源县考察时，当地老人领我们看了利用传统方法修建的、已经有上百年历史的水窖，其技术在地质学、力学以及防渗技术方面都有惊人的科学性。据老人回忆，他小时候亲眼见过有数百年历史的水窖，而且传说这个地区的雨水集蓄历史是与人类在该地区生活的历史一样长的，基于该地区没有其他淡水来源的现实，我们认为这个传说是可信的，因此，该地区的雨水集蓄历史至少可以追溯到千年之前的西夏王朝时期。

有独特之处，相关技术曾经作为援外项目输往中东、非洲等干旱地区。与完备、先进的工程技术领域相比，我们法学界的相关理论还比较滞后，我们确实有必要从法律角度对该问题进行研究，推动相关政策法规的出台，从而为该领域提供制度上的支持。我们的研究从基本概念入手。

如上所述，我国缺水地区普遍缺乏足量、适用的地表水和地下水等稳定的水资源。对于这些地区人民而言，最有效的水资源利用途径就是通过一定的人为设施将自然状态下的雨水收集起来、经过相关技术处理，然后加以利用。由此可见，"雨水集蓄"是我国劳动人民在生产实践中的一项伟大的发明创造。这个创造延续传承了近千年之久，有效地解决了缺水地区人民的基本用水问题，为历史上和现实的经济发展、社会稳定做出了巨大的贡献。因此，我们现在对"雨水集蓄"做出学理界定，其实是用理论的语言来复述社会生活实践，较之纯粹的、远离社会生活土壤的"法律思辨"①应该更具有根基、更经得起推敲。

由于法学界研究空白的限制，我们对雨水集蓄相关概念的构建应该参考和借鉴自然科学技术的相关成果。相关技术领域对雨水集蓄的相关概念有下列表述：

> 雨水集蓄利用是雨水利用的一种形式。雨水利用是指对原始状态下的雨水进行利用，或对雨水在最初转化阶段时的利用。按照这个理解，属于雨水利用范畴的有雨养农业以及水土保持为提高对雨水资源的利用率所采取的措施②。
>
> 所谓雨水集蓄利用工程是指在干旱半干旱及其他缺水地区，将规划区内及周围的降雨进行汇集、存储，以便作为该地区水源加以有效利用的一种微型水利工程③。
>
> 雨水集蓄利用就是将降雨产生的径流收集贮存起来，为人类开展的各种社会生产活动所利用④。

以上各种对"雨水集蓄"的定义都不能够直接被采用为法律术语。法律概

---

① 谢晖：《法的思辨与实证》，法律出版社 2001 年版，第 1—4 页。
② 中华人民共和国水利部发布：《雨水集蓄利用工程技术规范》（2001 年 4 月 1 日实施）。
③ 顾斌杰等：《雨水集蓄利用技术与实践》，中国水利水电出版社 2001 年版，第 3 页。
④ 李勇：《雨水集蓄利用的环境效应及研究展望》，《水土保持研究》2002 年第 4 期。

念应该是"对各种有关法律的事物、状态、行为进行的概括而形成的法律术语"①。根据法律术语的定义规则和相关语法、词法的知识，我们对"雨水集蓄"做如下分析：

"雨水"是一个名词概念，"集蓄"是指收集、储存之意，可以作动词，也可以作名词化的动词理解。在现代汉语中，名词在前、动词在后的词组结构是很少见的，一般不用。将"雨水集蓄"解释为宾语前置也似乎没有必要，因此将"集蓄"作为名词来理解，更符合现代汉语的习惯。在现代汉语构词中两个名词连用构成一个偏正结构的短语的情况很多，法学中也存在大量这样的概念，比如，"人身保险"、"证券投资"等术语就是此种构词结构。在这些短语中，中心词"保险"、"投资"两个词原先是动词，在这里作名词使用，而"人身"和"证券"两个名词分别作为其中心词的定语而存在，用以对中心词的范围和类型进行限定，用以说明是"人身保险"而非"财产保险"，是"证券投资"而不是"期货投资"。

据此，我们认为"雨水集蓄"这个词组的构词方式与上述偏正结构的短语构词方式一致。"集蓄"是作为名词出现，而不是作为动词出现，"雨水"是作为中心词的定语出现的，是对"集蓄"对象作的一种说明和限定。因此，我们认为，"雨水集蓄"这个名词属于上文所说的"关于法律定义中的与法律有关的行为"那一类法律术语，而不是"与法律有关的事物、状态"这一类术语。我们最后对"雨水集蓄"的定义将落实到"行为"这一类别上：

> 雨水集蓄是指自然人、法人或者其他法律主体以合法占有为目的、依法律或依习惯，利用特定的工程措施对降水进行收集、储存和调节利用的法律行为。

理解这个概念至少要从以下几个方面入手：

1. 主体方面。传统的雨水集蓄主体主要是缺水地区的农户家庭，但是在调查中我们发现近年来，许多政府部门、企事业单位都利用硬化地面、屋顶等场地集蓄雨水，比如，宁夏海源县兴仁镇水管所，就利用本单位的硬化的大院地面和修建的两眼水窖进行雨水集蓄。不止于此，在条件成熟的情况

---

① 　张文显：《法理学》，高等教育出版社 2004 年版，第 89 页。

下，还有可能出现专以雨水集蓄为产业的经济主体①。因此，将雨水集蓄行为的主体规定为自然人、法人和其他法律主体是全面、适当的。倘若雨水集蓄工程技术得到推广，外资主体也有成为雨水集蓄主体的可能性，这也应当是允许的。

2. 主观方面。雨水集蓄行为应该是以合法占有为目的，至于合法占有、取得所有权后，是自用还是经营，在所不问。如果主体没有合法占有、取得所有权的主观意思，而是因为其他事件而收集雨水的情况下，不是雨水集蓄行为。

3. 收集雨水的工程设施需为特定。雨水收集设施一般是以收集雨水为目的而建造的、有一定规格和安全指标的人工设施，主要包括水窖（瓦罐形、圆柱形、球形、瓶形、烧杯形等）、集雨池和集雨场地。公路（可以作为集雨场地）和路边排水设施，不是政府以集蓄雨水为目的而建造的特定设施，所以沿公路主体可以免费利用该公路和排水沟作为集雨设施，但是以不妨碍正常交通和正常排水为限。

4. 行为的依据上有依法和依习惯两种。西部大部分缺水地区收集雨水的行为是依传统习惯而进行的。宁夏海源县兴仁镇高庄农民王兴国老人介绍说，他小时候见过上百年的水窖，他听其先辈说他们这个地方自从有人类生活以来就是靠雨水集蓄作为常用水源的。甘肃省通渭县李店乡的周尧尧也告诉我们说，家乡的地下水是浑的、苦的，又没有地表水源，所以祖祖辈辈都是"靠天吃饭、靠天喝水"。对于"靠天喝水"这句话，确实是对西部人民水源的真实写照，这些地区人民收集雨水有千百年的传统，所以这类雨水集蓄行为是依照习惯而进行的行为，应该受到法律保护。

此外，在调查后，我们认为，雨水集蓄在特定条件下是可以实现"市场化"的，因此，在未来条件允许的情况下，会出现以出售为目的的"雨水集蓄"，甚至还会出现雨水集蓄的企业组织形式，对于这类商品化性质的雨水集蓄应该依照企业的经营性质、目的、规模等因素依法登记。这种性质的雨水集蓄主体的行为则应该完全依照法律而非依习惯进行。

5. 收集对象是降水。虽然我们研究的重点是"雨水集蓄"，但是收集对象可以是雨水之外的其他形式的降水，比如，降雪、冰雹等，收集行为以不侵害

---

① 迟方旭、贾登勋：《西部雨水集蓄合伙企业法律制度初探》，《兰州大学学报》（社会科学版）2005 年第 1 期。

他人和社会利益为限。调查中，当地农民有收集降雪的习惯，并无矛盾纠纷出现，因此也没有必要另外单独研究，凡是适用于雨水收集的规范，若无例外情况，则适用于其他降水的收集。

四 雨水集蓄适用地区的基本特征

根据我们对"缺水地区"的界定可知，所谓缺水地区的范围并不是固定的。有的地区以前是缺水地区，但是由于有引水工程经过就不再缺水了；同时还有些地区，以前是丰水地区，后来由于原先的水源遭到了破坏，反而又成为了新的缺水地区。

以河北省文安县为例，该县是京津地区数百里之内有名的洼地，人称"文安洼"。该县在新中国成立前"十年九涝"，因为许多河流（海河、子牙河、大清河等）的下游都经过该县，夏秋暴雨时节导致河水泛滥，还由于紧邻京津，常作为保护京津的泄洪道。

新中国成立后，国家大力治理海河，疏通了海河下游，有效地遏制了连年成灾的涝情，除特大洪水年份（如 1963 年）外，再也没有出现过较大涝灾。至迟到 20 世纪 70 年代左右，地下水位在两三米左右或者更浅，因为在田地里铁锹掘一个坑都会有水渗出来；但是，从 80 年代以来，由于过度使用地下水、气候变异、降水减少等因素，境内流过的海河、子牙河、大清河、任（任丘市）文（文安县）干渠等河渠都先后干涸或出现季节性断流，地下水位下降到几十米之下，该县西南几个地势较高的乡镇曾经因为地下水位下降过快而禁止村民抽水灌溉；任文干渠与白洋淀相连，由于白洋淀水量近年来也急速减少，甚至有部分干涸，导致任文干渠在枯水期内见底干涸。现在，该区虽然在饮水上可以依靠地下水，但是如果没有新的节水措施或者新水源的补给，随着工农业用水对地下水的过度掠夺，该县在可以预见的将来必然成为严重缺水的地区。

但是，"南水北调"工程的设计方案改变了这一趋势，根据现在公布的"南水北调"方案，东线调水的蓄水库正好位于该县境内，因为该县是华北地区地势最为低洼的典型地区。一旦调水工程完成，该县及其邻近地区又将成为丰水地区。

自然力和人力经常造成"沧海桑田"的结果，文安县在不到一个世纪的历程中证明了这一点。因此本书所作的所有探讨是针对正处于"缺水状态"的那些地区而言的,一旦这些地区由于自然或者人为原因不再是"缺水地区"了,则我们的结论也就不适应那里了。

换句话说,雨水集蓄方式仅是解决干旱缺水问题的有效途径之一,只有对于那些具备若干特征的地区而言,这种方式才是最佳选择。借鉴相关技术部门经验、结合本专业特点,我们认为,凡是具有以下若干特征的地区,解决干旱的最有效途径是选择雨水集蓄,这些条件包括如下几个方面:

1. 地表水和地下水资源贫乏,水资源贫乏已经成为影响当地人民正常生活、制约当地经济发展的不利因素。

2. 全年有一定降水,但是降水的季节或者年份分布不均。实际上,我国的气候特征之一就是"雨热同期、降水时空分布不均"。比如,在北方黄土高原沟壑地区,全年降水的60%集中在7—9月份,而该地区的主要作物在4—6月份的需水量占全年需水量的40%—60%,但是同期降水量仅占全年降水量的25%—30%。西南干旱山区情况类似,虽然该区的年均降水量在800—1200毫米,但是雨量的85%集中在夏秋两季,因此造成的季节性缺水是显而易见的。在西北缺水区降水的年度分布不均也很明显,例如,作为全国典型干旱区的宁夏固原地区,截至2006年已经连续三年大旱,2006年7月份,我们到该地区考察时,当地人吃的水窖中的水还是三年前集蓄的,如果没有水窖,当地水荒的解决可能会耗资巨大。这样的地区,雨水集蓄工程的调节作用才是更加明显的。

对这些地区而言,并非没有降水,而是将宝贵的降水白白流失掉了。与其耗资巨大地引来外来水源,还不如就地集取,以调余缺。

3. 地质结构不利于贮存地下水。西北黄土高原区是立土结构,不利于保养下渗的雨水,难以形成地下集水。西南缺水区多属喀斯特地貌,土层薄瘠,保水能力极差。

4. 不适于修建其他引水或取水工程。西北黄土高原丘陵沟壑区、华北干旱缺水山丘区、西南旱山区,这三个缺水区多处于山地、丘陵地带,山脉谷道纵横交错,加之人口密度小、居住分散,根本不适合修建骨干水利工程。有的地区虽有地下水,但是不易开发,比如西南旱山区,许多地方河谷深切、地下水深藏,开发难度大,故不适合凿井取水。

5. 按照国家统一规划,不适于修建大型引水工程或者难于享受其惠。我国现在最大规模的引水工程就是"南水北调"工程,当然还有其他一些规模较小的引水工程。这些引水工程的初衷就是要解决我国北方地区人民的用水问题，但是，如果认为这些工程可以解决广大缺水地区的用水问题，那是错误的看法。我国许多缺水地区千沟万壑、谷岭交错，加之居民居住分散，根本不适于修建大型引水工程，即使修建了，由于特殊的地形或者地质构造，也很难实现初衷。在这样的地区修建雨水集蓄工程比较适宜。

凡是符合以上几个主要特征的地区，在条件允许的情况下都应该积极发展雨水集蓄工程。同时，还应该考虑到，大型引水工程的兴建周期较长，即使处于引水工程潜在受惠区域内的人们，为了解决近期用水问题，也可以考虑在引水工程完工之前，选择雨水集蓄方式。

实践证明，大力发展小、微型雨水集蓄工程，集蓄天然雨水，发展节水灌溉是这些地区农业和区域经济发展的唯一出路，而且这项措施投资少，见效快，便于管理，适合当前上述区域农村经济的发展水平，应该大力推广，全面普及[1]。

五 雨水集蓄工程较之大型水利工程的优点

较之大型水利工程，雨水集蓄工程有自己的优点：

1. 投资小、见效快。以我们亲自考察的西北地区为例，陕西、甘肃、宁夏三省区对农户修建水窖，每眼水窖补助的标准分别是 200—400 元、600 元、800 元，都是以建筑材料的补助形式为主，政府补助款额虽然有所差异，但是较之大型水利工程则耗资较少、也较为灵活，各地根据财政能力可以"年年有所作为"，而且，雨水集蓄工程一旦破土动工，短时间内即可完成，当年即可投入使用。而大型水利工程从论证、设计、施工，少则数年，多则十几年，甚至更长，而大型水利工程耗资巨大，需要有稳定充足的财政保障的情况下才可以上马。

2. 更加普及、更为公平。大型引水工程的干道相对于广大缺水地区而言，是过于狭窄的，再加之交通、地形等因素，不同地理位置的人民决定了其对引水工程的受益程度有显著差别，造成受益不均。而雨水集蓄工程的受益程度十分广泛、受益主体更为普及，雨水集蓄工程直接修进一家一户，达到"遍地开花、普遍受益"的良好效果，这一工程能够使更多的人享受到经济发展和国家富强以后带来的成果。

---

[1] 顾斌杰等：《雨水集蓄利用技术与实践》，中国水利水电出版社 2001 年版，第 5 页。

3. 工程维护成本低、后期投入小。大型引水工程建成后，需要投入大量人力、物力、财力进行日常维护。有的还需要在主干工程建成后，继续修建与之关联的中小型工程（如引水支渠等工程）。而雨水集蓄工程建成后日常维护费用较低、维护技术要求很低，而且由于小型雨水集蓄工程产权明晰，其所有权主体分担维护费用，维护效果更好、使用效率更高。

4. 减轻用水人负担。大型引水工程的前期投资巨大、日常维护费用成本很高，因此使用大型水利引水工程中的主体要付费使用。但是，雨水集蓄工程，属于个人所有可以直接使用，无须再付费用。

5. 对生态环保无害而有利。大型水利工程会对生态环境造成负面影响，这一点从理论上和实践上都是没有人反对的。但是雨水集蓄工程对生态环境的负面影响几乎是不存在的，而且雨水集蓄还可以为保护生态环境提供潜在的水源，因此在一定条件下雨水集蓄对于保护生态环境是有好处的。

六　我国雨水集蓄利用的实践、立法和理论现状

我国已经推广雨水集蓄利用的地区主要集中在三个地区：西北黄土高原丘陵沟壑区、华北干旱缺水山丘区、西南旱山区，主要涉及 13 个省（市、自治区），742 个县（市），面积约 200 万平方公里，人口 2.6 亿。经过工程技术人员的艰辛探索，反复论证和政府部门的大力支持、广泛推广，雨水集蓄工程在这些地区已经较为普及，而且取得了十分显著的效果。

随着雨水集蓄工程的深入发展，各省区先后出台了一批实践性强、技术含量高的地方性法律文件和工程技术规范，有的还被国家认可公布。地方性文件主要包括：《甘肃省集雨节灌工程建设管理办法》、《甘肃省集雨节灌工程资金使用管理办法》、《宁夏南部山区集雨节灌工程建设管理办法》、《宁夏南部山区集雨节灌工程验收办法》、《广西旱地节水灌溉工程奖励投资实施办法（试行）》、《广西国定贫困县地头水柜（水池）集雨节灌扶贫工程验收办法》、《贵州省"渴望工程"验收办法》、《贵州省"渴望工程"实施办法》等。被国家认可公布的有：中华人民共和国水利部发布的《雨水集蓄利用工程技术规范》（2001 年 4 月 1 日实施）。

雨水集蓄工程技术的理论工作者在工程广泛推广之前已经做了大量探索，他们提出了雨水集蓄利用的理论和方法，编写了《干旱半干旱地区雨水集蓄利用》、《集水农业的理论与实践》、《半干旱丘陵山区集雨节水灌溉工程

试验》等一大批实用型论文，为工程技术推广做了基础性理论工作。随着雨水集蓄利用工程的广泛推广，原来的技术得到反复检验和改进，相关的学术论文更是层出不穷，现在，在网络上搜索的与"雨水集蓄"有关的论文已经成百上千。但是仔细翻阅不难发现这些文章主要集中在技术经验总结、技术进步、经济和环境科学等领域，真正的从法律或者法学角度研究的论文近乎绝迹。

仅有的研究"雨水集蓄"相关法律问题的文章都集中在"兰州大学法学院雨水集蓄利用法律问题研究课题组"（作者主持）。这些文章主要有：

1.《试论集蓄雨水的所有权》，载《科学·经济·社会》2005 年第 3 期。

2.《西部雨水集蓄合伙企业法律制度初探》，载《兰州大学学报》（社会科学版）2005 年第 1 期。

3.《浅析水权法律制度——以西北地区集蓄雨水为例的分析》，载《科学·经济·社会》2004 年第 4 期。

4.《雨水资源集蓄的市场化探讨》，载《兰州商学院学报》2004 年第 6 期。

以上文章已经开启了法学界对"雨水集蓄"问题研究的大门，本书将在前人的研究基础上进一步研究"雨水集蓄相关法律问题"。

第二节　生存权、水人权：缺水
地区人民雨水集蓄权在
宪法上的法律属性

生存权作为一种思潮，在人类社会早期就已经出现萌芽，到了近代之后，其理论日趋完善，并逐渐体现于国家立法之中。近代早期倡导的生存权观念是针对封建专制任意剥夺人的生命而提出来的，其核心内容是主张国家秉持消极不作为的准则，不得任意剥夺社会个体的生命。

进入 20 世纪以来，生存权理论进一步发展，提出了国家积极作为论，即认为在不得任意侵犯公民生命安全的前提下，国家还应该积极作为，以保证社会成员基本生存需要得以满足。至于国家积极作为的范围十分广泛，包括提供基本衣食生活等基本生活资料，提供劳工机会，保证充分的休息机会等广泛的社会经济内容。但是，有一项权利是生存权题中应有之义，那就是"水人权"，即社会成员要求国家为其提供充足、适用、能够支付得起的水的权利。

水人权的具体表现形式可能很多，但是我国缺水地区人民的雨水集蓄权是水人权在我国的具体表现形式之一。这样一种具体的水人权在我国立法上已经有了一定的体现，但是相关立法和制度仍需要进一步完善。

一　生存权基本理论

1. 近代之前的生存权思想——体现于政治道德主张中

生存权包括两个层次：第一，将社会成员视为人，而不得任意剥夺其生命；第二，为社会成员提供必要的生活资料，使其免于因生活资料匮乏而死亡。

上述的有关生命权的主张，实际上在人类刚刚产生的原始共产主义社会就已经产生了思想萌芽。虽然在原始社会早期，任意杀死异族俘虏是非常常见的，但是在部族内部，人们不仅不会任意杀死本族成员，而且身强力壮的劳动者还会将自己的劳动成果交给部落首领统一分配，从而确保那些劳动能力不足的老人、幼儿、妇女以及伤残病弱得以生存。

中国古代思想家的思想中有丰富的生存权内容。《论语》、《诗经》、《尚书》、《礼记》、《孝经》等重要的儒家经典中蕴涵了丰富的生存权思想。

在经济思想上，孔子主张统治者要给民众以基本的生产、生活条件，"因民之所利而利之"[1]，使统治者之"利"与民众之"利"有所协调，在统治者有"利"的同时让民众也得其"所利"[2]。

除孔子之外，其他古代思想家的论著中也有宝贵的有关生存权的思想。老子提出希望回复到"损有余而补不足"黄金时代的政治理想；孟子提出政府应该对"鳏寡孤独及废疾者"等社会弱势群体给予帮助的政治主张[3]；齐国大政治家管仲提出的国家应该直接扶助社会弱势群体的"九惠之教"[4] 都是其典范。

---

① 《论语·尧曰》。
② 徐波：《士群体和先秦经济、经济思想的发展》，《经济科学》1998 年第 5 期，第 62—66 页。
③ 《孟子·梁惠王下》。
④ "九惠之教"指：老老、慈幼、养疾、合独、问疾、痛穷、振困、接绝等。

　　上述古代思想家思想历朝有所损益,各朝统治者为了缓和阶级矛盾、维护自身统治地位,都不同程度地实施若干社会救济政策,比如,调粟制度、赈济养恤制度、蠲缓制度等政策①。古代有关生存权的思想经过千百年发展最终发展成为明末清初三大启蒙思想家的重要思想内容。中国资产阶级关于生存权的思想源于西方启蒙思想家。马克思主义学者的生存权思想则出于马克思主义经典著作之中。今天国际流行的以及我国学术界研究的生存权思想也是源出于西方。因此,研究生存权的现实理论必须回到西方源头进行梳理。

　　西方世界有关"生存权"的思想也是源于其具有经典价值的《圣经》中的《新约》和《旧约》。例如,犹太教圣经《旧约》第24章第14—15行记载耶和华的告诫:对贫困的人,雇主应及时发放一日之工资,以保障其生活。著名的基督教神学家托马斯·阿奎那进一步发展了《圣经》中的思想,他提出:人应该是首先解决了自己的温饱才能够救济他人,但是在他人将要饿死的时候,就不能见死不救,如果不给将要饿死的人饭吃,就等同于杀死他们的凶手。他甚至还鼓吹:"一个人为了足够的生活用品可以使用暴力。"②近代自然法和国际法之父荷兰的格劳秀斯继承和发展了托马斯·阿奎那的思想,认为:处于极度贫困中的人为了生存而获得富人财产,不仅不是犯罪,反而是应有的权利③。

　　2. 近代早期生存权思想的发展和各国立法的初步确立

　　近现代意义上的"生存权"思想是随着资产阶级反对封建专制的斗争而逐步发展起来的。资产阶级革命时期的生存权概念在理论和立法上仅体现了生存权第一个层面的含义,即:政府不得任意武断地剥夺社会成员的生命,同时要断然采取措施保护人民的生命不遭非法外来侵害,非经事先公布的法定程序,任何人不得侵害他人生命安全。英国自然法学家霍布斯指出:人们为了避免相互侵害的"狼对狼"的关系而通过契约建立国家,国家则有义务保护社会个人生命不受侵害。约翰·洛克是近代生存权思想的集大成者,他在猛烈抨击中世纪封建法律对社会个体的蔑视的基础上提出:"人类天生是自由、平等和独立的。""任何人均不得侵害他人的生命、自由和财产。"④

　　以上的启蒙思想奠定了资产阶级人权思想的基础,随着资产阶级革命的胜利,这些思想逐渐在资产阶级法律文件中得到体现。

---

① 胡大伟:《论生存权的历史演进及发展》,《中共济南市委党校学报》2004年第4期,第56页。

② 李世安:《美国人权政策的历史考察》,河北人民出版社2001年版,第20页。

③ 徐显明:《生存权》,《中国社会科学》1992年第5期。

④ 《十六——十八世纪西欧各国哲学》,商务印书馆1975年版,第474页。

1776 年，美国的《弗吉尼亚权利法案》和《独立宣言》完全继承了启蒙思想，第一次以法律文件的形式庄严地向全人类宣布生命权。《弗吉尼亚权利法案》第 1 条规定："一切人生而同等自由、独立，并享有某些天赋的权利，这些权利在他们进入社会的状态时，是不能用任何契约对他们的后代加以褫夺和剥夺的；这些权利就是享有生命和自由，取得财产和占有财产的手段，以及对幸福和安全的追求和获得。"到了《独立宣言》，对于生命权又做了如下表述："我们认为这些真理是不言而喻的：人人生而平等，他们都从他们的'造物主'那里被赋予了某些不可转让的权利，其中包括生命权、自由权和追求幸福的权利。"[①]

这个时期的生存权与生命权的概念是一致的，主要强调国家以不作为的形式来保护个人生命即不得任意剥夺其生命，而不强调国家以积极作为的方式为个体提供帮助。"生存权是指国家对个人生存不得有不当侵害之意，国家担负保障人的生存权之责的方式是间接的，即通过保障人的自然权而使人得以生存。"[②]

这样一种生存权对于反抗封建势力的专横、保护人民生命安全有其进步意义，但是随着新兴资本主义国家的兴起，社会上逐渐出现了一批人，他们有人身自由却没有财产，人权规定虽然肯定了他们有生存的权利，国家不得以强权剥夺其生命，但是这些法律却不能保证这些人获得充足的生活资料，他们的生命同样面临着威胁[③]。资产阶级早期的生存权理论不能保证这些人的生存，于是出现了新的困境需要解决。

3. 现代生存权理论的定型化

为了弥补资本主义早期生存权功能的不足，生存权的第二层含义日益被强调，即：社会成员要求国家提供最低限度生活资料以保证个体免于死亡的权利。

这种意义上的生存权可以追溯到 1641 年英国救济贫困法中规定的国家对社会成员贫困负有责任的内容。但是最早的制度化构想却出现在法国，1789年《人权宣言》规定："公共救济是神圣的义务，社会对不幸的公民负有维持其生活之责，或对他们供给工作，或者对不能劳动的人供给生活资料。"法国

[①] 董云虎、刘武萍：《世界人权约法总览》，四川人民出版社 1991 年版，第 270、272 页。

[②] 胡大伟：《论生存权的历史演进及发展》，《中共济南市委党校学报》2004 年第 4 期，第 57 页。

[③] 徐显明：《生存权》，《中国社会科学》1992 年第 5 期。

1791 年宪法对上述规定进一步发展为："应行设立或组织一个公共救助的总机构，以便养育弃儿、援助贫苦的残疾人、并对未能获得工作的壮健贫困的人供给工作。"1848 年，法国"二月革命"后，法国宪法中的生存权条款已经相当完备。

虽然法国等资本主义国家已经制定了较为完善的生存权法律条款，但是，以"强调国家积极作为"为中心的生存权条款，在自由资本主义时期还是得不到足够的理论支持。代表性观点如自由资本主义鼻祖亚当·斯密和大卫·李嘉图主张：国家救贫的目的是维持治安和保卫公共卫生而绝不是为贫困者提供生活保障[①]。随着资本主义从自由经济发展到垄断经济，大量的贫困和失业人口已经开始影响资本主义社会的繁荣稳定，如果仍然坚持过去那种"自由放任"、"国家只做守夜人"的态度，则许多社会成员将不能过"能称之为人的最低限度的生活"，另一方面，国家也积累了相对较多的社会财富，为其积极作为提供了物质基础。在这一背景下，"作为对此（以强调国家不作为为主的生存权）的一种补充，旨在保障个人现实生活的生存权，就登上了政治生活的舞台"[②]。到了 20 世纪，随着社会福利观念的增强，生存权已非消极的自由权，而为国民积极受益权[③]。

作为上述理论的立法成果，苏俄和德国立法标志着现代意义上的生存权制度最终定型化。1918 年，苏俄《被剥削劳动人民权利宣言》宣称：消灭剥削阶级、一切生产资料收归公有，实行普遍劳动义务制等。这个宣言继承了资本主义人权立法中有利于劳动者的成分，而清除了其中不利于劳动者的成分，"从而成为一部最彻底、最典型的生存权法案"[④]。1919 年德国《魏玛宪法》第一次明确提出的国家有保障生存权之义务的规定，是历史上第一次确立的一个完整的生存权体系。后经过 20 世纪 30 年代世界性经济大萧条和两次世界大战，对于生存权的保护几乎成为所有国家宪法和相关国际人权文件的重要内容，生存权由国内法走向了国际化[⑤]。从那时候开始到现在，国际法和国内法上关于生存权的保护也是指第二层意义上的生存权，即强调国家为公民提供基

---

① [日] 大须贺明：《宪法保障中的生存权问题》，《宪政论丛》第 1 卷，法律出版社 1999 年版，第 428 页。

② [日] 大须贺明：《生存权》，法律出版社 2001 年版，第 13 页。

③ 徐显明：《生存权》，《中国社会科学》1992 年第 5 期。

④ 同上。

⑤ 赵雪纲、王雅琴：《生命权和生存权概念辨析》，《中国社会科学院研究生院学报》2004 年第 6 期，第 38—43 页。

本生存保障的积极义务。

4. 现代意义上的生存权含义

学术界对于生存权的基本内涵的认识还是不同的,有人认为生存权是一个包含生命权、人身权、自由权、人身安全权;生命再生产权;基本生存条件保障权;司法保障权等权力组成的权利束①。但是,有人主张生存权与生命权应该加以明确区分,从对国家的要求而言,生存权需要国家积极地主动作为以维护所有人的生命,而生命权则主要是要求国家消极地不作为——尽力不去剥夺人的生命②。

我们认为,第二种观点是合理的。由前文梳理可知,在近代早期自由资本主义时期,生存权的基本内涵就是要求国家保障社会成员生命不受侵害,而垄断资本主义以后,生存权又开始强调国家以积极作为的方式保障社会成员"有尊严的生存"(或者说保证基本生存条件)。进入 20 世纪特别是二战结束以来,第一种意义上的生存权(生命权)已经基本不成问题,而第二种意义上的生存权是各国社会成员面临的最大问题,也是各国政府要大力解决的问题,因此,我们主张第一种意义上的生存权即可命名为生命权,主要由刑法对有关死刑、安乐死、种族灭绝等内容进行规定。而第二种意义上的生存权则由宪法人权条款、行政法、经济法和社会保障法综合规制。

本书所指的生存权,是指一国社会成员享有的要求其本国政府提供基本生存条件的权利。对于该定义应该注意以下几点意思:

(1)向社会成员提供最基本的生存条件是现代政府的一项基本义务,而非对本国社会成员的恩赐。各国宪法几乎都对此做了相关规定。

(2)"基本生存"条件,是不能够以列举方式穷尽的,而且随着时空变化而有所不同。

(3)生存权的实现状态与一个国家的政治、文化、经济有重大关系,其中一国经济状况对生存权的实现起着决定性作用,不能脱离本国实际而提出难以实现的目标。

(4)生存权不能仅停留在宪法性文件的"宣示"之中,必须制定具有很强执行力的其他法律(如行政法、经济法、劳动法、社会保障法等)与之配套

---

① 矫波:《可持续发展与生存权》,《政法论丛》2002 年第 6 期,第 59—60 页。

② 赵雪纲、王雅琴:《生命权和生存权概念辨析》,《中国社会科学院研究生院学报》2004 年第 6 期,第 38—43 页。

实施。

（5）生存权应该具有很强的可诉性。"没有可诉性的权利"是虚幻、难于实现的权利。研究生存权的可诉性是生存权研究的最终落脚点。存在违宪审查制度的国家，学者多从国家违宪的角度来探讨[①]，我们国家不存在违宪审查制度，也没有宪法法院，因此，只能通过行政诉讼的方式来作为生存权实行的最终保障。

二　水人权是生存权的具体内容之一[②]

如上所述，生存权是包括众多"要求保证'基本生存条件'"得以实现的权利组成的权利束，至于哪些具体权利包括在这个权利束中是不能以列举方式穷尽的，但是我们可以将之归结为两类权利类别：

第一类是保证社会成员个体作为自然生物体而必需的基本生存条件，比如，食物、水、衣服、住处等各种具体的条件。

第二类是保证社会成员实现其社会性而必要的基本生存条件，比如，自由权、司法保障权、社会交往权、获得工作机会权等。

而从另一个角度讲，上述的各类具体权利都是基本人权的组成部分，实际上生存权作为整体是全包含于基本人权概念之中。因此可以得出结论认为：水人权全包含于生存权，生存权全包含于基本人权范畴。

结合本书的中心论题，下面将论述"水人权"的相关问题，水人权概念是衔接生存权概念和"缺水地区雨水集蓄权"的中间环节，所以有必要在此加以论述。

"水人权"这个概念是否成立，须从基本人权和生存权的最基本特征来分析。简单而言，如果一项权利缺失，人就不能称其为自然生物状态的人或者不能以人类应有的尊严生存于世界上，那么这项权利就是基本人权；如果一项权利缺失，社会成员在其生命虽未被任意强制性剥夺和侵害的情况下，仍难以生存下去，那么这项基本人权就应该属于生存权之中。

下面看水对于人而言是否具有生存权的特征。从生物学上讲，人体体重的

---

① ［日］大须贺明：《作为具体权利的生存权》，《外国法译评》1999 年第 4 期，第 1—12 页。

② 本部分有关"水人权"引用的数据、外文资料和相关国际文件均由胡德生教授《水人权：人权法上的水权》（《河北法学》2006 年第 5 期）一文提供，特此说明。

60％左右是水①，离开了水，人于数日之内就会死亡，因为"对于每项人体功能，水都发挥着关键性作用，如保护免疫系统、促进排泄等"②。从宏观上的消化系统顺利完成其功能到微观上人体细胞与细胞间质之间的物质交换，水都起了不可替代的作用。从某种程度上讲，人体对水的需要远甚于对食物的需求，因此获得维持生命的适量的水，是每一个社会成员个体生存于世界的自然权利，是"人作为具有理性、意志自由的动物而固有的权利，它既不由纯粹的实在法赋予，也不能被实在法克减或者剥夺"③。由此可知，为基本生存而获得水的权利，是一项最基本的生存权，是生存权的必要组成部分，这样一项权利，在国际社会通常称为水人权。

现在，国际性法律文件、政策和许多国家的国内法律和政策都已经承认了水人权是基本人权而且依法律手段对之进行保护④。

2002年11月26日，在联合国第29届会议上通过了《第十五号一般性意见：水权（〈经济、社会及文化权利国际公约〉第十一和第十二条）》，第一次将"水人权"宣布为一项基本人权。

三　缺水地区人民雨水集蓄权是水人权的具体表现形式

上文已经介绍了《第十五号一般性意见》对水人权具体内容的规定，这些意见仍然是抽象意义上讲的一种概括性的"水人权"。水人权作为一种现实的权利必须具有不同的权利表现形态。在我国缺水地区社会成员个体雨水集蓄的权利是水人权在我国的具体表现形式之一。

如果说古代人民对雨水的收集利用，完全是为了获得生活和生产用水的必然选择，那么现代许多丰水国家和地区对于水资源的充分利用，则是受到世界性水资源危机和可持续发展观念的影响。降水丰沛的英国，利用"世纪屋顶"集雨，每年平均收集雨水100立方米，恰可满足该建筑中的全部冲厕用水需要；芝加哥兴建的地下蓄水系统，覆盖城市一般地区，所收集的雨水足够支持冲洗马路和清洁汽车之用；丹麦从20世纪80年代开始推行屋顶集雨用于冲厕和洗衣，今天，集蓄雨水已经占该国居民总用水量的22％。我国许多城市和

---

① The New EncyclopaediaBritannica（Micropaedia）（15thed），Vol. 6. 134.

② WHO，*The Right to Water*，2003. 6.

③ Walker. D. M. ，*The Oxford Companion to Law*，Clarendon press，1980. 591.

④ 胡德胜：《水人权：人权法上的水权》，《河北法学》2006年第5期，第18—20页。

地区在这方面还是较为落后的，但是上海市走到了前列，浦东孙桥现代农业园区利用大棚顶盖集雨灌溉作物的经验，得到了专家肯定。上海市每年白白流失的雨水高达 24 万吨之多，这些雨水如果收集利用，则可基本满足全市人民生活的需要①。

因此，即使在丰水国家和地区，雨水集蓄也应该成为一项重要的发展策略之一，它是符合发展循环经济、建设节约型社会的理念的。但是，缺水地区人民集蓄雨水和丰水地区集蓄雨水的性质和目的是不同的，正是由于这些不同，体现了缺水地区的雨水集蓄权利是一项基本的生存权，是水人权的具体表现形式。两类雨水集蓄的不同点主要体现在以下几个方面：

（1）指导思想不同。丰水地区发展雨水集蓄的指导思想是可持续发展理念、循环经济理念和构建节约型社会等先进的指导思想和理念。而缺水地区雨水集蓄的指导思想非常朴素，即：保证人畜有水喝、有水用，要保证人的生命延续。在我们考察的地区中，比如，宁夏海源县、甘肃通渭县和陕西延安等缺水地区，有的已经连续三年大旱，地下水要么根本没有，要么又苦又涩，不宜饮用，水窖中的水只代表本户人家的人畜可以继续生存下去，与所谓的"可持续发展"、"循环经济"、"节约型社会"等先进、时髦的名词是没有联系的。

（2）雨水集蓄对社会稳定的作用不同。丰水地区不集蓄雨水，社会可以照常运转，只不过资源浪费加重一点，不会立即危及人的生存和社会正常秩序。但是如果缺水区没有足够的集蓄雨水，社会可能立即混乱。20 世纪 90 年代中期宁夏固原地区出现大旱情，但是当时老百姓家中的水窖少，储存的雨水不够饮用，曾经一度出现人心慌乱、社会不稳的苗头，人们对这种状况形象地称之为"水荒"。我们一般比较熟悉"饥荒"所代表的情景：扶老携幼的饥民双眼泛着饥饿的绿光；瘦骨嶙峋的老人相互搀扶；眼窝深陷的儿童眸子中闪着绝望和求生的眼神；流民四起、千里荒芜、饿殍遍野、怨声载道……

"水荒"造成的社会恐慌如果没有及时的应对措施，其社会危害性可能不亚于"饥荒"。正是那次"水荒"引起了政府关注，专项拨款，在西部缺水地区普遍扶持修建雨水集蓄工程。到 2006 年 7 月，宁夏固原地区又出现了连续三年无雨的大旱天气，但是由于政府扶持，每户有 2—3 个新型水窖，水窖中储存的是三年之前的雨水，足够饮用，"大水荒"这次没有出现。对于其他地

---

① 洪崇恩：《水资源循环：上海提倡实施新方法收集利用雨水》，http：//news．yninfo．com/guo-nei/gedi/2005/7/1121038304_15/。

区而言，"仓里有粮、心中不慌"，但是对缺水地区人民而言，同等重要的一句话是"窖中有水、心中不慌"。雨水集蓄是缺水地区存在的一种不可或缺的社会现象，对当地政治稳定、社会安定有举足轻重的地位。

（3）集蓄雨水的用途不同。丰水地区集蓄雨水一般用于清洗马路、冲洗厕所、清洗汽车、洗涤衣物、灌溉作物等。而缺水地区集蓄的雨水首先是用于人的饮用，其次是牲畜饮用、基本的卫生用水等。没有集蓄的雨水，丰水地区可以找其他水代替，一般不会影响基本生活质量。但是，缺水地区如果没有足够的集蓄雨水，人们会立即面临生存危机，集蓄雨水对于后者的重要意义由此可知。

（4）出现的历史阶段和文化内涵不同。西北许多缺水地区雨水集蓄已经有千百年的历史。我们在宁夏海源县调查时，王兴国老人称这个地区的雨水集蓄已经有上千年历史，自从有人类以来就以这种方式取水。从地理环境来考察，这个县与黄河有重山阻隔，地表水贫乏，而地下水水质太差，当地的传说（自从有人类以来就以这种方式取水）也是有根据的，而且老人小时候亲眼见过百年历史的老水窖。此外，传统水窖的修筑主要依靠黏土防渗，瓦罐形力学原理保固等技术都是在没有现代技术和建筑材料的情况下发展和积累起来的传统工艺。

据此，我们认为，许多历史上就缺水的地区，在数百年前甚至更早时期就已经出现了水窖，这种雨水利用方式是勤劳智慧的劳动人民在长期生产实践、适应自然、求取生存的历史过程中发明创造的一项伟大成果。这种雨水利用方式不仅成为一种维持人民生存的有效形式，而且形成了一种特有的文化社会现象。在宁夏调查中，我们发现，当地女孩子介绍对象时，最先询问的既不是对方经济条件，也不是对方个人条件，而是对方家中拥有水窖的情况，并以此作为确定对方身价的最重要标准。这种特殊的地域性、文化性特色恰恰表明雨水集蓄在那个社会群体中所占的重要地位。丰水地区的雨水集蓄是最近一个时期才发展起来的，根本没有在其所处社会中形成某些历史和文化的因素。

由此也可以看出，雨水集蓄在缺水地区是一种历史、文化、社会现象，是一种自古以来形成的自然权利，具有不可剥夺性。

（5）出现背景不同。丰水地区出现雨水集蓄利用是在工业文明之后，在人类过度开发自然资源、出现水资源危机的背景下，人类反思文明、保护环境的一种产物，实质上是人类检讨其破坏行为、减小其对自然资源进一步破坏而被迫采取的一种补救措施。

缺水地区雨水集蓄出现的背景就是人类先辈为了适应自然、维持生存而创造的一种维持种群延续的生存方式，这种方式是一种与自然和谐相处、双赢互利的生存方式，不存在人类检讨过错、弥补过失的意味。从最本原上讲，任何生物都有其生存和繁衍的权利，在生存和繁衍过程中，该生物的行为应以不侵害生物圈、水圈、岩石圈、大气圈彼此之间几个生态圈内部的正常循环为限，符合以上条件的活动方式，就应该属于该生物的自然权利，不得任意剥夺。从这个意义上讲，缺水地区人民雨水集蓄权类似于一般意义上"自然权利"，应该依法受到优先保护。

（6）政策支持不同。丰水地区雨水集蓄的发展和繁荣与国家和政府强调可持续发展理念有很大关系，因此其得到许多正式的国家政策支持。但是，缺水地区雨水集蓄是自发产生的，在发展过程中少有政府政策支持，仅在"水荒"威胁到社会稳定的情形下，国家才有政策加以扶持。进一步讲，国家对丰水地区雨水集蓄的提倡初衷是为了发展当地经济、节约水资源、实现可持续发展；而国家对缺水地区雨水集蓄的政策支持首要目的是解决当地人民的生存问题。

（7）雨水集蓄的权利性质不同。由上文所述可知，缺水地区人民的雨水集蓄行为是一种传统的、固有的、不可剥夺的自然权利，不一定需要法律来确认，是自然存在，只是到了近20年才得到政府重视，这与缺水地区雨水集蓄的漫长历史相比是非常短暂的。而丰水地区雨水集蓄都是在政府推行下展开的，都有相关的法律和政策依据，因此应该将之视为法律和政策上的权利。

（8）雨水集蓄工程资金来源不同。缺水地区雨水集蓄工程在20世纪90年代以来的发展都得到了国家和地方财政的大力支持，我们调查的地区中的新型水窖都是政府用专项扶贫基金、以实物资助方式建成的。而丰水地区雨水集蓄工程，大多会带来丰厚的利润，一般是由本地区政府根据该地区经济、社会发展需要以及财政能力来决定其发展规模和速度。资金来源不同有两个原因：第一是因为二者的紧迫性不同造成的；第二，国家以扶贫专款支持，从一定程度上体现了国家对于缺水地区人民雨水集蓄权是一种生存权的确认。

（9）兴建雨水集蓄工程的社会意义和价值不同。丰水地区兴建工程代表了该地区具有循环经济、节约型社会和可持续发展的先进理念，其带来的主要是经济效益。而缺水地区兴建雨水集蓄工程则代表党和政府关心人民疾苦，体现"立党为公、执政为民"的党建理念，所带来的不仅是经济效益，更重要的是社会效益，比如，增强党的凝聚力、增加人民对党的信任感、解决人民实际生活困难、维护社会稳定等重要效益，这些效益是用金钱财富难以衡量和做到的。因此我们说缺水地区政府扶持发展雨水集蓄的最主要价值是社会效益。

从以上九个方面的分析，我们可以看出，缺水地区人民的雨水集蓄权有如下特征：第一，是一种维持人最低生活水平必不可少的首要权利；第二，是一种历史悠久的传统权利；第三，是一种不可剥夺的固有权利；第四，是一种得到政府政策支持并赢得了良好的社会效益的权利；第五，是一种受到了国家有关法律保护的权利（容后详述）。

这几个特征是符合水人权的基本权利内容的，据此，我们认为我国缺水地区人民的雨水集蓄权，是水人权在我国具体表现形式之一。

对于西部旱区人民而言，除了雨水根本没有其他水源，"雨水集蓄权"实际上就等同于获得饮用水、生活用水（其次才是生产用水）的权利。人体中的六成左右是水，没有水人活不了几天，因此，获得"充分、稳定、安全"的饮水是人的生命安全健康等基本人权的题中应有之义。有的学者认为从上述的意义上讲，人权中应包含"水人权"在内[1]，这一点在国际法上已经得到了广泛承认，而且许多国家在国内法中也加以承认。基于这项人权（生存权），各国政府有义务保证其国内人民获得"充足、稳定、安全"的饮水[2]。从这个意义上讲，取水权又可分为两个层次：第一个层次是一般的取水权，即取水用于发展生产而不是解决基本的生存问题；第二个层次是人们为了满足最基本的生存需要（饮用、基本生活用水）而享有的取水权，这种权利不仅仅是一种取水权，它还当然的是一种基本人权——生存权之必要内容，如果不承认这一点，那么就如同否认获得食物是人的生存权一样荒谬。如果到西部旱区实地看看就会发现，许多地区的唯一水源就是雨水，那里的人们从生到死所消耗的基本生活用水（甚至他们并不充足的粮食的水源）都是来自那唯一的水源——雨水。离开了雨水的集蓄，人们只能渴死，从这个事实上讲，雨水集蓄权就是他们的一项基本人权——生存权，进一步讲，是

---

① 水人权在一般的人权理论中之所以不是很突出，主要原因就是因为在过去，水是富余的，威胁人类生存、尊严的不是来自水缺乏，而是来自其他威胁，但是随着全世界水缺乏对人类生存、尊严威胁程度的加深，"水人权"会越来越受到重视。

② 胡德胜：《水人权：人权法上的水权》，《河北法学》2006年第5期，第17—24页。

水人权在这些地区的具体表现形式之一。

四　雨水集蓄权作为水人权的法律确认和制度保障

依照以上的理论分析，缺水地区雨水集蓄权属于水人权，但是要使这样一项权利落到实处，就必须要有法律的确认和保障体系才行。

由法律直接确认和保护缺水地区雨水集蓄权是没有必要的。我们认为可行的方式是：首先要由法律来确认水人权的成立，然后由法律规定水人权的基本特征，并设立若干保障水人权实现的可行性制度，则可以实现对我国缺水地区人民雨水集蓄权的切实保护了。

从上文对生存权、水人权以及缺水地区人民雨水集蓄权的分析可知，无论"水人权"的内容如何规定、如何变化，缺水地区人民的雨水集蓄权必然会符合水人权的规定性。因此，我们认为，没有必要直接由法律来保护缺水地区人民雨水集蓄权，只要法律对水人权给予足够的承认和保护就可以了。下面我们还是从法律确认和保护水人权的角度来展开论述。

1. 确认和保障水人权是各国政府的义务

在第二部分介绍水人权的内容和政府义务时，我们已经介绍了国家保护水人权分为一般义务和具体法律义务，后者又包括尊重的义务、保护的义务和履行义务三部分。其中履行义务强调国家运用法律、行政等手段来保护水人权，我们在这里集中讨论国家保护水人权的具体履行义务。依照《经济、社会及文化权利委员会第十五号一般性意见》的规定，国家应该在以下三个方面采取措施，以保证水人权的实现：一是立法、战略和政策；二是指标和基准；三是补救办法和责任制度。

2. 在我国现行法律体系中与水人权有关的法律渊源

在我国现行法律体系中与水人权有关的法律渊源有以下几类：

第一，国际法。1997 年 10 月，我国签署了《经济、社会及文化国际公约》，2001 年 2 月全国人大常委会批准了该公约；1998 年 10 月我国签署了《公民权利和政治权利国际公约》。这两个公约对水人权进行了确认和保护，作为缔约国，我国政府有义务对这两个条约中有关水人权的内容在国内法上加以明确确认并加以切实保护。

第二，宪法。我国《宪法》2004 年修正案第二十四条首次规定了"国家尊重和保障人权"。水人权作为最重要的人权形式，应该依法得到切实保护。

第三，法律和政策。虽然我国现行法律体系中并没有直接使用"水人权"的概念，但是如果从水人权的特征和性质入手，在我国相关法律和政策中还是能够找到相关规定的。比如《水法（2002 年修订）》、《水利产业政策》第 4 条、《生活饮用水卫生标准》及《关于农村人畜饮用水工作的暂行规定（草案）》等。

3. 对现行法律政策的改进意见

虽然我国现行法律政策对水人权已经有了多方面的体现，但是这些法律条文和相关制度对于"水人权"的保护显然是不够的，我们认为，应该从以下几个方面进行改进：

（1）法律上没有明确承认水人权是一项基本人权。我们认为，宪法应该明确规定水人权是一项基本人权。

（2）因为没有对水人权这一核心概念作出规定，导致了在法律上没有形成对水人权体系的保护制度体系。

（3）上述有关"水人权"的法律文件大多是国际条约、宪法、国家政策，这些法律如果没有相应的具体的有执行力度的法律、法规加以规定，一般是很难落实的。而作为法律文件的《水法》规定的相关内容，也需要进一步具体化才能够落实。

在我国，行政性法律文件，较之国际条约、宪法、国家政策而言，更具有可操作性和执行力，因此，在"水人权"的确认和保护机制上，我们主张以行政性法律文件（中央和地方）来加以具体落实。比如，在 20 世纪 90 年代全国范围内开展的"雨水集蓄利用工程"兴建热潮就是以行政性法律文件推进的，并且形成了各地方的相关规定[①]。在工程推进过程中，各省（区）政府提供建筑材料，而当地农民提供劳力、补充不足的建筑材料，政府与农户签订"项目专用合同"和"安全生产合同"，并且在事后负责验收、推广工程养护技术，取得了良好的效果。

就是因为法律对"水人权"的性质没有确认，因此，在政府扶持行为的认识上出现了误区。比如，对于政府提供建筑材料的行为认识有误，有人认为这是投资行为，依照"谁投资、谁受益"的原则，工程应由政府和农户共同享有，但是在调查时，农户认为，自己对集雨设施享有完全的产权，不应有政府份额；而政府负责人也认为，政府扶持是扶贫行为，并不是投资行为，该资助

---

① 顾斌杰等：《雨水集蓄利用技术与实践》，中国水利水电出版社 2001 年版，第 9—30 页。

建筑材料自动转归农户所有，实践中，政府也没有来分享收益而引发矛盾。因此，将政府的扶持行为视为"投资行为"是错误的。

倘若法律明确规定了水人权的概念，那么政府扶贫行为就是保障社会成员基本人权实现的"行政给付"行为[①]，则农户在陷于饮水困难时，有权申请政府帮助，从而以此强化缺水地区人民雨水集蓄权的可靠实现。

（4）现有法律体制缺乏对水人权的诉讼机制。如果"水人权"仅停留在宪法层面上，无论如何也是没有可诉性的，这是由我国基本政治体制和法律体制决定的。但是如上文所述，我们主张将上述人权用行政性的法律文件加以确认，则缺水地区人民可以对政府的怠于行使的行为提起行政诉讼，从而从最终极意义上保证"雨水集蓄权"的实现。

（5）实际上，学术界对上述问题已经加以关注了。虽然主张水权是一种特殊的物权——准物权，有一定的理论根据[②]，但是对于"取水权"这种权利而言，确实不具备物权的最基本特征——对客体的支配性（比如，排除他人取水的权利），因此日本学者将此种性质的权利称为"物权取得权"[③]。由于传统的"取水权"不具有完全的排他性，因此，当该权利遭到侵犯时，也不能依照传统的物权法理论请求私法意义上的保护。对于这种具有生存权性质的取水权（如雨水集蓄权）而言，主体主要还是对国家的要求权利（包括水量和水质的保障)[④]，而不是私权方面的请求权。

具体而言，从生存权角度出发，西部旱区人民基于"雨水集蓄"这种生存权可以向政府要求以下权利：

第一，要求获得雨水集蓄的物质条件。即在农户无力修建雨水集蓄设施时，可以向政府部门要求帮助的权利。实际上，西部旱区的大部分改良水窖都是在政府专项资金或扶贫资金的帮助下修成的。政府提供的主要是建筑材料，我们认为政府的行为是"行政给付"之一种，不是投资行为，集雨设施修建好后，受扶助的农户获得了集雨设施的全部所有权，同时也获得了对水窖集蓄雨水的所有权。

---

① 姜明安：《行政法与行政诉讼法》，北京大学出版社 2005 年版，第 271—274 页。

② 崔建远：《水权与民法理论及物权法典的制定》，《法学研究》2002 年第 3 期；崔建远：《关于水权争论的意见》，《政治与法律》2002 年第 6 期。

③ ［日］大须贺明：《生存权论》，林浩译，法律出版社 2001 年版，第 61 页。

④ 赵红梅：《水权属性与水权塑造之法理辨析》，《郑州大学学报》（哲学社会科学版）2004 年第 3 期。

第二，要求保护雨水质量的权利。如果有企业或者个人行为对空气或者对雨水造成污染（如酸雨），人们可以基于生存权请求保护要求惩罚污染者、净化环境、获得赔偿等，只有依照"生存权"这个基本人权，西部旱区人民才会获得该项请求权。

第三，由以上权利派生出政府的义务，政府在西部开发过程中，有义务对企业行为加以规制和监督，防止其行为污染各种水源（包括地下水、地表径流和雨水等），并且对已出现危害性结果的企业课以处罚。

第三节　先占：雨水集蓄行为在物权法上的法律属性

就现实来看，雨水集蓄者利用特定设施收集到雨水之后，实际上就取得了对所收集雨水的完全所有权。我们认为未汇入到其他水体或者载体（如土地）之中的雨水是无主物，不是"水资源"，因此收集雨水的行为是对无主物的先占，是所有权原始取得方式之一。

一　关于先占的理论和国外立法实践

有经济学家认为，先占的最早形式可以追溯到原始人群对无主植物的采集和对无主动物的狩猎①。

但是法律史学家梅因不同意这个看法，他认为上述观点是与真相相反的，梅因认为，以先占方式对"无主物"享有权利的看法，不应该是很早期社会的特征，而且很可能是一种进步法律学和一种安定的情况下法律产生的结果：

> 只有在财产权利的不可侵犯性在实际上长期得到了认可时，以及绝大多数的享有物件已属于私人所有时，单纯占有可以准许第一个占有人就以

---

① ［英］坎南：《亚当·斯密关于法律、警察、岁入及军备的演讲》，商务印书馆 1986 年版，第126 页。

前没有被主张所有权的物品取得完全所有权①。

对于人类原始社会时期，人类采集野果、狩猎野兽，并以武力保护其成果，这一点是没有疑义的②。依照早期习惯观念是承认各部落之间先占的，但是由于没有各部落公共的裁判机关，部落战争经常成为掠夺财产的手段，而部落内部是公有制，没有私人财产，故不存在"先占"的问题，所以梅因认为，先占作为一种财产取得方式，是在"私有制"很普遍的时候出现的，应该是可以信服的。

先占，作为一种有据可查并对后世产生实质影响的法律制度，应该从罗马法时代开始算起。在罗马法上，先占是万民法上所有权取得方式之一，动产与不动产都可以依先占方式而取得③。这就是所谓的"先占自由主义"④。对于"先占"的法理根据，罗马法上将之归结于自然理性：

> 野兽鸟鱼，即生长在陆地上、海里和空中的一切动物，一旦被人捕获，根据万民法，即属于捕获者所有，因为自然理性要求以无主之物，归属最先占有者⑤。

近代以后，仍有学者坚持这个观点：

> 最初占有权就是占有未经任何占有的土地的权利。……规定这种最初占有权的是自然公理⑥。

近代之后，各国对先占的具体规定出现了较大差异。《法国民法典》规定一切无主财产均归国家所有，⑦英国也规定宝藏和无主物归国王所有，⑧这实

---

① ［英］梅因：《古代法》，商务印书馆 1984 年版，第 45 页。
② ［美］斯塔夫里阿诺斯：《全球通史》，董书慧等译，北京大学出版社 2006 年版，第 8—12 页。
③ ［古罗马］查士丁尼：《法学总论》，商务印书馆 1989 年版，第 50—52 页。
④ 李双元、温世扬：《比较民法学》，武汉大学出版社 2000 年版，第 319 页。
⑤ ［古罗马］查士丁尼：《法学总论》，商务印书馆 1989 年版，第 50 页。
⑥ ［法］埃蒂耶纳·卡贝：《伊利亚旅行记》，商务印书馆 1982 年版，第 374—375 页。
⑦ 《法国民法典》，北京大学出版社 1982 年版，第 118—119 页。
⑧ ［英］坎南：《亚当·斯密关于法律、警察、岁入及军备的演讲》，商务印书馆 1986 年版，第 126—128 页。

际上是"以有权位的人的自然势力"① 来否认先占的可能性;《德国民法典》规定,无主动产可由私人先占取得,而不动产则由国家取得,② 这种立法主张被称为"国家优先先占主义",日本民法仿效此例;《瑞士民法典》规定最为宽松,动产、不动产均允许以先占方式取得,但是法律对不动产先占的限制较严格③。

二 我国的立法现状及其完善

我国法律至今未对先占制度做明确规定。在 20 世纪 80 年代早期,受当时经济体制的影响,有学者明确断言:"没有所有人的财产直接归国家所有。"④ 后来随着民法理论研究的深入、市场经济实践的不断丰富,学术界最终摒弃了上述主张,确立了科学的主张:"无主财产属于国家并无法律依据,对于无主财产的国家财产所有权无从产生。"⑤

在我国法律没有对"先占"做出明确规定的情况下到底应不应该承认该制度在实践中的效力呢?与学界通说一致,我们认为,我国法律应该承认先占制度,具体原因如下:

第一,这是由现代文明法律理念决定的。在近代之前的专制社会中,统治者掌握着绝对的司法权,强调"法律没有明确允许的行为即为禁止",体现了极端的专横性。随着近代以来的民主观念的发展,启蒙思想先驱将上述原则加以否定,并针锋相对地提出"法无明文不为罪"的"罪刑法定"原则,该原则得到当今文明国家的普遍遵循。在更广泛意义上讲,该原则进一步发展为"法律没有禁止即为许可"的法律原则。我国现行法律没有对先占制度进行规定,依据该原则,在没有违背公序良俗的前提下,依先占取得动产物权应该受到法律保护。

第二,这是由民法的品格决定的。民法是典型的私法,民法的首要任务和终极目标是对个人权利的保护,"在民法的慈母般的眼睛里,每一个个人就是

---

① [英]坎南:《亚当·斯密关于法律、警察、岁入及军备的演讲》,商务印书馆 1986 年版,第 128 页。

② 《德国民法典》,《各国民法分解资料汇编》第二辑,全国人大常委会办公厅研究室编印 1955 年版,第 59 页。

③ 李双元、温世扬:《比较民法学》,武汉大学出版社 2000 年版,第 319 页。

④ 王作堂、魏振瀛等:《民法教程》,北京大学出版社 1984 年版,第 158 页。

⑤ 魏振瀛:《民法学》,北京大学出版社、高等教育出版社 2004 年版,第 241 页。

整个国家"①。因此，在法无明文规定的情况下，武断地认为"无主物归国家所有"的观点是不符合民法的理论品格的。在自由资本主义时期建立的"所有权神圣、意思自治和契约自由"三大原则将民法的品格诉求推到了极致，随之而来的是垄断资本主义时期对"三大原则"加以严格限制的运动②。

为什么要对资本主义初期确认的基本民事权利进行限制呢？因为这样才有利于防止这些权利在行使过程中侵害他人利益和社会利益，换句话说，只要不违背这个底线，行使民事权利的行为仍受到法律保护。因此，只要"先占"行为没有违背上述底线，则必然受到民法的承认和保护，这是由"私权至上"的民法品格决定的。

第三，这是由"先占"的性质决定的。前文已述，先占实际上是人类历史上出现的最早的所有权取得方式，罗马法和近代学者都认为先占是由自然理性决定的自然权利，我们认为"自然权利"的概念过于抽象，而且体现了资产阶级启蒙思想家的"唯心主义"特点。我们认为把"先占"视为一种习惯权利是合适的，法律史表明：许多"习惯权利"在由政治法律明确废止之前，应该是完全有效的，而当某些"习惯权利"违背社会公序良俗时则会被政治法律废止，比如欧洲中世纪封建领主的初夜权；而有许多习惯权利仍然是有效的，比如采集林内野果的权利、在大街上行乞的权利以及捡拾垃圾的权利等。正因为后面所列的习惯权利没有违背公序良俗，所以法律未予明令禁止，所以依这些权利获得的受益必然受到国家法律保护③。因此，先占的"习惯权利"性质决定了其应该受到法律保护。

第四，这是由我国现行法律决定的。从实际出发，即使国家法律规定了所有无主物都归国家所有，也是没有实际意义的，因为国家排他性的行使其所有权是极其困难的，因此我国法律不仅对有重要意义和价值的无主物做了特殊规定，如：埋藏文物、珍稀动物、渔业资源等重要财产归国家所有，而且对一般埋藏物、遗失物、无人继承的遗产等也做了明确规定。从这种立法意图来看，上述几类明定归属的无主物之外的无主物是可以以先占取得的。随着实践的发展，法定归国家所有的无主物范围有可能变化，但是无论怎样变动，依据其立法意图，确实不愿将所有的无主物收归国家名下，因此，先占法律没有明确确

---

① ［法］孟德斯鸠：《论法的精神》（下），商务印书馆1982年版，第190页。
② 张俊浩：《民法学原理》，中国政法大学出版社2000年版，第36页。
③ 张文显：《法理学》，高等教育出版社2004年版，第113页。

定归属的无主物，应该受到法律保护。

第五，这是由我国社会现实和法律实践决定的。美国大法官霍姆斯的名言："法律的生命始终不是逻辑，而是经验"① 一直回响在耳边，警醒法学工作者不要因过度重视理论逻辑而忽视了社会现实。回想我们在农村的生活：春天，小孩子们去田野中捕捉甲虫、蝴蝶，到树上掏鸟卵和小鸟；夏天，去水中捉鱼捉虾；秋天，去捡拾田中落下的豆荚、薯类等人们丢下的粮食作物；冬天，去打野兔、野鸟等小动物。再看看现在我们身边的情形，每天外出都能看见有人在垃圾堆、垃圾桶中找拾可以回收的垃圾，而在旅游场所捡拾别人丢弃的饮料瓶等遗弃物的行为更是常见。对于以上种种行为，普通人从来没有怀疑过其合法性，也没有人质疑过以上行为取得对无主物的所有权的合理性。显然，以上行为取得无主物，只要没有违背法律的其他强制性规定都可以依法取得所有权。反而是我们研究法律的理论工作者，却容易从逻辑推导出类似于"无主物归国家所有"的结论。因此，从现实出发，对法律强制规定归属之外的无主物，社会成员以先占方式取得所有权，是法律应该认可的。当然，法律承认先占效力的前提是：无主物是动产；法律对该无主物的归属没有做出明确规定。

法律承认先占制度不仅有利于对个人权利的保护，而且"有利于稳定社会经济秩序、有利于充分发挥物的效用、有利于促进社会经济发展"②。由此可见，确认先占制度不仅有理论根据，而且对社会发展有利，势在必行。

三　雨水集蓄取得雨水所有权的方式是先占

雨水收集者对所收集雨水享有完全所有权（后详），而取得所有权的方式种类较多，我们认为雨水集蓄行为为取得雨水所有权的方式是先占，因为它符合先占的构成要件。从上文对于先占相关理论和立法的介绍，我们认为先占的形成必须符合若干要件，而雨水集蓄行为恰恰符合这几个要件：

1. 标的物需为动产。罗马法承认对不动产和动产都可以先占，但是后世立法一般不承认对不动产的先占（如德国、日本民法），而极少数国家虽然承认对不动产的先占，但也做了极严格的限制（瑞士民法）。在我国，所有不动

---

① 转引自博登海默《法理学》，邓正来译，中国政法大学出版社 2001 年版，第 151 页。
② 魏振瀛：《民法学》，北京大学出版社、高等教育出版社 2004 年版，第 241 页。

产，从立法上看都归国家或者集体所有，不存在先占的问题。只有动产才存在先占的可能性。

民法上的动产是指能够移动并且不因此而损害其价值的法律意义上的物。至于什么是民法上的"物"，学界分歧不大，只是表述略有差异，基本含义如下：

> 即物者，指除人之身体外，凡能为人力所支配，独立满足人类社会生活需要的有体物及自然力而言①。

雨水集蓄的标的物即雨水，符合物的规定性，雨水与人体分离、可独立满足人类社会生活需要不待证而自明。下面让我们看看雨水的可支配性。雨水在空中时不能为人力控制，雨水汇聚成洪灾，也难以为人力控制，而雨水降落到集雨场地，沿着人工管道进入集雨设施（如水窖）内，则是其可以控制的体现。利用水力发电、风力发电可以称为自然力，但是利用集蓄雨水满足生活生产之需，则雨水不是自然力，是有体物。最后，集蓄的雨水不因移动而损害其价值。故雨水是动产。

2. 标的物需为无主物。先占是指最先占有无主物而取得所有权的方式，因此标的物为无主物是先占的根本特征之一。从雨水自然属性而言，应为无主物，雨水落地之前不可控制，故不成其为民法之物，而雨水落地之后并非静止不变，而是不断变化：一部分渗入地下或汇入地下水之中，或者直接汇入地表径流之中，这两部分补充到水资源中去，属国家所有，这一部分占到降水的大部分；另一部分重新蒸发到空中，又变成非民法上之物的状态；还有一部分渗入土壤之中成为土壤水，此时雨水成为土地从物，属于土地所有者所有。

利用雨水集蓄收集的雨水是没有进行上述变化的雨水，这些雨水在北方一般是落到集雨场地，然后汇入自家水窖，当然也有的是收集他人所有的地面上的雨水（如收集公路上雨水），而南方收集的雨水是从国有或者集体所有的山坡上流下来的雨水径流。如果这些雨水径流是无主物，则我们的结论是可以成立的。

我国现行法律规定"水资源"属于国有或者集体所有，如果上述雨水径流不属于"水资源"范畴，则应属无主物。我国新《水法》中，水资源权属方面

---

① 王泽鉴：《民法总则》，中国政法大学出版社 2002 年版，第 208 页。

规定了所有权和取水权两种。《水法》第三条规定水资源属于国家所有。《水法》第四十八条和《取水许可制度实施办法》中对取水对象的规定为：江河、湖泊、地下水。在这三种水体之后并没有加上"等"或者省略号之类代表列举未尽的文字和标点，也就是说，我国《水法》中规定的水资源仅指上述三种水体，在其他法律中也没有将地表雨水径流规定为国家所有。而地表雨水径流又不同于土壤水，后者是土壤的从物属于土地所有者所有，而地表雨水径流不是土地的从物，不属于土地所有者所有。当然，如果土地所有者采取了主动措施收集雨水，则较之非土地所有者的收集更具优先性，因为"一切所有权人有权使用并处置降落在其土地上的雨水"[①]。

如果土地所有者没有任何收集的措施和意思表示，则地表雨水径流不必然成为土地所有者的财产，因为法律没有这样规定，而法理上也不能认为地表雨水径流是土地的添附或者从物。

国家之所以不规定地表雨水径流属于国家所有原因如下：第一，雨水径流量小、利用困难，没有规定的紧迫性；第二，雨水径流处于变化状态，最终会有一部分真正汇入国家所有的"水资源"之中；第三，传统观念上，人们不重视地表雨水径流，不认为这是值得国家花大力气关注的资源形式；第四，雨水径流一般存续时间较短，加以利用的方式不明显。

国家法律没有明确规定地表雨水径流的权属，而且根据理论推导，也难以准确辨认出地表雨水径流的明确所有人，所以，我们认为地表雨水径流是无主物。

3. 标的物需为非法律禁止先占之物。前文已述，由法律明确规定其权属的无主物仅有以下几类：无人继承和无人受遗赠的遗产（归国家或者集体组织所有）；所有人不明的埋藏物、隐藏物（归国家所有）[②]；我国境内发现的文物、文化遗址、古墓葬（归国家所有）[③]。除此之外的无主物，我国法律都没有明确规定其归属。地表雨水径流不属于国家明定归属的无主物范围，因此不是国家法律禁止以先占方式取得的无主物范围。

4. 取得所有权人需直接占有标的物。雨水集蓄者，利用集雨设施将雨水收集到储水设施（水窖、水池等）中，已经实现了对雨水的实际完全的占有。

---

① 《法国民法典》，北京大学出版社1982年版，第134页。

② 《中华人民共和国民法通则》，第79条。

③ 《中华人民共和国文物保护法》，第4条。

5. 取得所有权者需有占有的主观意思。集雨者为了获得生活或者生产用水，花费较大成本修建集雨设施。平时注意保持集雨场地洁净、输水渠道畅通，收集到雨水之后，又对收集的雨水加以合理使用，集雨者积极想要获得雨水的意思表示已经表露无遗。

据以上几点分析，雨水集蓄行为是以先占方式获取雨水所有权的物权取得方式，对雨水收集的权利以及对雨水享有的所有权，都应该受到法律承认和保护。

第二章　水权制度的基本概述

第一节　与水有关的概念

要分析水权的法律性质，首先要界定水的种类和形态，其次要明确水权的客体究竟属于哪种的水。

一　水与水圈

"水"是一种无色、无味、无臭的天然资源，是一切生命赖以生存、人类生产生活不能缺少的基本物质。在我们地球上有一个水圈，"水圈，地球表面和接近地球表面的各种形态的水的总称。包括海洋、河流、湖泊、水库、沼泽、冰川和地下水、岩浆水、聚合水、生物圈中的体液、细胞内液、生物聚合水化物等"①。水作为一种自然资源，来自天然，具有可循环再生、用途广泛、不可替代、到处可取用等特点。从自然特性可将水做如下分类：按味道，可分为咸水和淡水；按其是否可满足人类生活、生产和生态利用的需要，可分为资源水（可利用的水）和非资源水（不可利用的水）。

二　水资源

关于水资源，《资源科学百科全书》中定义为："可供人类直接利用、能不

---

① 方如康：《环境学词典》，科学出版社 2003 年版，第 8 页。

断更新的天然淡水资源，主要指陆地上的地表水和地下水。"1977 年联合国教科文组织建议将水资源定义为："可以利用或有可能被利用的水源，这个水资源应具有足够的数量和可用的质量，并能在某一地点为满足某种用途而可被利用。"《中国大百科全书》将水资源定义为："指某一地区逐年可以恢复和更新的淡水资源。"我们认为，水资源具有以下特点：第一，水资源应具备一定的数量和质量；第二，具有可自我更新性；第三，具有天然性，是一种公共物品；第四，主要是指淡水资源，包括地下水和江河水、湖泊水、水塘和水库中的水；第五，具有生态价值和经济价值。

人类利用水资源的方式多种多样，在人类利用水资源的过程中，水也就具有了某些社会特性，从水的社会特性出发，可对其做如下分类：按用途可分为生活用水、生产用水、公益用水；按在使用中是否损耗分为消耗性用水和非消耗性用水。非消耗性用水一般是在不改变水的自然状态的情况下利用水资源，如航行、养殖、流放竹木等用水。消耗性用水一般都必须先从自然状态下的水资源中提取，然后再加以利用。如生活饮用水、农业用水、市政用水和工业用水等；按是否介入人类劳动可分为水资源和水产品，自然水资源是指处于自然状态未介入人类劳动的水，水产品是介入了人类劳动从自然状态下的水中提取的水。如果单位或个人利用一定的设备把一定量的水从处于天然状态的水资源中分离出去，而存入自己的容器中，那么该特定量的水即为水产品，如水塔、水窖中的水等。也有学者将这种进入私人领域的水称之为"私水"[①]。

水资源长期以来一直被视为同阳光、空气一样，是取之不尽、用之不竭的一种可再生资源，人们可以随时随地无限制地加以取用，这就形成了最初的即取即用制度。但是随着工业用水等生产生活需水量的不断增加，而水资源本身是有限的，且水污染问题日益导致水质严重下降，从而使水资源呈现出稀缺性。正如石玉波所说："水权制度的起源是与水资源紧缺密不可分的，在人类开发利用水的早期阶段，水资源的利用是即取即用的方式，随着人口增长和开发活动，水资源成为一种短缺的自然资源，水权就作为解决特定地区社会系统冲突的制度产生了。"[②]

---

① 贾登勋、尹姗姗：《浅析水权法律制度》，《科学·经济·社会》2004 年第 4 期。
② 石玉波：《关于水权与水市场的几点认识》，《中国水利》2001 年第 2 期。

第二节　有关水权制度的立法和研究现状

"水权"概念并不是伴随水资源的出现而出现的，是水资源稀缺程度不断提高和水资源价值观念变革的产物。休谟认为，财产所有权制度起源于机会的稀少性和结果的利益冲突，"如果人人都已经富裕有余，把财物分割还有什么意义呢？如果不把财物分割，为什么要建立产权呢？这件东西为什么要说是我的呢？如果在别人把它抢走的时候，我只要一伸手就能拿到一件同样有价值的东西，假如那样，公道就完全无用，就会是一种无聊的形式，决不能列为美德的一种"[①]。在一个相当长的时期内，江河湖海等水资源作为人类无法控制、独占的共有，没有形成水资源所有权的概念，一般用河岸权、地役权等物权来调整水资源权益[②]。

"水权"，顾名思义，就是关于水的权利。但对于水权制度及水权的概念各国或地区的立法因本国或本地区的水资源利用状况和立法传统不同而各异。

如我国台湾地区水利法规定，水权是依法对于地面水或地下水取得使用或收益的权利，可归团体公司或人民取得。

《俄罗斯联邦水法》规定："水体可以属俄罗斯联邦所有，也可以属俄罗斯联邦各州、区所有。""所有一切水体，包括那些不属于个别市镇、公民和法人所有的零散水体，均应归国家所有制范畴。"

英美法系很多国家水事立法中没有"水权"的总的定义，而是直接规定了河岸权、优先权等关于水的具体权利种类。河岸权（riparian rights）制度源于英国的普通法和1804年的拿破仑法典，是在水资源丰富的地区，主要是在英国形成的，目前仍是英国、法国、加拿大以及美国东部等水资源丰富的国家和地区水法规和水管理政策的基础。河岸水所有权是属于与河道相毗邻土地所有者的一项所有权，是在土地开发初期自然存在并发展的一种水权形式。在河岸权制度中，水权的排他性是和土地所有权的排他性联系在一起的。根据河岸

---

① 康芒斯：《制度经济学》上卷，于树生译，商务印书馆1997年版，第171页。

② 蔡守秋：《论水权体系和水市场》，《中国法学》2001年增刊。

权制度，凡是拥有持续不断的水流穿过或沿一边经过的土地所有者自然拥有了河岸权。只要河岸权人对水资源的利用不会影响下游的持续水流，那么使用的水量没有限制。优先占用权（prlor rights）制度源于 19 世纪中期美国西部地区开发中的用水实践。美国东部水资源比较丰富而西部地区河流水量在各季节、各年度变化很大，而且该地区较为干旱，所以就出现了优先占用水权的明确规定。与河岸制度不同，优先占用水权的排他性不是与土地所有权联系在一起的，而是体现在水资源使用的先后顺序上。这就意味着最先有效利用水资源的人有资格优先于后来者的使用权。

我国学者对于水权的概念及其应包含的内容可谓百家争鸣。按照各学说的内容大致可分为三类：

（1）一权说。以崔建远、刘斌为代表的学者们认为，水权仅指水的使用权。崔建远认为，水权是权利人对地表水与地下水使用、收益的权利。水权为一集合概念，它是汲水权、引水权、蓄水权、排水权、航运水权等一系列权利的总称[①]。刘斌认为，水权是在法律约束下形成的、受一定条件限制的对国家所有的水资源的用益物权，是一项建立在水资源国家或公众所有的基础上的他物权，是一种长期独占水资源使用权的权利[②]。

（2）二权说。汪恕诚认为，水权是水资源的所有权和使用权；关涛在《民法中的水权制度》一文中提出，水权应当包括水资源所有权和用益物权两部分。

（3）多权说。姜文来提出水权是指水资源稀缺条件下人们有关水资源的权利的总和，其最终可以归结为水资源的所有权、经营权和使用权[③]。蔡守秋认为，水权是由水资源所有权、水资源使用权（用益权）、水环境权、社会公益性水资源使用权、水资源行政管理权、水资源经营权、水产品所有权等不同种类的权利组成的水权体系[④]。黄锡生认为，水权是指国家、单位和个人对水的物权和取水权。水物权就是国家、单位或个人基于对资源水（水资源）和产品水的占有、使用、收益和处分的权利。水物权可分为资源水物权和产品水物权

---

① 崔建远：《水权与民法理论及物权法典的制定》，《法学研究》2002 年第 3 期。
② 刘斌：《关于水权的概念辨析》，《中国水利》2003 年第 1 期。
③ 姜文来：《水权的特征及界定》，水政在线 http：//www. shuizheng. chinawater. com。
④ 蔡守秋：《论水权体系和水市场》，http：//www. nsbd. com. cn/NewsDisplay. asp？Id ＝ 120488。

两类。取水权是指取水主体依法直接从地下、江河、湖泊等水资源中取水的权利[①]。

概念是法的要素之一，是解决法律问题的必不可少的工具，没有严格、明晰的特定概念，便不能清楚和理性地思考问题。水权概念是我们在研究水权制度时的逻辑起点，我们界定一个特定的事物，所采用的概念必须首先准确地揭示该事物的本质属性，这是最起码的要求。其次是所用的概念在使用上要方便，如果所采用的概念在使用时常常要作许多限定和若干辅助说明则所用概念难谓妥当。

其实，一般意义上的"水权"就是一个比较笼统的概念，凡是涉及与水有关的权利和利益的占有、使用、转让等方面的事项均可视为水权问题。笔者认为，凡是权利主体在占有、开发、利用、使用、收益、保护水资源的过程中所产生的关于水的权利均可称之为水权。如水资源所有权、其他单位或个人的用水权、对于储水设施或容器中的特定水的所有权。由于我国现行立法对于水权也没有做出明确的定义，水权只是一个法学理论概念，尚不是法律概念。学者们关于"水权"的概念见仁见智，争议颇多，对其内涵、外延和内在逻辑体系很难达成共识，导致水权概念在研究领域中使用混乱，妨碍了水权制度的研究和发展。

我们主张对有关水的权利类型和种类如水资源所有权、水资源使用权（用益权）、水环境权、社会公益性水资源使用权、水资源行政管理权、水资源经营权、水产品所有权分别界定和分析。我国的使用者最想用水权描述的实际上仅仅是用水人使用水并获得利益的现象，最想用它解决的问题，是国家这个水资源所有者把用水利益如何妥当地分配给各种各类的用水人，如何配置用水资源最有效益，最能使我国可持续发展。因此，对于体系和内容庞杂的水权这个概念不宜在立法中予以采用，而代之以"用水权"的概念。

用水权与水资源的使用权是两个不同的概念。水资源的使用权是包含在静态权利水资源的所有权当中的一项权能，或是水面（域）的使用权，不能准确地反映用水权人可以独立支配该项权利的特征。而用水权则是一项行为权利，是个动态权利。用水权这个概念的外延比较宽泛，表现形式也有多种多样，比如航运、渔业养殖、灌溉、水力发电、取水、城镇工业生活供水等，都是用水权的不同表现形式。正是由于用水权这个概念外延比较宽泛，因而能较准确地

① 黄锡生：《水权制度研究》，科学出版社 2004 年版。

反映事情的本质，并且能把一些有细微差别的事物或行为区别和反映出来。

第三节　水资源所有权、用水权、水产品所有权

我们通常所探讨的水权制度，其研究层面主要限于地球上有限的可被利用的淡水资源，其建立目的是为了合理配置和高效利用有限的淡水资源，并能够像普通产权一样进行市场化配置和运用。

一　水资源所有权

水资源所有权是指国家、法人、其他组织或个人依法对其所有的水资源享有的占有、使用、收益和处分的权利。但当今绝大多数都以不同的方式通过立法确立了水资源的国家所有权制度，如《英国水资源法》规定水资源属于国家所有；日本《河川法》规定河流属于公共财产。我国台湾地区的《水利法》也规定"水为天然资源，属于国家所有，不因人民取得土地所有权而受影响"。我国《宪法》第九条规定"矿藏、水流、森林、山岭、草原、滩涂等自然资源，都属于国家所有，即全民所有……"我国的《水法》第三条规定："水资源属于国家所有。水资源的所有权由国务院代表国家统一行使。农村集体经济组织的水塘和由农村集体经济组织修建管理的水库中的水，归各该农村集体经济组织使用。"由于资源属于一种公共物品，且水的供需矛盾日益加剧，只有国家才能担当起对水资源进行统一规划、统一调配和统一管理的重任，实现水资源的有效利用。水资源所有权归国家所有已成为一个必然的趋势。

传统的财产所有权理论认为，财产所有权即所有人依法对自己的财产享有占有、使用、收益、处分的权利[①]。但水资源所有权不同于传统的所有权，国家和代表其行使权利的国务院，并不直接占有、使用、收益水资源，更不能将水资源所有权转让于其他主体，因此，水资源国家所有权与其说是一种"权

---

① 王利明：《民法》，中国人民大学出版社 2000 年版，第 155 页。

利",更不如说是一种"权力"。资源归国家所有是一种主权宣告的方式,对内是一种调配管理权,只能通过法律直接规定或颁发许可证的方式将用水的权利分配给单位或个人,单位和个人由此取得了用水权。

二 用水权

用水权,是指权利人依法对处于自然状态未介入人类劳动的地表水与地下水使用、收益的权利。

按照不同的标准可以对用水权做不同的划分:

按用水方式来划分,大致可以分为以下几种:汲水权、引水权、截水权、蓄水权、排水权等。

按用水目的,可分为家庭用水权、市政用水权、灌溉用水权、水利用水权、航运用水权、竹木流放用水权、稀释用水权、娱乐用水权等。

按是否消耗水体,可分为消耗性用水权和非消耗性用水权。

按用水权的来源,可分为法定用水权和特许用水权。

下面着重分析法定用水权和特许用水权。法定用水权是权利人依据法律规定直接获得的用水权。根据现行的《取水许可实施办法》第三条的规定:下列少量取水不需要申请取水许可证:(一)为家庭生活、畜禽饮用取水的;(二)为农业灌溉少量取水的;(三)用人力、畜力或者其他方法少量取水的。少量取水的限额由省级人民政府规定。第四条规定,下列取水免予申请取水许可证:(一)为农业抗旱应急必须取水的;(二)为保障矿井等地下工程施工安全和生产安全必须取水的;(三)为防御和消除对公共安全或者公共利益的危害必须取水的。

关于特许用水权,我国新《水法》第七条规定:"国家对水资源依法实行取水许可制度和有偿使用制度。"第四十八条规定:"直接从江河、湖泊或者地下取用水资源的单位和个人,应当按照国家取水许可制度和水资源有偿使用制度的规定,向水行政主管部门或者流域管理机构申请领取取水许可证,并缴纳水资源费,取得取水权。"《取水许可办法》规定:"本办法所称取水,是指利用水工程或者机械提水设施直接从江河、湖泊或者地下取水。"

用水权是具有公权性质的私权,主要体现于三个方面:

其一,由于用水权客体的不同属性所致。一方面,用水权作为对水资源的使用和收益权,它建立在水资源的效用性、稀缺性、可控制性之上,用水权人可以将水资源作为私人财产，对它进行排他性的支配，从而为自己创造财富，所以，用水权对于用水权人而言，首先是一种私权①。另一方面，因为在水资源之上又附存着不具有竞争性和独占性的生态环境功能以及社会公共利益，使之同时又成为公共品，需要由政府采取非市场手段来加以提供和保护，而且，因为水资源的生存保障和生态环境价值大于其财产价值，所以，水资源的私有品用途应该受制于其公共品用途，因之作为财产性权利的水权应该受到公共利益的限制。可见，水权的双重性是水权客体的不同属性所致。

其二，由于调整用水权的法律制度的性质。用水权制度是水资源分配体系之中的一个必要的组成部分，应该受到水行政管理机关规划计划权、总量控制权、供水分配权、审查监督权等行政权力的制约。否则，就难以确保水资源保护与可持续开发利用协调发展以及兼顾公平与效率两大水资源市场配置原则的实现。故此，调整水资源关系的水法，在性质上属于具有行政色彩的公法。

其三，由于用水权在设立、变更、转让以及行使等各个方面受到法律更严格的限制。因为水资源开发利用涉及防洪、水污染防治、水土保持等诸多方面的利害关系，采用强制性规定的方式对用水权予以规制，有利于防止用水权人滥用权利。因此，用水权是具有公权性质的私权。

法定用水权制度的设计，规定了为基本生活需要而少量取水的，既不需要办理取水许可证也不需要缴纳水资源费，这是十分必要和合理的。同时，从人权法的视角出发，自然人（公民）享有法定用水权，国家则至少负有为实现其权利提供机会及便利条件并促进其权利实现的义务。法定用水权人可以在法律规定的范围内自主做出用水行为，并排除他人干涉，同时负有合理用水且不能妨害他人依法用水的权利。该权利专属于权利人自身，不得转让。

特许用水权，是申请用水的单位和个人向国家提出申请，国家经过审核予以颁发许可证的方式而取得的，具有强烈的国家干预色彩。

特许用水权与典型物权不同，具有以下特征：第一，在客体的特定性方面，用水权的客体是水资源，而水资源具有流动性、循环性、可自我更新性，使得用水权的客体与传统物权客体的特定性相区别。第二，在一物一权主义方面，用水权表现得很弱。如在特定区域水资源上可以同时存在数个汲水权、引水权等用水权。第三，水权没有追及效力，在水权的客体和水资源所有权的客体融为一体时，盗用水构成对水资源所有权的侵害，基本上不构成对用水权的

---

① ［美］保罗·萨缪尔：《经济学》（第16版），萧琛译，华夏出版社1999年版。

侵害，即使构成，水一旦被盗用就不再是用水权的客体，用水权人自然不能基于用水权请求返还。基于此有学者将之称为准物权。

特许用水权因其产生、变更、终止均与政府行为有关，需履行法定的程序，在此意义上也有学者认为其属于特许物权。

三 水产品所有权

水产品所有权（也有学者称之为水所有权或水体所有权），是指用水权人依法行使用水权后，对于其从水资源所取得的特定量的水享有的占有、使用、收益和处分的权利。如引入企业储水设施或家庭水容器中的水因与水资源相分离，不再是水资源所有权的客体，而成为水产品所有权的客体。正如崔建远所说，汲水权、引水权等用水权犹如水产品所有权主体的转换器，其运行使水产品权从水资源所有权中分离出来，转归用水权人享有。由于水产品凝结了人类一般劳动，同其他劳动产品一样，归于普通的民事主体享有，权利人对其享有所有权全部权能。水产品所有权同其他物的所有权没有区别，属于完全的物权。

综上所述，水资源所有权归国家所有在更大的意义上起着一种主权宣告的效力，国家所有权的行使更多地表现为政府对水资源的调控和管理行为，而不是使用和收益。水资源归国家所有的制度已由我国的宪法、民法通则、水法以及其他相关的法律规范作出明确的规定，符合有关水资源立法的普遍做法和趋势，已属于不争的事实，因此无须再作过多的探讨。

水产品所有权因其符合传统物权中完全的自物权的特征，权利人对该权利的客体享有直接的支配权，并有权排除他人干涉，因此完全可以纳入民法的调整范围，由财产所有权制度加以调整。国家亦无须通过其他专门的立法对其进行规制。

由于用水权是一种带有公权色彩的私权，是一种特许物权，与传统的典型物权有很大差别，直接纳入物权法的范畴加以调整有一定的理论障碍。如何对用水权进行分配、控制、管理和保护，这才是学者们应关注的重点问题，不能仅仅局限于水权的概念究竟应该是什么，到底应包含几项权利等。因此，我们主张对于"水权"的概念应予摒弃，而代之以更能恰切地表述其权利特征和实质内容的"用水权"的概念，集中研究用水权的性质，为用水权的可交易性提供理论依据，实现水资源的开发利用的效益最大化。

第三章　部分缺水地区雨水
集蓄的调研报告

第一节　关于定西市安定区雨水
集蓄利用的调研报告

一　几个名词解释

由于历史和气象的原因，干旱和半干旱在国人的印象中似乎已是西部的"特色"，而与之相对应的雨水集蓄利用也似乎是西部干旱半干旱地区的专有名词①。这样，缺乏西部生活经历的人很难深刻地理解雨水集蓄的具体形象和重大意义。所以有必要先展现和解释几个名词——笔者的目的是想通过"名词解释"，给读者提供一个全方面、多角度认识和理解雨水集蓄的进路，以避免纯技术层面的讲解带来的枯燥。当然，这样做本身也人为地降低了文章对逻辑性的要求，对于作者，也许是一个偷懒的借口②。

1. "水窖"——真正的财富的象征

还未到定西调研的时候，一位来自定西的朋友告诉我们，定西地区的姑娘

---

① 实际上，自20世纪80年代以来，在沿海和海岛等地区也存在雨水集蓄利用的现象，但大多是因为这些地区地下淡水资源缺乏，为解决淡水饮用问题而发展起来的；这和西部干旱和半干旱地区的雨水集蓄利用在背景、目的、成本和意义上有着本质的不同。

② 在法学学术界，雨水集蓄利用的有关法律问题的研究几乎已成了一个"地方性"的知识——非西部的学者对这一问题几乎是无人问津。即使是在西部，蛰伏在都市中的法学家也没有向这一领域投入应有的学术热情和精力。

如果嫁人，并不是看男方家里有多少间房子、多少头猪和多少亩地，而是看对方家里有多少口水窖。所谓水窖，就是收集和储存雨水的地下设备。定西姑娘出嫁择人的"物质标准"给我们留下了深刻的印象，也深深地震撼了我们。相信在中国不同的地方，都会有约定俗成的姑娘嫁人时对男方财产要求的标准，这种"习惯法"所折射和反映的不仅仅是当地人对姑娘出嫁后美好未来预测的现实根据，不仅仅是当时当地的人在某些方面的心理特征，而且还形象而又具体地解读了当时当地的经济发展水平。以前，人们结婚的时候，女方要着重考察和落实对方家中是否有缝纫机、收音机（体积庞大，无须外接设备即可发出较高分贝声音的那一种，能达到全村人听到的效果尤佳）；现在，等到姑娘们要出嫁的时候，需要去重点关注的是对方家里有没有摩托车、彩电、冰箱、水泥的正房和厢房、拖拉机或者联合收割机等——不同社会时代的变迁和不同区域经济发展水平的差异尽显其中，没有比这更感性的、更直接的参照和比较了。

定西姑娘出嫁择人的"物质标准"在我们来到定西农村调研的时候得到了老乡们的印证。另外，当我们和老乡们一起闲谈的时候，当说到某某人时，总是说：他们家的生活挺不错的，有多少多少口水窖，等等。而安定区的青岚山乡大坪村正在实施的建设生态小康人家的标准中，四口水窖的标准赫然列在首位。

这是什么原因呢？原因在于当地人清醒地认识到，有了水窖或者有了较多的水窖，就有了水或者较多的水，就有了灌溉菜园、饲养牲畜和塑料大棚的规模，也就有了物质生活条件的保障和加强，也就有了"幸福无忧的生活"。一句话，我们的强烈的感觉就是：水窖，是真正的财富的象征。

水窖，是当地真正的财富的象征。这句话的背后，在凸显了雨水集蓄利用重要性的同时，也隐含了西部人生活的艰辛与无奈。这更加引起了我们对雨水集蓄利用的兴趣，以至于大家多少都有一些"知识分子"的使命感和责任感，以及这种使命感和责任感所带来的沉重的心情。

2. "雨水集蓄"——当地人的"活命之法"

在西部，并不是所有的城市都像兰州那样幸运。由于有黄河从中穿过，居民的生活用水和工业用水才不至于捉襟见肘。实际上，在中国广袤的干旱和半干旱的西部地区，地表水和地下水资源极其匮乏，甚至有的地方根本没有地表水和地下水，我们调研的大本营——定西安定区青岚山乡就是一个典型的既没有地表水也没有地下水的地方。那么，人们的最基本的生存需求——对水的需求是怎样满足的呢？就是通过那一眼眼的水窖，通过水窖里集蓄的雨水来满足的。如果没有水窖，那里的老乡可能早已离开，而不是像现在"坚强地留下来"，世世代代地在那里生活、繁衍，耕耘和追寻着自己的梦。

我们查阅了一些资料，也访问过当地的老乡，大家对雨水集蓄利用的来源和历史可谓众说纷纭。但有一点却是没有任何分歧的，那就是在没有任何地表水和地下水资源的地方，雨水的集蓄和利用是当地人的"活命之法"，没有对雨水的集蓄和利用，就没有了当地生命的源泉，也就没有了生命存在的可能。

在当地，如果你要老乡给你谈谈雨水集蓄的意义，如果你碰到的是没有多少耐性而又性格耿直的老乡，他会反问你为什么会提这样的浅显而又无知的问题，就好像我们走在大街上，突然有一个人愣头愣脑地冲过来问："人为什么要吃饭？"答案就是那么的简单："不吃饭会饿死人的！不集蓄雨水会渴死人的！"

3. "扶贫"——走上富裕的途径

凡是有着中国西部生活经历的人，都会有这样一个感觉：中国的西部与传说的美国的西部是不一样的——中国的西部总体上是贫穷而又贫瘠，严重缺乏自我造血的功能。在其他地区经济迅速崛起的同时，西部的落后却一如既往，地区差距已不是一个简单的经济问题，已演变成一个"政治"问题，在这方面，官方和民间取得了惊人的一致。最终，到西部来投资的人更是趋之若鹜。于是，"扶贫"这个"中国特色"十足的概念在中国西部具有独特的意义。在我们调研过的地方，有很多农户的水窖都是当地"扶贫办"提供支持的。"扶贫"的对象非常广泛，并没有严格的限定，甚至可以说每一村的每一户都可以成为"扶贫"的对象；提供"扶贫"的主体也不仅限于政府，由知名企业进行专向和定向"扶贫"在目前也是比较常见的；"扶贫"的内容也非常丰富，涉及农民生产和生活的各个方面，从水窖、大棚到羊圈、猪圈，从购买种子到提供牲畜幼崽等都可纳入"扶贫"的范畴；"扶贫"的形式也是多种多样的，最常见的是提供建造水窖的水泥、搭盖羊圈的铁栏杆、搭建大棚的薄膜等，但偶尔也有发放现金的情况发生。总之，"扶贫"已经渗透到了当地人生活的方方面面，似乎已经成为当地人生活的一部分。我们在每一户人家，基本上都找到了"扶贫"的影子。

"扶贫"在当地人的心目中已经成为他们生活的一部分。我们担心的是当地人会不会对"扶贫"形成一种依赖心理？会不会满足于目前"扶贫"所带来的"好处"而"不思进取"（中性词，没有任何贬义）？换句话说，"扶贫"的负面效应有没有？有多少？我们调研的结果给了非常明确的否定答案。我们走在一个村子里，我们感受到的是强烈的共鸣：每一个农民和青年学生一样，对未来的生活有着美好的憧憬，并正在为实现这美好的憧憬而努力奋斗着。也许他们对自己未来生活的描述并没有使用规范的学术语言，但却是感人的、动听的。他们的愿望也许仅仅是实现衣食无忧，也许仅仅是有充足的收入能够供自己的子女读书上学，也许仅仅是在农闲的时候到兰州这种"大城市"来转转。他们的理想就是这么的简单，但是，我们却难以想象：他们要实现这些愿望需要付出多么艰辛的努力。

毕竟有些村民已经实现这样的理想。有不少的村民借助于"扶贫"，借助于"扶贫办"扶持建造的"水窖"，成功地解决了自己"脱贫致富"的"瓶颈"——因为有了水窖，他们搭建起了大棚，大棚里种植起了城里人喜欢吃的无污染无公害蔬菜，然后再卖到城里。我们在走访时得知，一般情况下，一个大棚的毛收入大约每年 3000 元，纯收入大约是 2000 元，销售旺季主要集中在冬天。我们还发现，有的人家一家就有七八个水窖，三四个大棚，收入应该不菲。

扶贫，能不能照亮西部农民走上小康的坦途，我们拭目以待！

4. "村干部"——村里剩余的青壮劳动力

我们下乡进行社会实践和调研选在了 2006 年 7 月上旬，这正是学校放暑假的时候，是我们进行社会实践的最好的机会。因为，甘肃农村恰逢农闲季节——春耕早已过去，收获的季节尚没有到来。

当我们的走访正在进行的时候，我们几乎同时发现了一个现象：在家的全是老人和小孩以及一小部分妇女，绝大部分的青壮劳动力并没在家，他们到哪里去了呢？经过询问，原来他们都去城里打工去了，大都是在建筑业做建筑工（临时工）。最后我们发现，村里的"村干部"几乎成了村里仅剩的青壮劳动力了。以定西安定区青岚山乡大坪村为例，他们三个"社"基本上没有青壮年人在家，只有村党支部书记（男，因为我们调研时，恰逢他到安定区委党校参加为期一个星期的培训学习，所以并没有见到；但从其父母的年龄分析，他应该在 40 岁左右）、村长（看样子有 40 岁；再加之农村人格外显老，所以实际年龄可能比我们估计的要小一些）和村文书（男，应为 30 多岁，他的儿子才上小学三年级。在农村，结婚普遍比较早，所以 30 多岁应该是一个比较接近实际年龄的数字）没有外出打工①。

　　他们没有外出打工，生活的条件会不会比别人差呢？我们走访过书记和村长家，从家中的摆设可以看出他们的经济条件应该是比较宽裕的。就家中房屋的建造和室内的摆设，村文书史作武的家境给人的感觉是稍差了一些，因为我们住在他家里，所以和他也有较多交谈的机会。我们了解到，按照他们当地的标准，史作武在村委会工作每年的"工资"大约是3000元左右，而当地的年轻人如果到县城里去打工一年可以赚到4500元左右，乍一听，他的收入和生活确实要比别人差一些。

　　但后来，我们进行了讨论，我们认为他在村委会当文书也是一份不错的"工作"。

　　第一，在村委会做文书工作，从事的是较为轻松的脑力劳动。如果到定西打工，繁重的体力劳动是不可避免的。

　　第二，在村委会做文书工作，大小好歹也是"干部"，是一份正经的"差事"，很符合传统中国人对事业认可的思维，尤其能取得当地农民对"事业"的认同，故而也能得到当地人的尊重（在生活在农村的人看来，没有什么比能赢得别人的尊重更重要的了，也许，不仅是农民才有这种感觉和"需求"）。实际上，从史作武的父亲对他儿子"职业"满足的目光里，我们也或多或少获得了类似的信息。而到县城里去做建筑工，在当地人的眼里，毕竟多少有些"名不正、言不顺"，不是"长久之计"，用当地一名妇女的说法就是"没有办法的办法"。

　　第三，他的工资每年是3000元，按照通常的理解，工资如果是3000元的话，那么他在村委会的工作能给他带来的实际收入应该超过这3000元（对于"干部"的工资应该低于其实际收入的看法是我们经验主义式的一种判断，并没有什么确实、充分的证据加以证明，也没有什么精确的公式作为推算的依

---

　　①　多数青壮年劳动力在农闲季节外出打工的原因是非常简单的。众所周知，农业生产具有季节性，例如，在南方水稻生产区，11月中旬至次年的2月份没有农业生产活动；在北方小麦种植区，则有整整半年时间无须劳动。更为重要的是，农业生产具有劳动时间投入不均匀的性质。在农忙季节，需要大量的劳动投入，而在非农忙季节，农户的工作相对较为轻松。在未普及机械化的地区，农忙季节需要青壮年劳动力才可能顺利完成，而在非农忙季节，则只需要次要劳动力即可完成。不过，对于农业生产而言，如果不能收割，那么，这之前所有的劳动投入都浪费了，相当于零。在农忙季节青壮劳动力投入一些劳动，其收益可能高于外出务工。参见贺振华《农户兼业的一个分析框架》，《中国社会科学文摘》2005年第4期，第70—71页。该文实际上是从成本收益的角度建立了一个分析框架，而这种思考纬度也恰恰印证了我们对村干部没有外出务工原因的判断。

据，仅仅是一种个人的推断），比如，在我们走访的农户家中，绝大部分的农户只有三四个水窖，而史作武家中竟然有七个水窖，并且这七个水窖都是"扶贫办"扶持建造的。

最后，我们认为史作武没有到县城里去打工，而是留在村子里"为人民服务"是合乎情理的，是符合"经济学原理"的[①]。

这就是"村干部"会成为村里仅剩的青壮劳动力的原因了。

5. "小菜园"——"吃的比以前好多了"

我们吃住在老乡家里，相信善良、淳朴的老乡并没有亏待我们，我们吃的应该比他们平时吃得还要好一些，毕竟他们是在招待客人。尽管是这样，我们每日三餐里主食当然是耐吃的面。至于菜，概括起来全部都是大蒜、自己做的咸菜，还有些辣椒油——顿顿如此，使得我们这些来自城市的"食肉动物""苦不堪言"。

有一次，我们走访的时候，来到了安定区青岚山乡大坪村贾河湾社六号陈芳清的家里，在走访结束要离开的时候，我们发现在陈芳清正房（当地也叫"北房"）的北面，有一个他自己种植的菜地，菜地里蔬菜种类丰富，有黄瓜、韭菜、葱、扁豆，等等，我们同时注意到在菜地的旁边就有一个水窖。听陈芳清讲，以前没有水窖的时候，他从别的地方担来的水不能用来浇菜，主要因为水的碱性太高，不适合浇菜；他的这块菜地主要是用来满足和解决家庭饮食的需要。有了这块不大不小的菜地，他们家的饮食结构得到了极大的改善：平时除了面食以外，还可以吃上时令蔬菜，如黄瓜、韭菜、扁豆，等等。"吃的比以前好一些了"，陈芳清最后深有感触地对我们说。

当地的老乡虽然在大棚里种植了蔬菜，但他们认为"那些蔬菜是拿来卖的，不是拿来吃的"。我们理解，所谓"不是拿来吃的"并不是说大棚的蔬菜不能吃，而是说舍不得吃！

陈芳清之所以会开辟出一个自己的小菜园，前提有二：第一，自己同时也有大棚，在种植大棚蔬菜赚取副业收入得到保障的同时，才有开辟自己小菜园的经济基础和"心理基础"。第二，要种植小菜园，在菜园附近必须要有水窖。

---

① 正如有些学者指出的："村民对选举的参与是和利益的获得（至少是不损害其利益）直接相联系的。""村民对选举的参与具有明显的理性色彩，而且，这种理性色彩还会体现在村民对选举的其他利益的比较考虑……当选村干部后得到的好处和付出的代价与从事其他职业（比如打工）得到的好处和付出的代价的比较等。"请参见杨善华、柳莉《日常生活政治化与农村妇女的公共参与》，《中国社会科学》2005年第3期，第118页。

而建造大棚、搞大棚蔬菜同样也要有水窖。于是，问题又回到了我们的出发点：水窖和对雨水的集蓄利用。

6. "大地之爱·母亲水窖"——一个永恒的话题①

中国西北黄土高原省、区的部分地区总体上都处于极度缺水的状态。有的降雨量只有 300—400 毫米左右，而蒸发量却高达 1500—2000 毫米以上。按可利用水资源统计，人均可利用水资源占有量只有 110 立方米，是全国可利用水资源占有量 720 立方米的 15.3％；是世界人均可利用水资源占有量 2970 立方米的 3.7％。那里的人、畜用水几乎全靠人工蓄集有限的雨水。人们在地下修建的蓄集雨水的容器，被称为水窖。因无足够的资金对这种水窖的内部进行混凝土硬化，会很快出现渗漏。严重缺水的恶劣状况，导致当地农民生活艰难、生产原始、教育落后，妇女的疾病率和新生儿死亡率居高不下，妇女们承担着数倍于正常环境下妇女肩负的生活重任。

为了帮助那里的人们特别是妇女迅速摆脱因严重缺水带来的贫困和落后，在全国妇联的领导下，中国妇女发展基金会实施了一项计划，即向社会募集善款，为西北缺水地区捐修混凝土构造的水窖，使她们能利用屋面、场院、沟坡等集流设施，有效地蓄集到有限的雨水，以供一年之基本饮用水。

中国妇女发展基金会是以女性为帮助对象的公益组织。它高举母爱的旗帜，倡导社会以捐建水窖的形式关爱缺水的妇女并惠及他人，人们将捐建的水窖称为"母亲水窖"。

在全国妇联的领导下，通过各级妇联网络的发动和媒体的强力参与，取得了社会各界的热情支持。至 2000 年底，中国妇女发展基金会共募集善款 1.16 亿人民币，中国妇基会将这笔善款设立为"大地之爱·母亲水窖"专项基金，并于 2001 年 2 月起逐期投放资金至西部缺水地区。

实践证明，修建一口容量 36 立方米的水窖，一年可蓄集雨水 50—80 立方米左右，能保证一个 3—5 口人的家庭一年的人、畜饮水；拥有两口水窖，就能发展一亩庭院经济作物，因而陆续解决一系列的生存和发展问题。有关专家评价，在严重缺水地区修建集雨水窖，是有效利用雨水资源以解决缺水之忧的最简便、最经济、最实用的办法。

鉴于我国西南各省（区、市）山区也不同程度地存在饮用水困难，"大

---

① 关于"大地之爱·母亲水窖"项目的其他有关情况，请浏览中国妇女发展基金会网站（http：//www.cwdf.org.cn）中有关该项目的专题介绍。

地之爱·母亲水窖"项目已扩展到西南各省。目前，项目受益面覆盖了陕西、甘肃、宁夏、青海、内蒙古、四川、重庆、贵州、云南、广西等 15 个省（区、市）。至 2005 年，已帮助西部近 100 万严重缺水百姓摆脱了生存和生活困境。

"大地之爱"是一个永恒的主题，"母亲水窖"是一个专项扶助行动，所以计划的全称为"大地之爱·母亲水窖"项目，它包含了爱母和母爱的双重意境。大地生长万物；母亲养育人类。万物感恩和关爱大地；人类感恩和关爱母亲，这就是"大地之爱"。

最后，应该给雨水集蓄下一个定义了。《雨水集蓄利用技术规范》对此作了界定："雨水集蓄利用是指采取工程措施对雨水进行收集、蓄存和调节利用的微型水利工程。"也就是将降雨产生的径流收集储存起来，为人类开展的各类社会活动所利用[1]。它和我们通常所说的雨水利用不同，雨水利用是指对原始状态下的雨水进行利用，或者对降雨在最初转化阶段的利用，如：旱作农业中作物对雨水的当时和就地的利用、水土保持措施（梯田、水平沟等）中拦截降水径流，提高土壤水分含量的措施、引洪淤灌或补给地下水的措施以及微集雨措施（利用作物和树木之间的空间来蓄集雨水，增加作物或者树木生长区根系土壤的水分）等，主要是通过把雨水拦蓄于土壤中来对降雨进行调节利用，调节能力有限。而雨水集蓄利用对雨水的调节则是采用工程蓄水措施，调节能力大大提高，因而对雨水资源做到更有效的利用[2]。而所谓的水窖，当然是中国特定区域产生的特定名词，指的是修建于地下的用以蓄集雨水的罐状（缸状、瓶状等）容器。

二　雨水集蓄利用的意义

在阐述雨水集蓄利用技术的重大意义时，不能脱离雨水集蓄利用地区独特的地理、人文背景——因此就目前而言雨水集蓄利用是在特定地区产生的特定名词。

那么这些独特的地理和人文背景是怎样的呢？或者说实施雨水集蓄利用

---

[1]　李勇：《雨水集蓄利用的环境效益及研究展望》，《水土保持研究》2002 年第 4 期，第 18 页。

[2]　雨水利用专业委员会：《雨水集蓄利用学科发展与展望》，《中国水利》2004 年第 11 期，第 32 页。

的地区有哪些基本的、共有的基本特征呢？第一，在这些地区地表水和地下水严重缺乏或者季节性缺乏。第二，地形山大沟深，沟壑纵横，修建跨流域引水等骨干灌溉工程的条件十分困难。第三，农业生产完全依靠天然降雨，而降雨的年内分布又十分不均，供需严重错位，农业生产水平低下。第四，更为重要的是当地居民祖祖辈辈没有可靠的生活饮用水供给，经常需要政府运水救济。概而言之，这些地区供水和粮食两方面都缺乏安全保障，是我们最为贫困的地区[①]。因此，在前述"几个名词解释"里面，实际上已经从表面对雨水集蓄的意义进行了说明，下面是从更深的层次进行归纳和总结。

第一，增强了党的威信。我们在走访时，有意或无意地总要问到当地农民对中国共产党领导的看法[②]。让大家颇感满意的是，当地群众对中国共产党的领导表示了衷心的拥护。首先，从表面上来看，我们走访时注意到在很多老乡家的"客厅"[③]里悬挂有毛泽东的画像，我们想这只是说明当地群众对党的领导表示拥护和对党的领袖感激情怀的一种表征，并不是说没有悬挂主席画像的人家就不拥护党的领导。其次，我们经常会单刀直入地问老乡：对党的领导怎么看？为什么会悬挂毛主席的画像？为什么会拥护党的领导？等等。在定西史有胜家，他深情地对我们说："毛主席的恩情不能忘记，没有共产党和毛主席，就没有今天幸福的生活！"

在当地，党的威信为什么会这么高？原因不难找到，那就是当地的党委和政府采取了一系列的措施使得当地人的生活逐渐地好了起来。在这些措施里面，以"扶贫"形式为当地人建造的水窖是其中最为典型的代表。一如我们在前边所描绘的那样，水窖给当地人带来了诸多的实惠，为当地人解决了"吃得饱"的问题，还有的解决了"吃得好"的问题。

我们感到，农民就是这样地容易满足，就是这样容易地找到支持一个政党的理由。当然，满足中国几亿农民的吃饭问题并不是一件容易的事，但在我们所调研的地方，党的崇高的威信、当地党委和政府所持有的执政理念以及他们所采取的措施，不能不说给我们提供了一个重大的启示。在那里，我们找到了

---

① 雨水利用专业委员会：《雨水集蓄利用学科发展与展望》，《中国水利》2004 年第 11 期。

② 我们一行五人，其中中共党员三人，入党积极分子一人，群众一人。调研小分队的"成分"使得大家天然地对这个问题抱有浓厚的兴趣。在新的历史条件下，探讨党的执政能力是一个"与时俱进"的非常重要的话题，所以，我们刻意地把这部分内容列入了调研提纲。

③ 所谓"客厅"，实际上是招待客人用的房子，里面同时也有床或者是土炕，相信也兼具有卧室的功能。但正因为其具有招待客人的用途，所以这间房子比其他房子的装修和摆设要好一些。

一个政党能够焕发活力、赢得群众全力支持的原因。

第二，改善西部农村人文环境。有学者分析指出：新中国成立以来，国家政府对西部地区的农民进行了大量的救济性扶贫，从而养成了部分人对国家政府的依赖心理，缺乏自主意识和独立意识。他们习惯于依赖国家给钱、给物、给技术，对自己作为经营主体和市场主体应具有的独立自主、开拓创新、自力更生的素质要求缺乏明确的认识①。笔者认为，这是在一个宏观层面上所进行的分析，是对西部农村人文环境的分析和希望。问题的症结可能出现在救济式"扶贫"的内容往往限定于给钱和给粮，使得我们的"扶贫"单纯地异化成为一种对农民的"施舍"，它对农民生活境况的改善只是暂时的，是"治标不治本"的，最终成为"隔靴搔痒"的一项"政府恩惠"。而逐渐地，农民在"扶贫"面前也开始变得麻木起来——不知不觉中，西部农村的人文环境从内部开始遭受到了污染。

然而，西部农民天生是懒惰的吗？我们的调研结果直接给予了否定。调研时，我们强烈地感受到了当地农民追求幸福美好生活的心态和气氛，以至于这种心态和气氛深深地感染了我们，笔者也获得了久违了的"激情"。他们为了改变自己的贫困命运，利用"扶贫办"提供的水窖，贷款盖建大棚，种起了无污染无公害蔬菜，当村里还没有专门跑蔬菜运输的汽车时，他们自己每天凌晨就起床，跋涉几十公里，用自行车把自己种植的蔬菜运到县城里去；农忙季节一结束，他们就开始到县城里面去打工，"不怕脏，不怕累"，干的是最重的建筑工，拿的是最低廉的工资；几乎每一个人都在努力地奋斗着（也许，对有的人来说，用"挣扎"两个字更贴切些），从初中辍学的女孩，到五十多岁已当了爷爷的人，只要是包工头愿意要，他们就愿意干（需要强调的是，辍学并不表明当地人放弃了对改变自己命运的努力，而是他们现实地认识到：靠读书来改变自己的命运需要的成本太高，他们无法承受，于是才走其他现实可通的路）。

这一切，都有水窖的功劳：有了水窖，才有蔬菜大棚；有了水窖，家里的吃饭和饮水才有了保障，他们也才可以放心地在外面打工。

如果说以前农民是"懒惰"的话，那是因为他们有"懒惰"的原因；现在，农民是勤劳的，因为他们有勤劳的动力。也正是在这个慢慢由"懒惰"转化为勤劳的过程中，西部农村地区的"恶劣"人文环境也慢慢地得到了"治

---

① 王文学、李功国：《中国西部开发与法律制度建设》，兰州大学出版社2000年版，第195页。

理"、改善和恢复。

第三，农业产业结构的调整。雨水集蓄利用由于采取工程措施，对降水的调节能力较高。一方面，在作物受到严重的干旱威胁时，可以采取人工供水的措施使作物维持基本生长，实现稳产和高产；另一方面，人工供水也为蔬菜、烟叶、药材、花卉等在雨养农业条件下难以发展的经济作物和果树、苗木等的种植提供了条件，从而为农业的结构调整创造了前提，为这些地区脱贫致富开辟了道路。许多干旱山区在发展雨水集蓄利用时，兴起了温室大棚，就是明证。雨水集蓄利用对雨水资源主动进行调控，把有限但是有效的人工供水与传统旱农措施结合起来，这是解决干旱问题的一种创新和突破。

第四，雨水集蓄利用是水资源不可代替的形式。从可持续发展的观点来看，对居住分散、居民多数为贫困人群的山区，应当采用分散、利用就地资源（自然、人力和技术）、应用适用（中间）技术、便于社区和群众参与全过程（决策、建设到管理）的解决方法。与集中的水利骨干工程相比较，雨水集蓄利用工程恰恰具有这些特点。而且规模巨大的水利工程往往伴生一系列生态环境问题。要实现这些地区的可持续发展，雨水集蓄利用是一种不可代替的选择。因此，雨水集蓄利用工程是缺水山区水资源可持续发展的新形式[1]。

第五，有效地解决了饮水困难。我国西北、西南及华北的干旱、半干旱山区农村历来饮水困难，过去一遇到干旱，就要远距离运水来解决农村饮水。不仅水价昂贵，而且水纠纷不断。实施集雨工程以后，广大群众修了水窖，利用房屋院落作为集雨工程场地，通过一些净化措施，把降水引至水窖中储藏起来，以供平日生活之用，有效地解决了农村饮水问题。

第六，成功地解决了粮食稳产问题。集雨工程建设前，干旱缺水地区的群众基本上是广种薄收、靠天吃饭。集雨工程建设后，利用所集蓄的雨水进行补充灌溉，从而解决了农作物的"卡脖子旱"，使粮食单产稳定在每公顷 4500—6000 公斤，甚至更高，成功地解决了当地农民的"吃饭"问题。

第七，改善了农民的饮食结构。集雨工程的发展使水源有了保证，越来越多的农民利用房前屋后的空地种上了瓜果蔬菜，不仅能够自给，还有剩余。群众普遍反映：果菜比以前丰富多了，集雨工程让我们饱了口福。物产丰富起

---

① 雨水利用专业委员会：《雨水集蓄利用学科发展与展望》，《中国水利》2004 年第 11 期。

来，百姓饮食结构也发生了变化，如西北地区的很多农民从"一年四季吃土豆"变成"一见四季啥都有"，群众的身体素质也在逐步提高。

第八，为农民增加收入创造了条件。由于缺水，许多地区的水土资源潜力未充分发挥，实行集雨工程以后，果菜等经济作物种植面积不断增加，经济效益显著提高。农民收入随果菜数量增加和品质的提高，每年以15％的速度增加。

第九，带动了农村精神文明建设。为了提高集雨工程水的质量，许多农户改掉了不良习惯，猪、牛、羊实行了圈养，家庭院落打扫得干干净净，改变了以往脏、乱、差的状况。同时，由于有了集雨工程，农民温饱问题得到了解决，促进了农村精神文明建设。

第十，有效地保持了水土。集雨工程的建设，特别是配合了小流域综合治理，对当地生态环境走向良性循环具有不可代替的作用。由于集雨工程能够拦蓄地表径流，水土流失明显减少，"土不下山，水不出川"，许多地方已出现了郁郁葱葱的景象。

第十一，为控制乱开滥垦，退耕还林、还草创造了条件。集雨工程配合当地的梯田建设，有效遏制了越贫越垦、越垦越贫的现象，实现了精种高产，从而为再造"山川秀美"的良性生态环境提供了一条可行之路①。

三 目前的制度性障碍

据说对雨水进行集蓄利用已经有了很长的历史（最初可能并不是要满足人类对饮水的需要，而是要对农业进行灌溉或者补充灌溉），最早可以追溯到数千年前的玛雅文化时期。在人类漫长的历史发展过程中，由于没有现代化的工程设备和技术，不可能修筑大型水利工程来进行水量调节，雨水利用一直都是农业发展的主要措施。具体到我国则又有了不同的发展轨迹——我国的雨水集蓄首先不是为满足农业的灌溉需求而发展起来的，而是为了解决农村——当然通常是干旱、半干旱地区——的饮水问题而修建水窖的基础上逐步建立起来的。受这些蓄水方式的启发，近些年来，特别是在节水灌溉理论、技术、设备的广泛推广应用以后，集雨工程工作逐步成长起来，形成规模。西北及华北地区集雨工程的发展，大致经历了三个发展阶段：第一阶

---

① 杨志保等：《水资源知识》，黄河水利出版社2001年版，第95—96页。

段，为 1992 年以前。主要是对雨水集蓄利用相关技术进行实验研究，建立集雨工程理论体系。第二阶段，1992—1996 年，主要是开展较大范围的雨水集蓄利用技术的试点示范工作。第三阶段，是从 1996 年以后，大规模集雨过程建设已经开始，"人均一窖，人均半亩农田"、"一园一窖"已经成为农民群众的奋斗目标。

目前，随着"西部大开发"的逐步深入，"西部问题"也逐渐在官方和学界兴起并流行起来，西部缺水地区的雨水资源利用也逐渐得到了官方与学界的重视，雨水集蓄利用的技术已经得到一定的发展，部分地区的技术已经臻于成熟，而且还走出了国门[①]。在雨水集蓄利用工程发展的同时，科学研究和学术交流也在不断地兴起。1992 年在甘肃省人民政府和甘肃省水利厅的支持下，甘肃省水利科学研究院等单位完成了我国雨水集蓄利用方面的首项科研成果："干旱、半干旱地区雨水集蓄利用实验研究和示范推广。"以后兰州大学等单位完成了"集流农业的理论和实践"的研究，内蒙古自治区水利科学研究院完成了"干旱山区集雨节灌实验、示范及推广"的项目。进入 21 世纪，科技部先后把"天然降水富集利用类型区农业高效用水模式与产业化示范"、"新型高效雨水集蓄与利用技术研究"以及"北方半干旱集雨补灌旱作区节水农业综合技术体系集成与示范"等列入国家科技攻关计划项目，使雨水集蓄利用技术的研究在广度和深度以及在实现产业化方面都有了进一步的发展。为了适应雨水集蓄利用技术迅速发展的需要，水利部组织技术力量编制完成了《雨水集蓄利用工程技术规范》，并于 2001 年正式颁布实施。这是国内外第一部有关雨水集蓄利用方面的技术法规。与此同时学术交流也有了很大的发展。

我国水利部门的科技人员多次应邀参加每年一次的瑞典斯德哥尔摩全球水伙伴会议、每两年举行一次的国家雨水集流系统大会，并在日本东京举行的第三届世界水论坛上介绍我国雨水集蓄利用工程和科学技术的发展经验。2003 年，在商务部的支持下，甘肃省水利厅、甘肃省水利科学研究院在国家雨水集流系统协会的协助下，举办了第一期国际雨水集蓄利用培训班，为来自非洲和

---

①　甘肃在雨水集蓄利用技术领域走在了世界前列，已经向很多国家进行了技术援助。如在 2004 年 3 月 12 日，甘肃省水利部门代表中国政府实施的向阿尔及利亚无偿援助 100 眼水窖的工程项目在兰州举行了签约仪式，更加详细的报道，请参见《甘肃雨水利用技术走出国门》，载《兰州晨报》2004 年 3 月 12 日第 6 版。

亚洲的四十多名学员传授雨水集蓄利用方面的技术和经验，取得了很好的效果①。

目前雨水集蓄利用领域已经取得的科学研究成果是令人欣慰的；但是，遗憾的是，学界把大部分的学术精力（学术投入和学术期望）都放在了雨水集蓄利用的技术研究上，在制度层面的思考却是凤毛麟角。首先是因为雨水资源的利用在西部具有独特的重要意义，它关系到并维持了"西部人"的生存和生活，而缺乏西部生活经历的人却难以理解它的具体形式和重大意义，使得它很难在学术界得以"普及"。其次，雨水资源集蓄利用的更重要意义是在西部广大的农村，那里地理位置偏僻、交通极为不便，增加了社会科学研究的"成本"，在"收益"不高并且难以预期的情况下，对西部缺水地区雨水资源利用制度问题的研究少有人问津也就不足为怪了。最后，西部地区各级政府的财政能力普遍有限，相关资金的投向又集中于雨水资源利用的工程技术领域，使得雨水资源利用的社会科学研究缺乏充足的经费支持。

由于以上原因，西部干旱地区雨水资源利用的社会科学研究呈现了严重滞后的局面，相关的制度性障碍在实践中也越来越明显地凸显出来，已经严重地制约着雨水资源在该地区发挥更大更重要的功效——"制度瓶颈"的打破已迫在眉睫。

近几年来，我国法学界也逐渐出现了一些相关的研究，但这些研究往往是在论及水权法律制度时对雨水资源利用一笔带过，富有针对性的研究则非常鲜见；国际上目前已在该领域取得了一系列研究成果，尤其值得一提的是，以色列和非洲一些国家在理论\制度和实践中取得了丰硕的成果。需要强调的是，尽管其理论或制度资源对我国相关理论或制度问题的解决具有重要的借鉴意义，但囿于各国国情（国家制度）的不同，不可照抄照搬。

结合调研中的农民在雨水集蓄利用中的疑问、困惑和疑虑，我使用规范的学术语言将其中的"要害问题"总结如下：

1. 集蓄所得的雨水归谁所有，即集蓄雨水的所有权归属问题。

2. 有富余雨水的农户可否将水窖中集蓄的雨水出卖，即雨水市场化问题。

3. 村集体修建的集雨设备为什么会荒废，而个人的集雨设备却管理得井井有条。

① 雨水利用专业委员会：《雨水集蓄利用学科发展与展望》，《中国水利》2004年第11期。

第二节　关于甘肃省秦安县雨水集蓄利用的调研报告

一　研究的缘起

西北地区，包括新疆、青海、甘肃、宁夏、陕西和内蒙古6省（区），土地总面积345万平方公里，其中干旱、半干旱地区土地面积为220万平方公里。

据统计，西北地区年平均降水量为400—600毫米，但近15年来降水量呈减少趋势，年均值已降至500毫米以下。1995年甘肃遭受了60年一遇的大旱，黄土高原沟壑区粮食亩产不足100公斤，不少农田绝收。干旱缺水使该地区农业种植结构十分单一，经济作物很少，商品经济不发达，是全国最贫困的地区之一。

水资源的严重短缺，是西北缺水的农村地区贫困的根本原因，已成为制约西北缺水地区社会发展的瓶颈，也是制约西北各省国民经济发展的最大困难。作为解决缺水的途径，跨流域调水，成本高、难度大、见效慢，影响生态环境严重；既无地表水，又无地下水，根本无从采集。如何解决西北缺水地区的缺水问题，成为亟待解决的严峻课题。

如何在西北缺水地区持续有效地促进农业、农村经济的全面发展，增加农民的收入？

如何在西北缺水地区建设和实现"生产发展、生活宽裕、乡风文明、村容整洁、管理民主"的社会主义新农村？

如何在西北缺水地区实现"再造山川秀美的大西北"和全面建设小康社会的目标和理想？

探索众多的途径、方法、门路，实践众多的策略、方案、设计……

水，毕竟是、始终是生命之源！

水，是任何社会目标与理想实现的基础和前提！

无水，缺水，一事无成！

在确定研究西部缺水地区如何实现社会主义新农村建设的目标问题之后，我们进入具体研究对象的选择：雨水集蓄利用——建设社会主义新农村的途径问题。

建设社会主义新农村，途径众多，选择"雨水集蓄利用"的理由如下：

首先，地理环境因素：建设的是西北严重缺水地区的社会主义新农村。

其次，实地调查因素：笔者于 2006 年 4 月在刘坪乡亲身体验和实地考察了雨水集蓄利用的全过程。

再次，理性思考的因素：

1. 西部人日常的生活需要正是本次研究实际意义的表现平台，雨水集蓄利用工程是惠及几亿人的"救命工程"，是西部人生存和生活的重要保障，是一项具有"关切民生"重大实际意义的措施。

2. 受西部缺水地区缺水特质的制约，雨水资源利用成为"牵一发而动全身"的核心问题：它既关系到诸如人畜饮水之类的"民生"问题，又关系到诸如西部大开发之类的"国计"问题；它既可以成为增加西部农民收入并活跃本地农村经济、实现社会主义新农村及小康社会的重要途径，又可以支持西部"退耕还林"并在"再造西北秀美山川"中发挥重要作用。

3. 发展小型、微型雨水集蓄利用工程，投资少，见效快，工程简便，可行性强，产权明晰，便于管理，收益时间长，适合当前西北缺水地区农村经济的发展水平。

我们将研究对象的范围确定为甘肃省秦安县刘坪乡的雨水集蓄利用。

刘坪乡是一个典型的浅山干旱山区，却以显著的综合效益闻名，是什么原因造就了一个干旱山区如此骄人的新农村建设业绩？

刘坪乡位于甘肃省秦安县城东北部，属陇中黄土高原西部梁峁沟壑区，梁峁起伏，沟壑纵横，沟道下节很深。境内水资源贫乏，据秦安气象局资料统计，常年平均降水量为 507.3 毫米，但近 15 年降水量年平均不足 400 毫米，年蒸发量 1457.6 毫米，春旱、伏旱频繁。我们这项研究的目的是：

首先，关注和考察西部缺水地区农民的生活、生产，反映西北缺水地区"三农"问题的现状，探析"三农"问题在西北缺水地区中更具体、更细致、更深层的问题与原因。

其次，论证与推广雨水集蓄利用在西北缺水地区的可行性实施与普及，揭示其可以分担"增加农民收入"的政治历史使命，可以为解决西北"三农"问题和"建设社会主义新农村"做出重大贡献，是解决人畜饮水、脱贫致富奔小康的捷径,是促进缺水地区经济发展、环境保护、提高人民生活质量、构建和谐社会的一个最为有效的方法。

二 雨水集蓄利用技术研究

可集蓄雨水利用的地区是为距水源较远、供水费用太高、地质条件不利、凿井费用高、地下水缺乏、开发利用地面水和地下水困难、取用地下水不现实或季节性缺乏水资源的地区。

年平均降水量的多少是衡量和评价一个地区天然水资源潜力大小的一个重要指标,它对于一个地区雨水集蓄利用工程的规划、设计和工程的布局等,是一个极为重要的参考指标。在我国,雨水集蓄利用工程技术适用于年降水量大于 250 毫米的所有地区。刘坪乡常年平均降水量为 507.3 毫米,虽近 15 年降水量年平均不足 400 毫米,但均在 250 毫米以上,符合雨水集蓄的要求。

一个地区地形土质条件的优劣也是衡量和评价雨水集蓄利用工程设计施工的参考指标。据秦安县农业技术推广中心统计资料表明,刘坪乡的土壤属以黄绵土、黑垆土为主的耕作土壤,适宜修建集雨水窖。

西北缺水地区地处我国年降水量 800 毫米等值线以北的地区,同时也是我国主要的农业生产区之一。在农业生产中,该区域不但降水总量不足,而且供需错位,干旱是本地区农业生产第一制约因子。

以精耕细作、蓄水保墒、轮作倒茬等为核心的传统旱作农业技术体系,和以梯田建设、地膜覆盖种植和小流域综合治理为主要技术特征的现代保水型旱作农业技术体系,对西北缺水地区减少降水径流损失、改善农田土壤水分质量、提高农田综合生产效益起到了显著的作用。但由于缺水是西北缺水地区制约农业生产潜力发挥的"瓶颈因子",因此,要从根本上解决农业系统的水分亏缺,最关键的是要增加对农作物生产的水分投入,变被动抗旱农业为主动抗旱农业。而补偿农田水分亏缺最有效的办法之一就是灌溉。就西北缺水地区而言,根本不可能靠地表水和地下水补偿亏缺水分,跨流域远距离调水,也不适合问题的解决。

从目前国内外的发展趋势和在刘坪乡的实地调研情况来看,解决这一难题的最佳方案就是利用工程措施直接集蓄天然降水,使其变为人类可直接利用的水资源,补偿农业和人类所需淡水的不足,即雨水集蓄利用。在雨水集蓄利用的基础上，发展集水农业。

集水农业是以"微生境"[①]再造理论为指导，以雨水集蓄利用工程为基础，以节水有限补偿灌溉为手段，以集水高效农艺利用技术体系为核心而综合发展的大农业。西北缺水地区尽管降水少，但由于受季风气候的影响，存在一个降水相对集中的季节，这样的降水特点为雨水集蓄利用提供了有利的条件。兰州大学干旱农业生态国家重点实验室与甘肃农业科学院合作，在定西进行了雨水集流补灌旱地春小麦的田间试验。结果表明，在小麦拔节期一次性补灌 45 毫米水，最高单产达到 6512 千克/公顷，为未补灌对照田小麦产量的 2.4 倍；在小麦拔节期和抽穗期各补灌 45 毫米水，最高单产达到 7335 千克/公顷，为未补灌对照田产量的 2.7 倍。这些结果令人欣喜，尽管这些试验结果是在小范围内取得的，但它充分显示了集水农业技术的成效，表明了集水农业虽不能够改变整个地区土地的水分状况，但却可以改变水分微生境，为农作物生长发育创造一个良好的环境，实现局地农业高产、稳产和优质。

所谓雨水集蓄利用工程，是指在季节性干旱、半干旱或常年干旱、半干旱地区及其他缺水地区，将规划区内及周围的天然降水进行汇集、存储，以便作为该地区水源加以有效利用的一种微型水利工程。

据《甘肃省黄土山区雨水集蓄利用技术》的说明，以及在刘坪乡的调研表明，雨水集蓄利用工程系统一般由集雨系统、净化系统、存储系统、输水系统、生活用水系统及田间节水系统等部分组成。

1. 集雨系统。集雨系统主要是指收集雨水的场地，分为自然集雨场和人工集雨场。

自然集雨场主要是利用天然或其他已形成的集流效率高、渗透系数小、适宜就地集流的自然集流面集流。如房舍、庭院、道路等都可作为集流面。

人工集雨场是指无可直接利用场地作为集流场的地方，而为集流专门修建的人工场地。

2. 输水系统。输水系统是将集雨场的雨水引入沉沙池的输水沟（渠）或管道，通常称之为引水沟。

3. 净化系统。在所收集的雨水进入雨水存储系统之前，须经过一定的沉

---

① 微生境是指湿地系统的等高线，能创造出多样的环境条件，以适合不同湿地种类的需求，以提高湿地表面的生物性。

淀过滤处理，以去除雨水中的泥沙等杂质。常用的净化设施有沉沙池、拦污栅等。

4. 存储系统。

①雨水储存技术。存储系统可分为蓄水池（水柜）、水窖①、旱井、涝池和塘坝等。

②雨水净化技术。雨水净化技术是指集蓄的雨水水质处理和净化技术。对于不同用途的窖水，分别采取不同的水质处理和净化措施。用于生活用水的窖水，除加强平时的环境卫生管理和进行集流面的定期清扫、沉淀池的定期清理外，在水窖中投入一定量的"漂白粉"和"灭疫皇"进行灭菌消毒。当水比较浑浊时，投放一定量的明矾，同时坚持将水煮沸后饮用；用于作物灌溉的窖水，一般不进行消毒处理，当采用先进的节水灌溉技术，如采用喷、滴灌技术进行作物灌溉时，在水窖出水管上安装一定规格的网式过滤器除去水中杂质即可。

③雨水（人畜）饮用技术（即生活用水系统）。甘肃利用雨水解决人畜饮水的典型工程称之为"121"工程，即利用农户自家庭院的屋面和院内硬化面（约100平方米）收集雨水，建造2眼水窖（约60立方米）在雨季收集雨水，缺水时饮用，提水设施有手压泵，或直接用水桶吊用。

④雨水灌溉技术。雨水灌溉技术的关键是分析当地天然降水的时空分布规律，按照各种作物不同生长期需水量大小，选择作物生长需水关键期和缺水严重期进行补充灌溉，达到充分和高效利用雨水的目的。目前采用的主要灌溉方法有点浇、点种、地膜穴灌、膜上膜下灌、滴灌及微型喷灌等。

5. 生活用水系统。生活用水系统包括提水设施、高位水池、输水管道、水处理设施等。用作生活用水，需要对集蓄雨水进行水质评价：一般来讲，集蓄雨水的水质远比大多数传统水源的水质好。甘肃省雨水集流的水质与当地传统水源的水质比较就说明了这一点②，见表3—1所示。

---

① 混凝土拱底顶盖圆柱形水窖：该窖形是甘肃省常见的一种形式，主要由混凝土现浇弧形顶盖、水泥砂浆抹面窖壁、三七灰土翻夯窖基、混凝土现浇弧形窖底、混凝土预制圆柱形窖颈和进水管等部分组成。

② 水质标准为国家《地面水环境质量标准 GB3838—88》中二类；黄河水质是指1990年10—12月兰州断面水质；集流水质是1992年1月对榆中、通渭两地的水窖水样化验结果的平均值。

表 3—1　　　　甘肃省雨水集流水质与当地传统水源水质比较

项目	水质标准	榆中集流	当地泉水	通渭集流	当地河水	黄河水
pH	6.5—8.5	8.22	7.5	8.0	7.5	8.5
悬浮物（mg/L）	<10	149.8	548	10.5	1294	170
总硬度（mg/L）	<250	46.72	901	64.34	1870	101
溶解氧（mg/L）	>6	5.76	8.7	6.27	5.9	8.6
氯化物（mg/L）	<200	9.96	1020	18.55	2390	23
氟化物（<mg/L）	<1	0.38	0.34	0.34	0.85	—
COD（mg/L）	<3	4.93	7.78	2.42	3.1	
大肠杆菌（mg/L）	<10000	16560	23800	402.5	920	34400

6. 田间节水系统。田间节水系统包括节水灌溉系统与农艺节水措施。节水灌溉系统包括首部提水设备、输水管道、田间灌水器等。常用的和集水技术配套的田间节水灌溉形式有：坐水种、膜下灌、注射灌、喷滴灌等。为有效提高水的利用效率。除灌溉系统外，还常配有田间农艺节水措施如地膜覆盖、化学制剂的施用、选用抗旱品种等。

水利是社会主义新农村建设的命脉。

在《中共中央国务院关于推进社会主义新农村建设的若干意见》中，明确指出："加强农田水利和生态建设，提高农业抗御自然灾害的能力……切实抓好以小型灌区节水改造、雨水集蓄利用为重点的小型农田水利工程建设和管理。"

国家如此高度重视农田水利建设，说明国家将农田水利事业作为社会主义新农村建设的基础保障和开路先锋。国家强调"加快丘陵山区和其他干旱缺水地区雨水集蓄利用工程建设"，将雨水集蓄利用视为缺水地区农业经济发展、农民收入增加、农村和谐发展息息相关、不可或缺的重要环节。

正是因为雨水集蓄利用与干旱地区的"三农"问题息息相关，所以在西北缺水地区雨水集蓄利用研究的发展历程中，甘肃、宁夏等省（区）根据本省（区）的地理特征和雨水集蓄利用的理论研究与实践总结，均制定了本省（区）的关于雨水集蓄利用工程的政策规范。除了《甘肃省黄土山区雨水集蓄利用技术》外，还有《甘肃省集雨节灌工程建设管理办法》、《甘肃省集雨节灌工程资金使用管理办法》、《甘肃省雨水集蓄利用工程技术标准》；宁夏回族自治区也制定了《宁夏南部山区集雨节灌工程管理办法》等。

这些规范为修建雨水集蓄利用工程的农户们建立了产权明晰、权责分明的管理体制和良性运行机制。以《甘肃省集雨节灌工程建设管理办法》第23条的规定为例，"实行谁投入，谁建设，谁所有，谁使用，谁管护，责、权、利统一"，明确了雨水集蓄利用工程的所有权关系，充分调动了广大农民群众修建集雨工程的积极性，形成了农民群众自主利用、自行维护管理的良好局面。

三 雨水集蓄利用的"刘坪模式"

在甘肃省雨水集蓄利用政策规范的指导下，经过十多年的发展，刘坪乡的干部群众总结出了一套行之有效的方法和模式。

1. 明确认识，理清工作思路，确定工作重点

刘坪乡认识到：要加快浅山干旱地区的治理开发，关键是要调整农业结构，遵循自然规律和经济规律，通过利用天然降水发展集雨节灌水窖，并配套节水灌溉技术，发展旱作高效农业，这是当地农业摆脱旱灾困扰的根本出路。基于这样的思考，乡上充分抓住省、市、县大力实施"集雨节灌工程"和广大干部群众积极性高的有利时机，因势利导，走"三水齐抓，滴水必争"的路子，普及集雨水窖的建设，积极推广节水灌溉技术，大力发展"水窖＋日光温室＋沼气＋养殖＋贮藏"五位一体模式的设施农业、生态农业，发展种植反季节精细瓜果蔬菜，进行产品结构和质量升级。

2. 抓好典型示范，实施整体推进

在浅山干旱地区日光温室建设中，刘坪乡按照"政府办点，示范引导，群众参与，扩大发展"的思路，高度重视示范点建设，选择了杜寨村开展浅山干旱区集雨节灌日光温室综合示范园建设。几年来，杜寨村发展"集雨节灌＋日光温室＋沼气＋养殖果库＋贮藏"五位一体模式的日光温室有157座，引进名、特、优新品种20多种，带动了示范区日光温室建设不断向高科技、新品种、优质化方向发展。

3. 多方筹资，加大投入

刘坪乡在国家、省、市、县投入少，地方财政十分困难的情况下，充分发挥群众投入的主体作用，全方位、多渠道增加对集雨节灌工程和日光温室建设的投入。

（1）明确投入主体，坚持多元化、多渠道、多层次筹资。以群众自筹为主，国家补助为辅的筹资原则，通过宣传、引导，增强群众投入意识，依靠自

身力量，大力发展日光温室。

（2）建立激励机制，采用公开补助的办法，严格实行点上多补、面上少补、多干多补、少干少补、不干不补的激励政策。

（3）制定了集雨节灌工程和日光温室"谁建设、谁投资、谁所有、谁使用"的政策，解除群众思想顾虑，放手发展，极大地调动了干部群众兴建集雨节灌工程和山地日光温室的积极性。

（4）县乡两级在资金短缺的情况下，不等不靠，积极与金融部门协商贷款，并将财政支农周转金、财源建设资金、扶贫资金统筹管理，集中使用，保证了建设所需资金，确保了健康发展。

4. 加强领导，强化服务

刘坪乡制定了目标管理责任制，实行分级负责，层层落实工作责任制，严格考核，兑现奖罚。坚持"六统一"，即统一规划布局、统一设计标准、统一技术指导、统一物资供应、统一验收、统一组织领导，保证了规划、任务、技术、物资、质量、责任六到位。坚持把技术服务放在重要位置，不断加大技术培训力度，县乡先后举办培训班 50 期，培训技术骨干 3000 人（次），培训示范户 700 户。同时制定了切实可行和操作性较强的实施方案、技术规程、验收标准，并组织专业技术人员深入村、组、户，进行现场施工指导，为农民群众提供全程系列化服务。

5. 坚持因地制宜、科学规划的原则，按照地下水、地表水、天上水"三水并举"，以天然水集蓄为主的工作思路

在区域上，河谷道区重点发展机电、井小提灌，广大的浅山干旱地区发展集雨节灌水窖，并利用山沟小溪发展小型流动喷灌机组，逐步配套滴灌、微喷、推广节水灌溉新技术。在布局上，突出"形象工程"塑造，坚持"一线一片一区"建设原则，即以公路沿线为重点，修建水窖，集中连片，先"外"后"里"，整体推进，综合治理。在水窖选址上，注重四个结合，即与退耕还林结合，与干旱带治理结合，与果椒建园结合，与规模养殖结合，有效地促进了节水农业的快速健康发展，同时改善了当地的生态环境，实现了产业结构的调整与升级。

经过十多年的发展，刘坪乡现有人饮节灌水窖 5403 眼。在充分发挥节灌水窖的作用后，2004 年粮食总产量达 5126.5 吨，水果产量 1.5 万吨，产值 2500 万元以上，人均 1200 元以上，乡镇企业总产值 1400 万元。全乡人均纯收入已达到 1480 元，取得了新农村建设的显著成绩。

（1）彻底解决了当地农民的温饱问题，同时增加了农民收入，加快了农民脱贫致富的步伐。雨水集蓄利用之前，作物受天时左右，雨水决定丰歉，作物产量低而不稳，亩产粮食一般50公斤左右，好的也只有100多公斤，遇到大旱之年，粮食歉收，吃饭也成问题。雨水集蓄利用之后，利用所蓄雨水进行补充灌溉，可使粮食亩产稳产在400公斤左右，效果很明显。一般来说，一眼50立方米的水窖，加上节水灌溉方式和科学用水，可以使2亩农田稳产，稳定解决一家三口吃饭问题。同时利用集雨节灌发展日光温室，与露地栽培相比，有着显著的经济效益。

（2）促进了传统的雨养农业向集约化经营体系的转变。位于秦安县城东部12公里处、海拔1670米的杜寨村浅山干旱区，既无地表水，又无地下水，干旱少水一直制约着当地农业生产和经济的发展。

杜寨村干部按照"两眼水窖一座棚，科技致富一家人，面向市场调结构，综合开发求发展"的发展思路，带领广大群众探索出了一条立足长期抗旱，以市场为导向，以科技为支撑，以集雨节灌工程为龙头，发展山地节能日光温室和规模养殖的旱作高效农业之路。刘坪乡杜寨村浅山干旱带集雨节灌综合开发示范园工程从2000年开始，采用集雨节灌项目资金，群众户贷款、自筹相结合的办法，共使用资金320.15万元，建成集雨节灌水窖828眼，配套安装滴灌和微型喷灌设备，发展补灌面积2484亩，建成占地0.5亩的山地日光温室157座，利用棚面集流、棚内水窖蓄水、棚舍养殖，每棚年蓄水量达150余立方米，满足了作物灌溉和养殖的所需用水，同时利用沼气提供有机肥、果窖贮藏、微喷滴灌等技术，发展果树蔬菜生产，种植西红柿、辣椒、黄瓜、芹菜、油桃、西瓜、葡萄等10多种瓜果蔬菜，每座日光温室年产值达6000—30000元，是当地1.5—7.5亩果园或12—60亩粮食作物的收益。同时在加大专业技术人员对种植户培训的基础上，全方位给予农户种、养殖技术指导。加强工程管理，不断完善管理体制，集雨节灌水窖和日光温室到户管理，节水灌溉设施由水利部门管理，形成了比较合理的技术指导和管理体系。

（3）开创了主动抗旱的新局面，为发展旱作集水农业创出了新路子。集雨节灌利用技术的迅速发展，解决了天然降水在时、空、量上分布不均的矛盾，有效地解决了干旱缺水和供需错位的矛盾，为干旱地区发展旱作高效农业开辟了新水源，实现了变被动抗旱为主动抗旱，大大降低了农业的自然风险。刘坪示范园在日光温室内配套总容积为45立方米的水窖，2004年通过在7—9月累计8次（168毫米）降水的测定，总集水为144毫米，平均集雨效率为 85.4%。占地 334 立方米的一座日光温室，在一年内可有效集水 143 立方米。在正常集雨的情况下，从根本上解决了浅山干旱区受水限制的问题。

（4）有效保持了水土，为控制乱开乱垦、退耕还林创造了条件，改善了生态环境，促进了农业可持续发展。雨水集蓄利用使本地区由降水径流→水土流失→干旱低产的恶性循环向降雨径流→集雨节灌→高效高产的良性循环转变，增强了抗御自然灾害的能力，同时有效地拦蓄了当地（尤其是坡地）的地表径流，水土流失明显减少，许多地方已出现郁郁葱葱的景象。另外，当地的梯田建设与其相配合，使粮食单产出现相当幅度的提高，有效遏制了越贫越垦、越垦越贫等乱开乱垦现象，农民不再广种薄收。这也为"再造山川秀美的西北"提供了一条可行之路。

（5）带动了农村精神文明建设。雨水集蓄利用改变了一些农村脏、乱、差的局面，美化了环境，促进了农村精神文明建设。赤山村"121 工程"和集雨节灌工程建成后，家庭院子都打成了集雨场，院子打扫得干干净净，猪、鸡单独圈养，干净卫生，同时户户建起了花园，居住环境十分优雅，1998 年被县委、县政府授予文明村的称号。

（6）为全国同类区域旱作农业的增产提供了发展模式。"五位一体"模式的设施农业、生态农业，实现了农村集能源、生态环保及农业生产为一体的综合利用、综合开发、综合发展，实现了脱贫致富，得到了省内外有关领导、专家和国外有关人士的充分肯定。中国科学院院士、工程院院士石元春来杜寨村参观后，高兴地说，如有机会，他会向温总理建议，把杜寨村这种做法向全国的浅山干旱地区予以推广；省上领导马西林副书记、贠小苏副省长参观后对杜寨村的做法给予充分的肯定；河北唐山市、石家庄市及青海、宁夏等地组团进行了参观和学习。连续两年，甘肃省水利厅组织的国际雨水利用学术研讨班的 19 个国家 40 余人对刘坪杜寨山地日光温室示范园进行了参观、考察，得到了一致好评。

刘坪乡所取得的经济、社会、生态的显著效益是在以集雨节灌工程为龙头带动相关产业，盘活农村经济全面发展的成功。刘坪乡的雨水集蓄利用为本地区找到了建设社会主义新农村的"高速公路"，成为西北缺水地区脱贫致富的典型，也为全国其他干旱地区解决"三农"问题，建设社会主义新农村，全面实现小康社会提供了可借鉴的经验。

四 结论

我国是一个农业大国，农业是国民经济的基础，在国民经济发展战略中占有十分重要的地位。但是占我国半壁江山的干旱、半干旱地区，都存在严重的缺水问题。利用集蓄工程直接蓄集天然降水，是解决这些地区水资源不足最经济、最有效的途径。甘肃定西地区集水农业的试验成功，秦安刘坪浅山干旱地区旱作集水农业的显著效益，为我国同类地区提供了一个区域经济和谐发展的样板。

如今，在我国进行社会主义新农村建设的过程中，增加农民收入是建设新农村最重要、最关键的目标，而作为建设社会主义新农村重要内容的建设现代化农业，从根本上说就是为了保障国家粮食安全，提高农业效益，增加农民收入。对于西北缺水地区来说，建设现代化农业最关键、最根本的问题就是解决缺水问题。推广实施雨水集蓄利用，以实施集雨节灌工程为重点，把集水农业作为推进农业和农村经济可持续发展的重要措施，是发展优质高效农业，增加农民收入，建设社会主义新农村，实现农村小康社会的有效途径。

第四章 雨水集蓄利用主要功能研究

第一节 雨水集蓄利用与生态建设的关系

一 水资源与生态系统的关系

1. 水资源与生态系统关系

（1）生态系统的概念及特性

生态系统（ecosystem）是英国生态学家坦斯利（Tansley）于 1935 年首先提出的，指在一定的空间内生物成分和非生物成分通过物质循环和能量流动相互作用、相互依存而构成的一个生态学功能单位。他把生物及其非生物环境看成是互相影响、彼此依存的统一整体。

生态系统有四个主要的组成部分。即非生物环境、生产者、消费者和还原者。

生态系统不论是自然的还是人工的，都具有下列共同特性：①生态系统是生态学上的一个主要结构和功能单位，属于生态学研究的最高层次。②生态系统内部具有自我调节能力。其结构越复杂，物种数越多，自我调节能力越强。③能量流动、物质循环是生态系统的两大功能。④生态系统营养级的数目因生产者固定能值所限及能流过程中能量的损失，一般不超过 5—6 个。⑤生态系统是一个动态系统，要经历一个从简单到复杂、从不成熟到成熟的发育过程。

（2）水资源的概念及特性

联合国教科文组织和世界气象组织对水资源的定义是："作为资源的水应当是可供利用或可能被利用，具有足数量和可用量，并适合对某地水需求而能长期供应的水源。"

在中国，水资源的定义目前比较一致的看法是：水资源是地球表层可供人类利用又更新的气态、液态和固态的水，是指较长时间内保持动态平衡，可通过工程措施供人类利用，可以恢复的淡水，通常指降水、地表水和地下水[①]。

（3）干旱地区的概念及特性

干旱地区系指干燥度系数＞3.5，大致在贺兰山以西的我国西北地区，介于东经 73°—125°，北纬 35°—50°之间，在行政区划上包括新疆、甘肃西部（河西走廊）、柴达木盆地以及内蒙古和宁夏的西部等地，我国西部干旱区占国土总面积的 26.6%。由于远离海洋，深居亚洲内陆，海洋湿润气流很难达到，年降水量低于 200 毫米，气候干燥，该区是我国，也是世界上最为严酷的干旱区之一[②]。

2. 水资源与生态系统关系中的矛盾与问题

（1）一般矛盾

生态系统是由生命系统及其支持系统组成的开放系统。如图 4—1 所示。

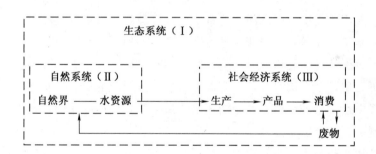

图 4—1　生态系统结构示意图

图中Ⅲ与Ⅱ是相互依赖的，它们通过水资源进入Ⅲ和Ⅲ产生的废物又回到Ⅱ中发生关系。在这一循环过程中，水资源被消耗，并且因Ⅲ中的废物污染功能下降，即数量上相对减少，质量上又不断下降，如对Ⅱ不进行补偿或再生

① 汤奇成、张捷斌：《西北干旱地区水资源与生态环境保护》，《地理科学进展》2001 年第 3 期。

② 李元寿、贾晓红、鲁文元：《西北干旱区水资源利用中的生态环境问题及对策》，《水土保持研究》2006 年第 1 期。

产，出现的后果则是一方面经济不断增长；另一方面水资源功能持续下降，最终达到水资源的供给不能满足国民经济持续、快速、健康发展的需要，形成水资源"瓶颈"，甚至导致国民经济的崩溃。

传统的经济学，将Ⅲ作为一个独立系统加以研究，从现代观点来看，存在着很大的缺陷，它割裂了Ⅱ与Ⅲ的依赖关系。

过去，由于只有生产观点，缺乏生态观点，从而造成生态系统的严重破坏和污染。

图4—1是生态系统（简称Ⅰ）结构示意图。"→"表示物质或能量流动的方向，自然系统（简称Ⅱ）与社会经济系统（简称Ⅲ）构成了生态系统（Ⅰ）。处于平衡状态下的Ⅰ，具有以下几个方面功能：①系统内的各种成分相互依赖相互制约，存在着一定的因果变化关系；②它们之间具有一定的相互调节和补偿功能；③它保持一定的再生性，随着物质的不断循环，其再生不已的活力也得到充分体现；④不论是其物质的输入输出，还是物质与能量的转化比例，其内部生物间的相互关系都能保持相对平衡（马世俊，1980），生态系统中任一环节遭到破坏，整体功能都会受到影响。

在生产力水平不高或者用水量较小的时期，水资源开发利用的生态环境效应并不为人们所重视，生态用水通常不在水资源配置考虑的范畴内，而只注重生产和生活用水。随着与水相关的生态、环境问题的日益突出，在水资源配置中，生产、生活与生态用水"三生"共享的观念已日益为人们所接受。从这个意义上可看出，生态用水是从水资源配置的角度提出的概念，其意义等同于水资源配置中通常考虑的生产和生活用水。城市绿化中的绿化用水是生态用水的具体体现。

生态用水是指为实现特定生态目标，人为补充到生态系统中的水量。所谓"实现特定的生态目标"，具体而言即"为维护生态环境不再恶化并逐渐改善"。从这一概念出发，我们认为生态用水有明显的社会属性，即生态用水的大小往往取决于人类社会对生态环境保护的认知和重视程度。可以说，社会经济系统的生态意识直接影响着生态用水的分配。

必须指出，生态用水与生态需水是比较容易混淆的两个概念。如前所述，尽管生态需水受生态目标的影响，但它主要取决于生态系统本身的特点及其所处的环境特征，它提供的是生态环境保护和建设最基本的依据，而不涉及人为的水资源调配。

（2）特殊矛盾

水资源—干旱地区：我国干旱区大致在贺兰山以西的西北地区，这一地区由于远离海洋，深居内陆，具典型大陆性气候特点，干燥少雨。由于特殊的自然地理条件，致使区内水资源具有总体水量不足，空间分布不均的总体特征。

其具体特征有[①]：①山区是水资源的形成区，出山口的河川径流量基本相当或接近每条河流全流域的水资源总量。②地表水、地下水相互转化，天然状态下自山区流入平原或盆地的地表径流，在流经山前戈壁带时大部分入渗转化为地下水，一些小型河流甚至渗失殆尽；在戈壁带前缘地带地下水因径流受阻而溢出地表汇成泉及河流入绿洲，成为天然绿洲的主要灌溉水源；另一部分形成地下径流流入平原或盆地，在其下游以蒸发、蒸腾和人工开采的形式排泄。③每条河流对全流域的生态环境和生态系统都起着重要的控制作用。

由于干旱这一自然条件所导致的水资源短缺，严重威胁着这一地区的供水安全。但西北干旱区水资源"存在的主要问题总体上不是水资源的供需矛盾，而是水资源的严重浪费；大水漫灌使土地大面积盐渍化。由于缺乏统一规划与科学管理，地表水、地下水不能联合开发；上、下游水资源得不到合理分配，造成上游大量消耗，下游河流断流，地下水位剧烈下降，水质恶化，植被枯萎死亡，大片绿洲沦为荒漠"[②]。

生态—干旱地区：我国的干旱区主要是西北地区。西北地区由陕、甘、宁、新四省区和内蒙古西部构成，该区地域广阔，自然资源丰富，总面积 $347×10^4$ 平方公里，占全国总面积的三分之一，水资源总量 $2254×10^8$ 立方米，只占全国水资源总量的 8%，人口 8700 多万，绿洲人口密度大，土地承载力低，生态环境十分脆弱。存在以下严重的生态问题：①水土流失严重；②植被退化，土地沙化严重；③土壤次生盐渍化[③]。

目前，西北干旱区的生态环境，在人工绿洲内部有所改善，但在绿洲之外，却进一步恶化。这里包括土地沙漠化，冰川退缩，湖泊干涸，下游河道断流，沙尘暴频次的增加，天然草地大面积退化，天然植被遭到破坏，等等。如果这些问题不能得到有效的控制和改善，环境的恶化就很难逆转，现有的绿洲也很难永续利用。

---

① 张志忠、武强、魏学勇：《西北干旱区水资源开发与生态环境问题》，《地质灾害与环境保护》2001 年第 3 期。

② 《西北干旱区的水资源与生态环境建设》，本文是中国科学院《2002 科学发展报告》部分文章的摘要介绍，http://www.cas.ac.cn/html/Dir/2002/02/25/0441.htm。

③ 赵锁志：《西北地区水资源开发引起的生态环境问题》，《西北地质》2003 年第 3 期。

上述生态环境出现的种种问题，都需要用水来解决。植树造林种草需要水，湖泊干涸盐化需要水补充，草地退化需要水灌溉，土壤盐渍化需要水洗盐等等[1]。

干旱地区—水资源—生态：水是生态环境保护与建设过程中起重要作用的生态因子。特别是在干旱半干旱地区，水分状况往往决定一个地区生态保护和建设的目标和方向[2]。

干旱地区最突出的矛盾就在于水资源的开发利用与生态保护之间的冲突。

有学者认为，节约与高效化利用水资源以及生态环境效益与经济效益间统一协调是西北干旱区可持续发展的根本途径。

西北干旱区随水土资源开发利用规模的不断扩展，使区域内工农业与经济得以稳定持续发展。但同时也引起一系列生态环境变化。①大多数河流下游水量锐减，甚至断流，河道缩短，终端湖泊萎缩或干涸，水质盐化和污染趋势加剧；②土壤沙漠化和盐碱化，沙漠化土地面积达 674193×104 公顷，盐碱化耕地面积逾 135156×104 公顷；③植被退化，生物多样性减少，与 20 世纪 50 年代初相比，天然森林面积减少 49%—58%，草地面积减少 16%—92%；④沙尘暴灾害发生频数增加，灾害程度加剧。

当然，也有学者指出，水资源开发利用引起的一系列生态环境变化，有些是可以避免的，有些则不可避免，不应该片面强调保护，使生态系统回到低效能自然平衡中的观点是不切实际的，西北干旱地区经济与生态环境的可持续协调在于寻求干旱区天然绿洲向高效人工绿洲转化的合理途径。

但同时也应该看到对西北干旱区脆弱的生态体系来说，水资源的开发对其具有决定性的影响，"有水是绿洲，无水是沙漠，水多盐渍化"。在水资源开发中，也不能片面追求经济效益，而应以生态环境的可持续性为优先的原则，以求得生态效益和经济效益的统一。应按照"以水定地，以水定人口，以水定发展规模"的原则，进行水资源的合理配置；按照流域是一个完善的地表水和地下水相互联系的生态系统的观点，统筹协调上、中、下游用水关系，农、林、牧、生态与工矿、城市用水关系，地表水与地下水联合开发的关系，以实现水资源的可持续高效利用。

水是制约干旱区生态环境变化的关键因素，节约与高效化利用水资源和合

① 汤奇成、张捷斌：《西北干旱地区水资源与生态环境保护》，《地理科学进展》2001 年第 3 期。
② 郑红星、刘昌明、丰华丽：《生态需水的理论内涵探讨》《水科学进展》2004 年第 5 期。

理规划经济发展与水资源开发，坚持"资源节约型"发展方向，是解决西北干旱区流域经济发展和生态环境问题的根本途径①。

二 水资源与生态系统关系

水资源是生物生存不可替代的物质，是经济活动难以缺少的投入物，是构成自然环境的基本要素之一，所以水资源具有自然属性、社会属性、经济属性。因此，研究考察水资源价值必须立足于社会、经济、自然（包括环境）综合角度来进行②。

水资源环境价值论就是在此背景下提出的，它以环境的变化对水资源的影响评价或者水资源变化对环境的影响评价为主要研究内容，实质上就是用经济的方法综合评价水资源功能，以便从价值角度把握水资源。

环境是指所研究对象周围一切因素的总体。环境学中所谈的环境是作用于人类这一客体所有外界影响和力量的总和。水资源环境是以水资源为中心，与水资源有关诸要素的集合。水资源环境可以形象地用图4—2来描述。

图4—2表明，水资源环境可以概括地表示成人、自然环境、社会环境、经济环境四大要素。

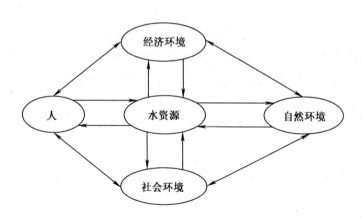

图4—2 水资源环境示意图

①　王根绪、程国栋、徐中民：《中国西北干旱区水资源利用及其生态环境问题》，《自然资源学报》1999年第2期。

②　姜文来：《水资源价值论》，科学出版社1999年版，第90页。

依据以上原理，水资源通常具有经济功能、社会功能和生态功能三大功能。

水是生命的源泉，一切生物的生命活动都离不开水。生物首先是在水中发现和发展起来的，水是生物新陈代谢的介质，生命活动的整体联系和协调亦时时刻刻离不开水。如果没有水，自然界的一切生物都不能生存，当然也不会有人类存在。而人类不仅生命依赖水，生活和生产也不可缺少水的参与。水资源满足人类的生存和繁衍，就是水资源的生存价值。

水资源的生存价值表明：水是生存之本，对于任何人都不可或缺。如果水资源作为私有财产，由个人垄断，那么，在市场的导向下，水资源只会流向给所有人带来最大利益的地方。可以预见，在水资源严重短缺的地区，就必定会出现穷人因为缺水而导致生存危机的状况。这样，水资源的生存价值就无从实现，并且会由此引发极大的社会动荡①。

获得安全饮用水是人类的基本需求和基本人权，也是公正水管理的基本要求。尽管我国坚持把解决饮水困难、保护国民健康作为大事来抓，自新中国成立以来，累计解决了 2.5 亿人的饮水困难问题，在干旱缺水时，优先保障城乡居民生活用水，但据联合国儿童基金会等国际组织的评估，我国尚有 3 亿多人存在饮水安全问题，集中在农村地区。目前，我国的农村饮水大致可分为三个层次：第一个层次是饮水解困，解决有水喝的问题；第二个层次是饮水安全，解决水量、水质问题，达到清洁饮用水；第三个层次是普及自来水。目前上述三个层次的问题并存，处于第一层次尚存在饮水困难的人口为 2100 多万，处于第二层次尚未解决饮水安全问题的人口为 3 亿多；处于第三层次缺乏饮用方便的自来水的人数约为 5 亿人。尽管造成基本生活用水没有完全得到保障的原因是多方面的，但在水行业发展中城乡基础设施建设的差别是主要原因②。

三　水资源合理配置

水资源合理配置的目标是在社会经济和生态之间高效分配水资源，以达到社会公平、经济高效和生态保护的目的，满足人口资源环境与经济协调发展的

---

① 裴丽萍：《论水资源国家所有的必要性》，《2003 年中国法学会环境资源法学研究会年会论文集》。

② 沈大军：《中国水管理中的公正问题》，《水利学报》2005 年第 1 期。

需要。对水资源在时间、空间、数量和质量上的要求，使有限的水资源在保障提高人们生活指标和生活质量方面能够获得最大的社会效益，在促进生产经营方面能够获得最大的经济效益，在维持生态与环境状况方面能够获得最大的生态与环境效益，同时保障水资源能够在区域间社会各阶层间以及代际间获得公平的分配，以促进水资源的可持续利用。

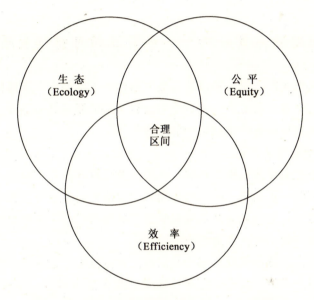

图4—3　广义水资源合理配置的3"E"决策机制

　　但公平、效率和生态目标之间如何分配水资源就遇到了目标冲突。公平目标是从社会学角度考虑水资源分配，具有历史的继承性和内涵上的延续性，具有环境经济资源等方面的意义，不仅关注同代人的比较，还注重代际间的公平。效率目标是从经济学角度考虑水资源分配，用最少的成本获得最大的利润。生态目标是从生态学角度考虑水资源分配，维持区域生态环境的健康和稳定，使生态系统的物质和能量得以高效利用。公平、效率和生态三者之间是相互影响相互制约和相互促进的辩证关系，在水资源短缺的状况下单纯追求任何一个目标都是不可取的。只讲生态而放弃效率和公平，消极被动地满足生态需水，水资源就无法支撑经济社会的可持续发展；仅仅追求公平分水放弃效率和生态，就不是优化配置；如果不考虑公平和生态效益，经济发展也难以为继。

　　广义水资源合理配置决策就是要权衡利弊，统一协调公平、效率和生态目标，既要促进生态系统的健康发展，又要保证安全用水和高效用水，达到水资源的合理配置。因此，广义水资源合理配置决策过程可用下列公式表达：

$$Sati = \text{Max} \sum_{i=1}^{5} \lambda_i \cdot E_i$$

式中 $Sati$ 为区域整体目标满意度；E_i 为不同目标的满意程度；λ_i 为不同目标相应的权重。

四　问题的对策分析——水资源的可持续发展战略

人类的历史实际上是一种改造自然的过程，人类要生存和繁衍就必须从自然获取物质的财富，而这个改造自然的过程又是破坏自然的过程。在这一点上人类的生存和自然的保护永远是一对矛盾[①]。

1. 人类中心主义

人类中心主义作为一种价值观，认为人类是世界存在的最高目的，人类的价值是最崇高的，也是唯一的，其他物种的价值只有在人类使用它们时才表现出来，也就是说，它们自身并没有属于自己的价值。维护人的价值和权利是人类活动的最根本的出发点和最终价值依据[②]。

人类中心主义的价值观根植于我们的文化传统中，这种主张在哲学上奉行的是人与自然分离的二元论，它通过概念上的主体与客体、主观性与客观性、描述与评价把人与自然对立起来。人被视为不同于自然中其他物种的理性存在，并高于其他存在，其他存在只是服务于人的对象。

考虑到环境危机的现实以及所面对的种种批评，"人类中心主义"者进行了检讨和反思，"人类中心主义"开始向所谓的"弱的人类中心主义"转变，产生了若干种被称为"弱的人类中心主义"的理论观点。其不同于一般的人类中心主义之处在于，它强调非个人主义的人类中心，认为只有被理性思考肯定了的人类偏好，才应该给予满足，而某些过于直接、纯粹感性的偏好需要受到约束或节制。

批评者认为："由于人类尚不能认识自然物之间存在的独立于人类以外的

---

① 徐爱国：《人类要吃饭，小鸟要歌唱——评汪劲博士的〈环境法律的理念与价值追求〉》，北大法律信息网。

② 高利红：《环境资源法的价值理念和立法目的》，载于环境法研究网 http://www.en-law.com.cn/jcll/200512/t20051225_1416.htm。

价值、尤其是对维持地球生态平衡的价值，所以在保护环境问题上无论采取什么方法都只能以人类自身的权利及其利益为判断标准。这种认识论导致人类在认知方法上将权利和利益从自身往外逐步扩大，结果使利己主义成为人类价值判断和善恶观的根源。"[1]

人类中心主义价值观也被认为是导致环境问题的罪魁祸首。

2. 生态中心主义[2]

生态中心主义的核心主张是生态中心平等主义（ecocentric eqalitarianism）。生态中心平等主义是指生物圈中的一切存在物都有生存、繁衍和充分体现个体自身以及实现自我的权利。生态中心主义的代表人物是阿伦·奈斯（Arne aess）、德韦尔（Bill Devall）、塞申斯（George Sessions）、福克斯（Warwick Fox）等。生态中心主义认为，生态危机的根源在于现有的社会机制、人的行为模式和价值观念。因此必须对人的价值观念和现行的社会体制进行根本的改造，把人和社会融入自然，使之成为一个整体，才可能解决生态危机和生存危机。

生态中心主义有两项最高准则。即自我实现和生态中心平等主义。自我实现（Self-realization）是生态中心主义理论的出发点和最高境界，位于底层的多样性、自我决定和无等级社会则构成了自我实现的基础。多样性增加了自我实现的潜能，但多样性又要受到复杂性和共生状况的制约，只有最大的复杂性和共生性才能使多样性最大化；自我决定有利于自我实现潜能的发挥；无等级社会赋予所有人自我实现的平等权利，这种平等为所有存在的自我实现提供了保障。生态平等主义指的是生态系统中所有存在物，包括大地、河流、山川都是平等的，它们构成了生态系统这一有生命的整体。一切存在物对于生态系统的稳定性和健康发展都是有益的，因此都是有价值的；一切生命体都具有内在目的性，它们在生态系统中具有平等的地位。人类不过是众多物种中的一种，在自然的整体生态关系中，既不比其他物种高贵，也不比其他物种更坏。

3. 调和论——可持续发展战略

可持续发展（Sustainable Development）是 20 世纪 80 年代提出的一个新概念。1987 年世界环境与发展委员会在《我们共同的未来》报告中第一次阐

---

[1]　汪劲：《论现代西方环境权益理论中的若干新理念》，北大法律信息网。

[2]　高利红：《环境资源法的价值理念和立法目的》，载于环境法研究网 http：//www. en-law. com. cn/jcll/200512/t20051225 _ 1416. htm。

述了可持续发展的概念，得到了国际社会的广泛共识。

可持续发展是指既满足现代人的需求也不损害后代人满足需求的能力。换句话说，就是指经济、社会、资源和环境保护协调发展，它们是一个密不可分的系统，既要达到发展经济的目的，又要保护好人类赖以生存的大气、淡水、海洋、土地和森林等自然资源和环境，使子孙后代能够永续发展和安居乐业。也就是江泽民指出的"决不能吃祖宗饭，断子孙路"。可持续发展与环境保护既有联系，又不等同。环境保护是可持续发展的重要方面。可持续发展的核心是发展，但要求在严格控制人口、提高人口素质和保护环境、资源永续利用的前提下进行经济和社会的发展。

事实上，社会—经济—自然系统是一个复杂的巨系统，它们之间互相影响，相互制约。仅就水资源分配问题而言，"一个地区或国家能否可持续发展取决于经济、社会和生态环境的协调程度，完全背离社会经济发展的生态保护标准不可能得到有效的实施。生态系统的水资源配置，只有与社会经济发展所需要的生产、生活用水相协调，才能得到有效的保障。生态系统在长期自然选择中形成了相当的自我调节能力，生态系统需水的阈值区间[1]表明生态系统对水的需求有一定的弹性。因此，在生态系统需水阈值内，结合区域社会经济发展的实际情况，兼顾生态需水和社会经济需水，合理地确定生态用水量，实现'三生'共享，有利于社会经济发展和生态系统保护的双赢"[2]。

五　法律的生态化

德国著名学者基尔克说，公法和私法的区别，是现代整个法秩序的基础，日本学者美浓部达吉也认为，公法和私法的区分是现代法的基本原则[3]。公法

---

① 生态系统作为一个有机体，具有一定的自我调节功能。因此，维持生态系统健康所需的水分不是在一个特定的点上，而是在一定范围内变化的，变化的范围就构成了生态系统水分需求的阈值区间。从这个意义上看，我们把用以维持生态系统物质、能量输入输出平衡的最小水分状况称为最小生态需水量。随着水量条件进一步得到满足达到最佳生态需水量时，生态系统的生产潜力将得以最大限度的发挥。当水分条件超过生态需水的上界，过多的水分条件可能反过来抑制生态系统的健康发展。因此，实现生态目标，保护生态系统，必须综合考虑生态需水的阈值，以根据实际情况加以控制和调整。

② 郑红星、刘昌明、丰华丽：《生态需水的理论内涵探讨》，《水科学进展》2004 年第 5 期。

③ 龙卫球：《公法和私法的关系——"现代立法理论"研究材料之五》，出自北大法律信息网 http://article.chinalawinfo.com/article/user/article_display.asp? ArticleID=33508。

与私法是传统法学的根本立足点①。

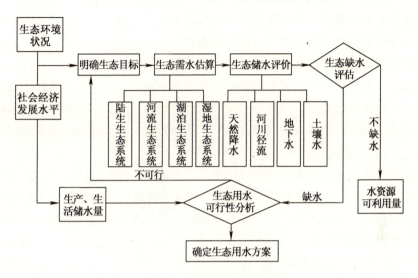

图4—4 生态系统水资源配置流程②

而在环境伦理领域里对以经济效益、社会效益与生态效益相协调为核心的可持续发展理论合理性的充分论证，促使现代环境法最终选择了可持续发展理论模式，并将其确认为首要基本原则。

本节就沿循着公法、私法两大脉络，考察了水资源问题的法律一般调整状况，从其中强烈地感受到了可持续发展观的渗透，以及环境理念的革新所带来的法律制度的变革。

本节以"可持续发展观—环境理念—调整水资源的公法与私法"这个轴线来展开论述。三者的关系如下：可持续发展观奠定了环境法理念的哲学基础，环境法理念引致了现代环境法的产生③。

可持续发展观与环境法理念间的关系是个深具探讨价值的话题。学界中有环境法的理念"二元论"之说④，即环境法的直接目的为协调人与环境的关

① 邓峰：《经济法漫谈：社会结构变动下的法律理念和调整（3）》，出自北大法律信息网 http://article.chinalawinfo.com/article/user/article_display.asp? ArticleID=31526。

② 郑红星、刘昌明、丰华丽：《生态需水的理论内涵探讨》，《水科学进展》2004年第5期。

③ 参见汪劲《环境法律的理念与价值追求》，法律出版社2000年版，第20—21页。

④ 参见屈振辉《现代环境法基本理念的伦理诠释》，出自北大法律信息网。

系，保护和改善环境，最终目的为保护人群健康与保障经济社会的可持续发展两方面，且二元论与一元论①说争论不休，在笔者看来，无论一元论还是二元论，实际上都体现了上文所述之可持续发展观的"人类利益中心"立场本质。环境法制调整的目的终究是为人类服务的。

而论及环境法的理念与环境法制间的关系，需做如下说明。

理念是进行一切理论研究的起点。法的理念是对法的应然规定性的理性认识。一般法律部门之中，法先于法的理念而出现，后者是对前者的归纳和抽象；对环境问题的法律规制其理念却先于法而形成，后者是对前者的演绎和展开②。

法的理念兼具两方面的功能，一是指导形成一定的法，二是对法的妥当性进行评价③。鉴于环境理念在环境法的产生中所占据的重要地位，本节试图对环境法律制度与环境理念的关系做一些探讨，并以环境理念为基准，对现有制度做出些许评价与建议④。

1. 基于调和论的公法与私法协力调整

诚如王利明教授所言，建立一套适合我国国情的调整水资源的法律制度，不仅是一个私法问题，也是一个公法问题⑤。在水资源的问题上，公私法的协力的确必不可少。

但仔细考察中国法制史便可知，中国历来缺乏公私法分立的传统。有公私法观念只是二十余年来的事情⑥。

历史上有关公私法的界分，学说有多种⑦，通说以《民法通则》第2条关于民法调整对象的规定采纳了所谓"平等主体关系说"为据，认为现行民法采主体说⑧。本书从"隶属说"认为，公法和私法的区别，应以其所调节的不同社会关系为标准。公法是用以调整非平权的以"管理与被管理"或"监控与被

---

① 参见屈振辉《现代环境法基本理念的伦理诠释》，出自北大法律信息网。

② 同上。

③ 同上。

④ 需要指出的是，由于环境问题的法律对策在学界已有共识，此处重点讨论的是法律对策体系中各制度的配合以及制度的革新问题。

⑤ 参见王利明《物权法论》（修订本），中国政法大学出版社2003年版。

⑥ 参见龙卫球《公法和私法的关系——"现代立法理论"研究材料之五》，出自北大法律信息网http：//article. chinalawinfo. com/article/user/article _ display. asp？ ArticleID＝33508。

⑦ 参见史尚宽《民法总论》，中国政法大学出版社2000年版。

⑧ 参见龙卫球《公法和私法的关系——"现代立法理论"研究材料之五》，出自北大法律信息网http：//article. chinalawinfo. com/article/user/article _ display. asp？ ArticleID＝33508。

监控"为特征的社会关系的法律；而私法是用来调整平权的以相互协作为特征的社会关系的法律①。至于论者所指摘的"隶属说"无法解释私法中也存在某种隶属关系，反过来在公法中也存在平等关系，笔者以为，所谓划分标准只是相对而言，如拉伦茨所言："在公法与私法之间，并不能用刀子把它们精确无误地切割开，就像我们用刀子把一个苹果切成两半一样。"② 标准岂能做到完全的整齐划一？笔者将这种现象之大部分原因归于公法私法化与私法公法化并立章节作专门论述。

当然，在论述水资源问题的时候谈及法制的公私法二元结构，无可回避的需提到"第三法域"③ 即社会法的问题。笔者对此持否定态度，理由在于第三法域的主张势必导致潘克顿体系严谨的概念体系崩溃。"大陆法系的环境权理论必须在公法与私法、公权与私权等概念下来进行构建。"④

（1）公法调整水资源的理念——环境安全

安全的本意是指主体对预期利益或既得利益能够持续、稳定存在或当然实现的心理期望。在公法中，它主要是指国家统治、管理的稳定有序。

环境安全主要是指保持生态环境和自然资源处于良好或不受不可恢复的破坏的状态，保障一切自然事物不受突发性外力破坏而处于相对稳定的状态，以防止因环境质量状况恶化、自然资源日趋枯竭而导致的发展能力削弱和社会秩序紊乱⑤。

可持续发展观在法律领域的渗透，拓宽了环境法理念对安全问题的视野，使其关注的对象从狭窄的个人、社会、国家扩展至人类及整个生态领域。以至于与其他安全问题相比，环境安全不仅具有整体性、不可逆性、长期性和全球性等特点，而且更具有终极决定意义——离开了环境安全，任何安全都将不复存在⑥。这种重要性也使之在法律安全体系中占据了基础性地位。而在现代环境法的整个价值理念体系中属于首要价值⑦。

① 参见谢晖《私法基础与公法优位》，出自北大法律信息网 http://article.chinalawinfo.com/article/user/article _ display. asp? ArticleID＝36572。

② 拉伦茨：《德国民法通论》，法律出版社 2006 年版，第 7 页。

③ 吕忠梅：《环境权的民法保护理论构造——对两大法系环境权理论的比较》，《司法研究》第 1 卷，中国政法大学出版社 2001 年版。

④ 同上。

⑤ 周辉、陈泉生：《环境法理念初探》，《时代法学》2004 年第 2 期，第 63 页。

⑥ 参见屈振辉《现代环境法基本理念的伦理诠释》，出自北大法律信息网。

⑦ 同上。

由于涉及范围广泛，利益重大，必须依靠国家意志动用行政权力方能应对，并非私法自由意志可以解决，环境安全由公法调整为理所当然。

第一，生存保障——水人权[①]。"化学上讲，人体主要是由水和有机化合物组成"，而且"水占约60％的重量"。简言之，人体主要是水。此外，"水为生命所必需。离开了水，人活不了数日。对几乎每一项人体功能，水都发挥着关键性作用，如保护免疫系统、促进废物排泄等"。显然，没有水，人无法生存。从这一意义上讲，获得满足个人和家庭生活需要的适当的水，是人的自然权利，是"人作为具有理性、意志自由的动物而固有的权利，它既不由纯粹的实在法赋予，也不能被实在法克减或者剥夺"。因此，获得水以满足人类基本需求是一项基本人权。正如经济、社会、文化权利委员会所指出的，"水权是一项不可或缺的人权，是人得以尊严生活的必要条件。水权也是实现其他人权的一个前提条件"。

我国的水资源危机严重：年人均水资源量约2200立方米，仅为世界平均水平的四分之一；水资源时空分布十分不均，且伴随着严重的洪灾和旱灾；水资源污染严重，全国近二分之一的河段、十分之九的城市水域受到不同程度的污染。而且，这种水资源危机将来还会更加严重。在饮用水方面，数量上，每年都因旱而有数千万城乡人口发生临时饮用水困难；质量上，农村约有3亿多人口的饮用水不安全，相当一部分城市水源污染严重并威胁到饮用水水质。我国是《经济、社会和文化权利国际公约》的缔约国。因此，探讨水人权的法律内涵，不仅有助于促进水人权在我国的实现，也有利于回击国际上某些势力对我国人权况状的无理攻击。

水人权是人权法的重要内容之一。包括国际、国家、地方和社区的许多法律文件或者行动，形成或者加强了对水人权的承认或者实施。然而，总体上讲，在国家层次上，特别是立法方面，缺乏对水人权的系统规定和保护；我国也存在这一问题。作为经济、社会及文化权利的一种，尽管水人权属于《经济、社会和文化权利国际公约》第二条第一款规定的"国家承担尽最大能力……采取步骤……用一切适当方法……逐渐达到"充分实现的权利，但国家也负有一些相应的立即实施的义务，如承认、尊重、保护、非歧视、避免主动破坏、不得非法限制或克减。因此，在国内法律和政策上，明确承认水人权、规范水人权的内容、确立水人权在水资源配置中的第一优先地位、建立严格的

---

① 参见胡德胜《水人权：人权法上的水权》，《河北法学》2006年第5期。

水人权水源保留或者保护制度、加强对水人权的保护，是各国履行国际义务、促进水人权在本国实现的现实和迫切需要。

第二，社会公益。《水法》第四十七条规定："国家对用水实行总量控制和定额管理相结合的制度。"总量控制的对象为水量总量和水域面积总量。水域面积总量控制的目的不仅是水体生态保护的需要，也体现了防洪、抗旱、减灾的需要①。这也体现出了相关法律对水资源的社会价值的保护。

水资源的经济价值早已为人们深入认识，但其生态价值却一直未能得到广泛认同，而水资源的生态价值是经济价值存在的前提或实现的基础。长期以来，人们将水资源的开发利用界定在经济价值的范围以内，忽视甚至排斥水资源的生态价值，水质与水量管理相分离、生态用水不被考虑，其结果必然是由于过度开发利用水资源而导致水资源枯竭、水量短缺、水质恶化等严重问题。因此，水资源的开发利用必须充分尊重生态规律，综合考虑水资源的生态与经济双重价值，并注意协调好它们之间的关系。原《水法》从单纯资源立法的角度，仅仅考虑了水资源的经济价值，对水资源生态价值考虑不足。新《水法》对此进行了修改②。

一是确立了用水总量控制与定额管理相结合的制度。

原《水法》仅规定了水量分配制度，新《水法》修改为用水总量与定额管理相结合的制度，体现了节约用水原则。新《水法》第四十六条规定："县级以上地方人民政府水行政主管部门或者流域管理机构应当根据批准的水量分配方案和年度预测来水量，制定年度水量分配方案和调度计划，实施水量统一调度；有关地方人民政府必须服从。""国家确定的重要江河、湖泊的年度水量分配方案，应当纳入国家的国民经济和社会发展年度计划。"第四十七条规定："国家对用水实行总量控制和定额管理相结合的制度。"总量控制的对象为水量总量和水域面积总量。水资源的稀缺性和市场配置的结果，必然引发各种用水目的和方式之间的竞争，如若没有合理的界限，生态用水往往被挤占。水资源的水量控制的目的，就是要分别核定生态性用水和经济性用水的总量，在确保最低限度的生态性用水总量的前提下，分配经济性用水。而水域面积总量控制的目的，不仅是水体生态保护的需要，也体现了防洪、抗旱、减灾的需要③。

---

① 吕忠梅：《环境资源法视野下的新〈水法〉》，《法商研究》2003 年第 4 期。

② 同上。

③ 同上。

二是体现了维持最小生态环境流量的思想或原则①。

《水法》(1988，2002 年修订)第二十条规定，开发利用水资源，应当首先满足城乡居民生活用水，并兼顾农业、工业、生态环境用水以及航运等需要。在干旱和半干旱地区开发、利用水资源，应当充分考虑生态环境用水需要。第三十条规定，县级以上人民政府水行政主管部门、流域管理机构以及其他有关部门在制定水资源开发、利用规划和调度水资源时，应当注意维持江河的合理流量和湖泊、水库以及地下水的合理水位，维持水体的自然净化能力。

与此相关，早在 1986 年，国务院环委会就在《关于防治水污染技术政策的规定》中提出了按流域、区域综合防治水污染的技术政策，并进一步要求，在流域、区域水资源规划中应充分考虑自然生态条件，除保证工农业生产和人民生活等用水外，还应保证在枯水期为改善水质所需的环境用水。特别是在江河上建造水库时，除应满足防洪、发电、城市供水、灌溉、水产等特定要求外，还应考虑水环境的要求，保证坝下最小流量，维持一定的流动状态，以改善水质、协调生态和美化环境。

《水污染防治法》(1984，1996 年修正)第九条规定，国务院有关部门和地方各级人民政府在开发、利用和调节、调度水资源时，应当统筹兼顾，维护江河的合理流量和湖泊、水库以及地下水的合理水位，维护水体的自然净化能力。

虽然如此，对比中国和国外的有关实践，不难看出我国的有关生态环境用水量的规定大都是从水环境质量的角度出发，以维持水体的自净能力，并没有考虑整个生态系统的平衡与稳定性。现行的生态用水管理还处于理念层次，最多也只是在有关规划中有所提及，还没有落实到实际操作层面，更不用说有可操作性的保证措施了。

第三，水安全问题也与本课题具有密切的联系。中国水资源可抽取总量约 1.1 亿立方米，但是水资源分布具有巨大的南北差异。湿润的南方居住着约 7 亿人口，干旱的北方居住着约 5.5 亿人口。虽然南方有五分之四的水，但是三分之一的耕地在北方。结果是北方耕地的亩均水量只有南方的八分之一。按照联合国的环境承载力标准：干旱地区是 7 人/平方公里，半干旱地区是 20 人/平方公里，而处于干旱、半干旱的中国西北地区 1982 年就已经达 22 人/平方

---

① 侯晓梅：《生态环境用水与水资源管理变革》，载于 http: //www. riel. whu. edu. cn/show. asp? ID=1107。

公里。从环境承载力角度看，凡是超过人均资源承载力标准的居民都属于"环境难民"。那么西北地区就有大批"淡水难民"，正在忍受着饮水不安全的威胁。

水是水质和水量的统一体，由于人类活动影响，使得水资源减少，污染加剧，改变了水文循环平衡，并且降低了水质。该作用后果是隐性、广泛和滞后的，当长期作用累积超过承受阈值时，就会危及自然、社会经济系统的正常运转，引发水安全问题：人类不科学的社会经济活动使得水体弱化或丧失正常功能，不能维持其社会与经济价值，危及人类对水的基本需求，进而引发一系列的经济、社会和环境安全问题[①]。

在人类文明的早期，主要是干旱、洪水和河流改道等自然型的水安全问题。进入现代社会，人类大量干预水文循环的自然过程，水安全性就逐渐从自然型的转为人为型的。所以，水安全的内涵包括自然型水安全，如干旱、洪涝、河流改道等，以及人为型水安全，如水量短缺、水质污染、水环境破坏，其外延指的是由水安全引发的其他安全，如粮食安全、经济安全和国家安全等。

中国所面临的水安全问题不仅仅是洪涝干旱，还有多年来水资源管理的政策失误和水浪费。首先，缺乏基于流域管理的政策框架以及随季节或气候的动态管理，尤其是在缺水省份。其次，水资源管理和污染控制的部门不统一以及国家和地方管理机构的脱节是主要的制度问题。最后，水价或水费太低是造成水资源过度开采和浪费的主要原因。

总的来说，由于水资源的多种功能与用途具有竞争性，而且水资源的公共资源特性又特别容易造成外部性问题，人们为追求自身利益最大化而破坏水生态系统的平衡是导致水资源短缺与污染的根本原因。

实现水资源的可持续利用，关键是建立水安全管理信息系统，实行水文、水利、水环境三位一体的管理系统，并致力于水资源定价、水利投资等制度改革。

该管理系统的目标是确保人类系统、社会经济系统和环境系统的可持续发展。对该系统可持续发展（安全性）的界定有两个基本准则：一是其有效供给

---

① 本段主要参照洪阳《中国 21 世纪水源泉》，摘自《环境保护》1999 年 10 月 http：//www.yp.edu.sh.cn/tswz/qqxy/tsg/hbwk/shuianquan.htm；吕忠梅：《环境资源法视野下的新〈水法〉》,《法商研究》2003 年第 4 期。

不能超过水资源的可持续供应量，即以不破坏水环境的生态平衡为基准；二是水质不应随时间下降。系统安全性的界定应建立在科学的水文、水土、气象、环境污染监测与流域综合分析的基础上，以流域为单元核定，建立流域安全用水指标、开发度指标等。

在宏观层次上，加强中央统一管理，并明确划分地方权利的流域管理系统对于一体化的水资源和污染控制管理是必须的；强化水资源和污染控制法律规章的执法力度。

在中观层次上，基于环境承载力，国家或地方管理机构负责建立水域安全利用指标，制定开发利用的长期规划；改变传统的水供给管理模式为竞争型水需求管理模式，以提高用水效率，包括水资源补偿性使用、发放可交易的取水许可证、调整水价和排污费等。

新《水法》在水资源规划与配置方面，增加了国家水资源战略规划，明确了流域规划与区域规划的法律地位；增加了中期规划，建立了中长期规划与流域水量分配制度，使水资源规划制度得到了极大的完善并增强了可实施性。在水安全管理信息系统的建立上迈出了坚实的步伐。

在水保护方面，增加了维护水体的自然净化能力的制度保障，规定了地下水开采禁限制度、水功能区划制度，并在《水污染防治法》规定饮用水源保护制度的基础上建立了更为严格的保护制度，使水资源的保护力度进一步加强。在水资源开发利用与水资源保护立法分离的模式下，水资源保护被认为不属于水资源立法的内容。然而，理论上可以区分水资源开发利用与水资源保护，实践中的水资源开发利用与水资源保护却是不可分割的，水资源保护只有贯穿于水资源开发利用过程中才有意义，或者说本来就应该是同步进行的。分别立法、割裂考虑的结果必然是水资源状况的恶化。原《水法》就是在分别立法的模式下制定的，整部法律没有关于水资源保护制度的设计。新《水法》对此进行了增补，规定了开发利用水资源的行为人的水资源保护义务，使水资源立法的内容更加完备。

新《水法》虽然增加了水资源保护的内容，但从现有规定来看，依然不足，表现在以下两个方面：一是在整个结构中对水资源的经济价值与生态价值的并重注意不够；二是对水资源保护的内容不够完善。在水法中，水资源保护是其中的一个重要内容。吕忠梅教授认为，对水资源的保护应在水法中得到完整体现。当然，从水法的具体结构上看，水资源保护的各项内容必须是原则性的，同时也可以是与相关开发利用制度相互匹配的。其中，水资源保护监督管理制度在整个制度体系中居于战略层次，其着眼点在于整个流域的水资源开发、利用和生态保护等。

然而，从根本上讲，中国水安全问题的最终解决将是依靠生态保护和环境建设，尤其是保护长江、黄河及怒江的源头，恢复其中上游的森林植被。

（2）水资源问题私法调整的理念——环境效益

效益是效果和利益的合称，其泛指一切行为所产生的有效结果。它原是经济学领域里的术语，主要是指产出与投入之比的最大化；法学研究中也经常涉及这一概念，其意指法律实施的现实结果与目标期望之比的最大化。作为现代环境法中的特有价值理念，环境效益是上述两重含义的统一。

人类在自然资源利用中的低效率是导致环境问题产生的根本原因。

传统部门法对效率的关注主要限于经济领域，其重点在于合理分配权利、义务以实现资源配置的最优；而现代环境法对效率的关注则扩大至生态领域，它所追求的是其在实施过程中所取得的合乎目的性、合乎社会需求、合乎生态规律要求的有益效果。

在环境伦理领域里，环境效益是经济效益、社会效益和生态效益的复合体。三者的位阶逐级递进，生态效益在其中不仅属于最高部分、处于优先地位，而且还是其他各项效益得以实现的基础。当经济效益、社会效益与生态效益发生冲突时，应当首先考虑生态效益，绝不能以牺牲生态效益为代价来换取经济效益、社会效益[1]。

（3）公法与私法的融合——法制的系统化

近代关于公法、私法的划分，贯穿的一个基本思想就是公法不能干预私法关系。此外，在它们各自的内部，还有各种部门法的划分，在民商分立的国家还有民法和商法的划分。在这些部门之间，从立法体系、审判制度到学科设置，都有严格的界限。这种公、私法对立和部门法分割的局面，不符合法制的科学性、系统性要求，也不能满足社会问题综合调整的需要。因此，现代立法的趋势，是在承认公、私法划分的相对合理性和各部门法相对独立性的同时，承认并强调公、私法之间和各部门法之间的相互渗透和相互配合的必要性[2]。

①公法的私法化。公法私法化，是指国家通过私法形式的手段来实现公法

---

① 屈振辉：《现代环境法基本理念的伦理诠释》，出自北大法律信息网。

② 吕忠梅：《环境权的民法保护理论构造》，《司法研究》第1卷，中国政法大学出版社 2001 年版。

目的——这种目的可能是公法能够实现的，也可能是其不能实现的。公法私法化的本质，是国家采用形式上平等的方式，包括物权方式、契约方式来实现调整经济的目的①。

从经济学的观点看来，水资源属于具有竞争性与非排他性的共有资源，由其特点所致，往往产生被过度使用的弊端。即有名的"公有地悲剧"②。经济学认为通常应采取如下措施来克服"公有地悲剧"。

第一，征税。共有资源的所有者通过制定共有地使用的标准，对使用共有资源征税。征税可以使得私人边际成本曲线向上移动，从而减少资源的过度使用。这个方法的缺陷是不容易确定一个恰当的税率。如果税率过高，私人边际成本曲线过度上移，会导致资源利用不足。这是"政府失灵"的一种表现。

第二，许可证制度。政府通过拍卖共有资源的有限量的使用许可证，把资源使用总量控制在一定的限度内。这种方法与征税类似，有"政府失灵"的危险，但危险性要比税收方式小一些。

第三，产权制度安排。共有资源的所有者通过确定产权，把共有资源划分到私人手中，用这种方法，共有资源将成为私人物品。如将土地划分到各个家庭，每个家庭都可以把自己的一块地用栅栏圈起来，并使之免于过度放牧。这种措施有时候由于产权界定和维护的成本过高而难以被采用。

与之相应，《水法》对国家的资源水所有权转化为取水人的商品水所有权的过程进行了规定。

首先是水资源配置的产权制度安排。水资源的国家所有权的确立，解决了水资源的所有权的问题（资源水所有权）。在用水许可与有偿使用方面，采用了取水权的概念，确立了水资源的有偿使用制度。凡取水者都应向所有权人付费后取得水的使用权。

传统的资源价值观是建立在"资源无价、可以任意使用"的虚幻基础之上的。经济的发展，将大量的可更新的或不可更新的水资源等自然资源投入生产生活领域，导致自然资源的供给与需求之间产生了尖锐的矛盾，加之过度的掠

---

① 邓峰：《经济法漫谈：社会结构变动下的法律理念和调整（9）》，出自北大法律信息网。
② "公地"就是具有竞争性和非排他性的物品。考虑到一个乡村，村里有一块公共土地，村民们在共有地上放牧羊群。当共有地很大时，只要每个人都可以得到他们想要的良好草场的土地，共有地就不是一种竞争性物品。随着经营发展，人口增加，羊毛、羊肉的需求增加，共有地上的羊群开始增加。由于羊群的数量日益增加而共有地是固定的，很快，共有地上的羊群超过了共有地所能承载的数量，土地失去了自我养护的能力，变得寸草不生，养羊成为不可能的事情，乡村衰落了，许多家庭失去了生活的来源。

夺性开发自然资源，使自然资源的更新途径和速度发生质的变化，特别是随着污染的加剧，使本来就极其有限的淡水资源更加有限，进一步激化了水资源供给与需求的矛盾①。

从社会历史发展情况来看，水资源等自然资源已经由普通的资源向资产过渡。

从水资源配置的角度来看，水资源产权主要是四种权利：所有权、使用权、收益权和转让权。所有权就是水资源归谁所有的问题；使用权决定是否开发利用水资源、何时以何种方式开发利用水资源的权利；收益权就是通过开发利用水资源有权获取收益；转让权就是处置水资源的权利。产权的初始界定就是通过法律明确这些权利。要实现水资源的最优配置，转让权是关键②。

水资源价值的一个方面是其产权的体现。设想在一个没有资源产权的地区，任何人均可以以任何方式使用资源，而不用支付任何报酬，这样只有在资源（那时也不成为资源）无限的情况下，才不会稀缺。产权体现了所有者对其拥有的资源的一种权利，是规定使用权的一种法律手段。

在我国，《宪法》第一章第九条明确规定，水流等自然资源属于国家所有，禁止任何组织或者个人用任何手段侵占或者破坏自然资源。《中华人民共和国水法》第三条明确规定，水资源属于国家所有。农业集体经济组织所有的水塘、水库中的水，属于集体所有。国家保护依法开发利用水资源的单位和个人的合法权益。以上法律规定表明，全民所有即国家对水资源拥有产权，任何单位和个人开发利用水资源即是使用权的转让，需支付一定的费用，这是国家对水资源所有权的体现，水资源费也正是资源开发利用过程中所有权及其所包含的其他一些权利（使用权等）的转让。

其次是水资源配置的许可证制度。新《水法》在完善水资源所有权的基础上，规定了取水权，明确了有偿使用制度。其第七条规定："国家对水资源依法实行取水许可制度和有偿使用制度……"第四十八条规定："直接从江河、湖泊或者地下取用水资源的单位和个人，应当按照国家取水许可制度和水资源有偿使用制度的规定，向水行政主管部门或者流域管理机构申请领取取水许可证，并缴纳水资源费，取得取水权。"取水人取得水的使用权并通过其物化劳动将水转化为商品水，取水人转让商品水的所有权时，商品水的使用人支付的

---

① 姜文来：《水资源价值论》，科学出版社 1999 年版，第 76 页。

② 沈大军、梁瑞驹、王浩、蒋云钟：《水资源价值》，《水利学报》1998 年第 5 期。

水费应该是水资源的价值和物化劳动的价值的价格化。

而取水者都应向所有权人付费后取得水的使用权，此时取水人支付的水资源费是水资源的价值的价格化。

日本学者美浓部达吉曾如是论述私法的公法化：经济生活上，个人自由主义极端化的弊害，亦跟着资本主义的发展而日益显著；从社会的公共利益上着想，对这种个人自由主义，实有加以适当的限制之必要。即对于经济生活，亦有不能再放任各个人自由活动，而在某程度内非由国家的权力加以调整不可的趋势。一为限制阶段。以国家权力为依据的经济生活之调整，在调整个人相互间之法律关系的秩序的范围内，仍为私法的规定，私法尚未公法化。二为公法化阶段。但依据国家权力而行的经济生活之调整，不单为调整个人相互间的法律关系之秩序，且直接使该项法律的关系成为个人与国家间的关系；换言之，即不单使违反限制之个人相互间的法律关系为无效，且进一步对违反国家权力者以公法上的制裁，私法便发生公法化。

据此，私法公法化的途径通常被认为有两种：

一是公法对私法的限制即公法通过私法中的转介条款来限制私法。比如，《民法通则》第五十八条第五款"违反法律或者社会公共利益的"的民事行为无效；《物权法》第一百二十条"用益物权人行使权利，应当遵守法律有关保护和合理开发利用资源的规定"；《合同法》第五十二条第五款"违反法律、行政法规的强制性规定"的合同无效。

王泽鉴认为，此等条款，主要理由在于维护法律秩序的无矛盾性，其功能系经由强制规范或禁止规范的结合，而使法律行为无效，对私法自治加以必要的限制。

此种限制的弊端在于，从外部对私权进行限制，公权可能彻底剥夺私权。很多民法学者对可持续发展观在私法领域的渗透抱有很强的疑虑也正在于此①。

同时也需要指出的是，与环境保护相应的公民权利的缺失，将使环境的保护仅仅停留在国家福利的层面上。简单地对私权课以消极义务予以限制，远远比不上赋予权利所产生的推动力来得巨大。

二是私法内部的改造。进行内部控制，通过引入新的理念进入到私权内部，对私权进行结构性改造，使得私权构造内部引入一些公法的观念，从而为

---

① 周珂：《环境法与民法的对话》，中国民商法律网。

私权设定一定的社会责任或一定的公共义务①。学者提倡的环境权即为适例②。

由此带来的问题也不容回避，就是这一改造所产生的私法体系内部两种价值的冲突导致的一系列问题。如何调试好私法体系，使其从容应对价值观念改变所带来的冲击？如何使私法原有的经济价值与新进入的生态价值良好协调？新兴权利又如何与原有体系紧密地融合？

问题的关键是在公法与私法融合基础上民法与环境法的沟通与协调。

在民法与环境法的关系方面，传统的民法学者倾向将之归属于普通法与特别法的关系，比如王利明教授就认为《水法》、《矿产资源法》等属于环境法领域的法律与民法是普通法与特别法的关系③。这些权利应当是物权法和特别法双重规定的产物。在法律适用方面，按照特别法优先于普通法的规定，在其没有规定时，才适用物权法。《物权法》实际上采取的也就是这种立法方式。

王利明教授认为，自然资源的利用与开发是物权法可以调整的范畴。特别法上的物权，是公民、法人经过行政特别许可而享有的可以从事某种开发国有自然资源或对资源作某种特定利用的权利，如取水权、采矿权、养殖权等。

他同时认为，自然资源的利用与开发，需要民法与其特别法共同调整。在现实生活中，水资源的利用、矿产资源的开发、海水和淡水的养殖等不仅涉及民事主体的私人利益，还直接关系到国计民生和社会经济的发展问题，而且关涉到生态环境的保护和整个社会的可持续发展。对这些权利不仅要由物权来确认，而且要由特别法做出相应的规制。

当然，对民法与环境法之间的巨大鸿沟也是无法视而不见的，它们具有完全不同的思想基础。

第一，民法的思想基础——个人本位④。近代民法建立在私法自治的基础上，从其立足于私本位，重意思自治可见，个人自由、自主地生活，即是民法的理想所在，是民法所要解决的核心问题。它所展现的是人类中心主义的价值观，以经济人为理论假设的个人权利本位，完美地诠释了西方个人主义的价值理念。在民法的视野里，个人与整体两者，个人才是本位，是始点、核心和最终的目的，国家和社会就是个人权利的卫护者。

---

① 吕忠梅、崔建远：《准物权与资源权：民法与环境法学者的对话》，中国民商法律网。
② 环境物权详见吕忠梅《论环境物权》，中国民商法律网。
③ 参见王利明《物权法论》（修订本），中国政法大学出版社2003年版。
④ 李明华、侯佳儒：《一个分析框架：环境法与民法的对话》，《中国地质大学学报》（社会科学版）2005年第2期。

第二，环境法的思想基础——社会本位①。环境法存在的目的就是为了解决环境问题。环境法的本质，不过是现代国家为治理环境问题而采取的一种"制度因应措施"。作为对"人类中心论"观念的直接否定，环境法以生态人为理论假设，直接把"可持续发展"作为其立法目的，采取了一种与民法截然不同的整体主义理论范式。

②民法与环境法的范式重构与整合。环境法往往借助民法的调整手段解决环境问题②，世界各国传统的环境政策历来注重政府的行政主导作用，相应的环境法也多具有行政法的特征。这种行政主导型的环境法律规范多表现为强制性规范、禁止性规定的执行，具有很大局限性，因此目前世界环境立法的先进体例、也为国内学者所积极主张的，是"行政主导与市场机制相结合"的立法模式。所谓引进"市场机制"，其法律形式即是在环境法律制度设计中引入民法的思维、理念，在环境法学研究中适当借助民法学的个人主义理论范式。

民法面对环境问题对民法、民法学理论之挑战，如学者所言③，现代民法对近代民法的多次修订正是基于对个人本位与社会本位的折中，力求实现个人利益与社会公益平衡的结果。

在民法总则中，传统民法采取的是"个人本位"的价值判断准则，一个人的行为是自主、自由的，只要不违背公序良俗，不违背法律、法规的强制性规定即为合法。随着社会变迁，有学者提出这种"个人本位"的调整模式也该应时顺势，采纳以"资源本位"与"个人本位"并重的调整模式。这种观念明显是受到了环境问题和环境法理念的影响。

但这种理念实际上是对民法个人主义理论范式的整体性、全局性的重大修正，由此必然导致对民法总论整个体系的重新建构。

物权法中存在物权的生态化发展趋势。现代物权理论，从占有或归属为核心的物权观，逐渐发展到以物的利用为核心的物权观。同时对物权的行使加以社会公共利益——生态利益的约束，即为公共生态利益而就物权设定社会职责④。其基本途径有：对传统物权类型加以外部的公法限制，使其承担保护自然、节约资源、防止污染的义务。例如相邻关系的扩张；从其内部重构物权类

---

① 李明华、侯佳儒：《一个分析框架：环境法与民法的对话》，《中国地质大学学报》（社会科学版）2005年第2期。

② 同上。

③ 吕忠梅：《论环境物权》上册，2001年环境资源法学国际研讨会论文集。

④ 廖斌、崔金星：《自然资源及其在物权法类型体系中应有地位》，出自中国环境法网。

型。改变其纯私权的性质，通过民事特别法或行政法，形成既有物权一般特征又有附属于公权力特征的所谓准物权。

准物权是指在物权法所规定的物权种类之外，性质与要件等相近于物权并准用物权法规定的财产权。

相对于物权而言，准物权是那些"不完全是"物权的特殊权利现象。在由物权、债权、知识产权等私权类别构成的权利色谱中，处在各种典型权利类别夹缝中的混合性权利，其物权色彩偏重者，就可界定为准物权：

准物权的判断标准不是唯一的，而是多元的；准物权的类型不限于准用益物权，还有准所有权、准担保物权和物权取得权。

在我国《物权法》中，采用原则规定与个别事项的具体规定相结合的方式来规范准物权问题。

水自身为"动产"，但水权却是不动产权益。因水权派生于水资源所有权，故水权属于他物权；因它是权利人使用水并获得利益，而不是为担保债权的实现，故它为用益物权，即为特定的用途从特定的源流而引取、使用水的权利。但同一般的用益物权相比，水权具有以下自身的特点，于是人们称其为准物权。

在准物权的客体的特定性方面不具备完整性，例如，在以水面面积、取水期界定水权客体场合；在排他性或优先性方面，水权具有优先性，原则上无排他性；在权利是否具有公权色彩方面，水权一般都认定为具有公权性；在权利取得方面，取水权需要行政特许；在一物一权主义方面，在取水权中，因客体未从水资源所有权的客体中独立出来，难谓奉行一物一权主义。

六　雨水集蓄利用中生态补偿问题研究

雨水集蓄利用在我国半数省份都已开展，可以说是规模初具。对于雨水集蓄利用的重大意义，官方与民间基本达成一致：它有效地解决了生活饮水的需求，一定程度上满足了农业灌溉的需要。但是，笔者认为，在西部地区尤其是干旱半干旱地区，雨水集蓄利用的辐射效应还远没有引起应有的关注，一个典型的表现就是雨水集蓄利用中有关生态补偿问题特别是雨水集蓄利用在西部生态建设中的重要地位没有得到应有的体现。

1. 西部地区生态建设面临的基本困难

西部地区既是我国生态的基础屏障同时也是生态脆弱的地区，由于长期过度开发，西部生态处于快速退化状态，西部地区作为全国资源及生态基础已受到严重侵害。近些年来，由于重开发、轻保护、粗放经营，西部地区整体生态环境长期超载，生态屏障功能逐年下降，抵御各种自然灾害的能力减弱，灾害频发，危害程度增大，不仅给西部地区经济和人民生活带来很大的侵害和压力，而且也对全国经济社会的正常发展带来严重影响，西部资源及生态环境已成为中国经济社会及可持续发展的关键问题[①]。具体来看，西部地区更为鲜明的特色是"众多的贫困人口与脆弱的生态环境相互交织"。西部地区是我国水土流失最为严重的地区，生态环境十分脆弱，社会经济滞后。据1998年的资料分析，全国592个贫困县中，有366个县集中在西部地区，占全国贫困县数的62%。西北地区水资源缺乏且分布不均，是导致沙漠荒漠面积扩大、生态环境脆弱的根本原因，同时也制约着西北地区社会经济的可持续发展和农民的脱贫致富。西南水多土少，人口密集，山区面积大，人均耕地面积少，土层薄，陡坡开荒非常普遍，致使水土流失严重，土地"石化"问题突出，洪涝、干旱、滑坡、泥石流等自然灾害频繁，严重制约着当地工农业和社会经济的发展[②]。

自党中央提出西部大开发战略以来，生态建设已被置于十分重要的战略位置。目前，西部地区已开始大规模的生态建设，全民禁伐天然林，大面积种树植草，退耕还林、还牧、还湖。对于西部生态建设来说，西北主要是进行生态恢复，西南则侧重于生态保护。但目前的西部地区的生态建设面临诸多难题。[③]

第一，西部的工业以资源产业为主，结构比较单一，进行大规模的生态建设必然限制对当地自然资源的开发利用，从而给当地经济发展带来不利影响。如四川省天然林禁伐以后，当地木材相关产业受到冲击，导致财政大幅度减少，影响了地方的资金积累和发展后劲。另外，为改善环境质量，西部地区要关闭一批污染严重、规模小、资源浪费大的企业，这将直接导致当地工业发展的萎缩。

第二，生态建设与农民生活的矛盾。西部地区实施天然林禁伐后，林区相关乡镇企业停产、歇业或者关闭，影响了农民的收入，减少了就业机会。25

---

① 蒋升勇、陆发安：《建立西部生态补偿机制若干问题研究》，《市场论坛》2007年第1期。
② 龚孟建：《浅谈西部地区的雨水集蓄利用》，《山西水土保持科技》2001年第3期。
③ 杜万平：《完善西部区域生态补偿机制的建议》，《中国人口、资源与环境》2001年第3期。

度以上的陡坡的退耕还林、还草，使山区农业特别是粮食生产面临严峻的挑战，并由此加深部分地区农民的贫困程度。另外，我国西部地区大部分农村仍然以木材为燃料，因此，实施生态建设给农民的日常生活带来诸多的困难和不便。贫困人口在西部地区的大量存在也是制约西部地区生态建设的一大阻力。

第三，生态建设与投资需求的矛盾。生态建设是一项长期的复杂而艰巨的工作，它需要大量持续性的资金投入。但是，西部地区发展最为缺乏和头痛的就是资金，对生态建设投资的增加必然导致对其他产业投资的减少，从而引发投资冲突。

可以看出，在西部进行大规模的生态建设，面临诸多现实难题。

2. 西部地区雨水集蓄利用对于生态建设的重要作用

第一，切合了西部大开发战略的重要需求。西部大开发战略中，最主要的内容就是加快基础设施建设和生态环境建设。因此，加快西部地区的开发，首先要加快西部地区的水利建设的步伐，把水土资源的合理开发和有效利用摆在突出的位置，从可持续发展的战略高度，抓住水资源短缺和生态环境脆弱这个主要矛盾，实施水资源的合理开发、科学配置、高效利用和生态环境的有效保护。集雨工程的实施正是实现雨水资源有效利用的最佳途径，它不仅能够解决群众的生产、生活用水，还能改善周围生态环境和促进区域农村经济的快速发展。

第二，为西部地区农村产业结构的调整创造条件。集雨工程的实施，使西部山区农业基础条件得到了改善，为农村产业结构调整和农民增加收入创造了有利条件。主要表现在：一是改变了落后的耕作制度。二是提高了山区农业的综合开发水平，有了水源保证，使许多地区从单一的种植业向农、林、牧、副、渔业全面发展。西南地区着力发展"池中养鱼、池边养鸭、池水灌溉、一水多用"的模式，西北地区积极利用集雨工程，在保证抗旱水源的基础上，发展庭院经济和种植蔬菜、水果、烟叶等经济作物，使农民收入得到明显增加。三是为改善生态环境奠定了基础。实施集雨工程后，农作物单产有了较大提高，农民收入增加，这样才能逐步将原来开垦的山坡地退耕还林、还草、还牧。如广西要求每建一个地头集雨工程，要配套种植 0.068 公顷竹子，竹苗由政府无偿提供，这样既加快了生态环境建设步伐，又增加了农民收入，促进了农村经济的快速发展。

第三，雨水集蓄利用可以降低河流和土壤的污染程度。当降水超过地表渗透能力时将会产生径流，同时将地势高处的农药、化肥以及其他一切污染物带到地势低的地方，对这些地方的农田、养殖业、河流、湖泊产生很大的污染。如果将雨水拦截、储蓄，将在很大程度上减少不必要的破坏作用①。

第四，也是最重要的，雨水集蓄利用直接地或者间接地支持了西部地区生态建设的诸多工程项目，如对退耕还林中林木种植水源需求的支持、对发展生态农业和循环农业的支持、对水土保持的支持、对扶贫工作的支持、对农村精神文明建设的支持，等等。

3. 西部地区雨水集蓄利用的生态补偿机制及其建议

就生态补偿的概念和内涵而言，西部地区雨水集蓄是一种使外部成本内部化的环境经济手段，其核心问题包括：谁补偿谁，即补偿支付者和接受者的问题；补偿多少，即补偿强度问题；如何补偿，即补偿渠道问题②。所谓雨水集蓄的生态（环境）补偿机制，是指鉴于雨水集蓄利用在西部地区特定地域范围内对于生态建设的辐射性功能，借助雨水集蓄获益的其他群体、产业和地区应向雨水集蓄给予补偿。探索建立雨水集蓄利用的生态补偿机制的最大意义在于可以筹集各方资金，以加快雨水集蓄利用的建设步伐，促进生态效益、社会效益和经济效益的显著提高。随着市场经济改革在中国的深入和发展，政府越来越倾向于利用经济手段来对人们的生产、生活行为进行调控。与传统的命令控制性手段相比，经济激励手段具有成本—效益优势和更强的激励—抑制作用，因而在环境保护领域受到了人们的关注和青睐，生态补偿正是在此背景下产生和发展起来的一种环境经济手段。

雨水集蓄利用应该获得的生态补偿途径有以下几种：

第一，退耕还林对雨水集蓄利用工程的补偿。集雨工程建设对退耕还林发挥着前提作用，在西部地区尤其是干旱半干旱地区推行退耕还林，对水资源的要求显得尤为迫切。经验证明，区域范围内雨水集蓄利用发挥的作用越多，退耕还林（树木种植）的效果就越好。

第二，生态农业建设对雨水集蓄利用工程的补偿。西部地区生态环境的破坏在空间地域上主要是在农村而不是城市，主要的破坏活动是不当的农业生产活动③。集蓄雨水利用是西部干旱地区发展生态农业的必然要求。生态农业的发展离不开水源，离不开雨水工程这样的微型水利工程，这是不言而喻的。

① 冀雅珍：《集蓄雨水利用在农业中的发展前景》，《科技情报开发与经济》2006年第11期。
② 毛显强、钟瑜、张胜：《生态补偿的理论探讨》，《中国人口·资源与环境》2002年第4期。
③ 聂华林、高新才等：《发展生态经济学导论》，中国社会科学出版社2006年版，第152页。

值得一提的是，雨水集蓄利用对于循环农业的发展也是大有作为的。已有学者指出，要发展西部地区的循环农业，在微观层面上，就是要发展节水型农业灌溉工程，加大小流域治理①。鉴于西部地区特殊的地质地貌特点，节水型的农业灌溉工程，最佳的表现形式就是雨水集蓄利用工程。

第三，水土保持对雨水集蓄利用的补偿。直观地看，雨水集蓄对于水土保持和生态环境改善具有非常重要的作用。雨水集蓄利用使农作物单产有了较大的提高，传统的广种薄收开始让位于精耕细作，过去荒山无人管理，绿化不能实现。现在有了水，群众争着承包荒山，栽种经济林和优质果树，不仅增加了收入，还减少了水土流失，改善了生态环境②。

笔者在此对建立西部地区雨水集蓄利用生态补偿机制提出以下几点建议：

第一，矫正对于雨水集蓄的认识。在基层，一些干部和群众认为在干旱的缺水山丘地区，集雨工程可以代替一切，无所不能；另一些则认为集雨工程属于小打小闹，是一种群众的自发行为，成不了大气候，国家不值得花大力气投资建设。这两种认识都是片面的。其实，雨水集蓄利用是在特殊季节、特定自然环境条件下发挥特殊作用的微型水利工程，是对缺水地区抗旱水源的有效补充。

第二，政府、民间和学术界应高度重视雨水集蓄利用生态补偿机制的建立与健全。在"资源节约型"和"环境友好型"社会的建设过程中，雨水集蓄利用生态补偿机制应当是不容忽视的重要一环——对西部地区而言尤其如此。换句话说，在西部地区干旱和半干旱地区，人与自然的和谐相处离不开雨水集蓄利用生态补偿机制的作用。因此，无论政府、民间还是学术界，对于雨水集蓄生态补偿机制应该投入更多的财力、物力和精力，在西部地区生态建设中，紧紧抓住雨水集蓄利用这一环，对其中的技术难点和制度问题集中突破，让雨水集蓄利用的生态效益和经济效益得以发挥。

第三，合理恰当地处理政府宏观调控和市场机制在雨水集蓄利用生态补偿机制中的作用。在本课题的研究过程中，我们发现目前社会各界对于雨水集蓄利用及其生态补偿机制的重要性的认识还是很不到位的；即使有了一些认识，也呈现出零散、浮浅、直观和感性的特点，缺乏系统性、深刻性，存在着这样

---

① 陈丹丹、任保平：《西部地区经济与生态互动发展模式研究》，《延安大学学报》（社会科学版）2007年第2期。

② 陈金成、张素领：《雨水集蓄利用造福山区百姓》，《河北水利》2006年第12期。

或那样的欠缺。如有些人将雨水集蓄利用的生态补偿仅仅理解为是一种对雨水集蓄工程筹资渠道的拓宽，是谋求更多资金支持的一种权宜之计或者变相的话语表述。看不到它要解决的是区域范围内各种社会经济活动消耗自然资源所产生的补偿问题，是与经济增长速度相匹配的对资源利用的互动支持。也许有人会将雨水集蓄生态补偿片面地表达成一味地要求政府增加对雨水集蓄的投入或者增长政府提供的财政补助，忽视了多元化、多层次生态补偿渠道模式的建立，更进一步忽视了区域范围内各产业自身发展的实际需求和生态结构范围内各个经济产业的依赖结构。最后，目前在雨水集蓄利用的生态补偿领域内，仍有非常多的棘手的技术问题和制度障碍没有很好地解决，故而需要完善法律、法规、政策，在区域范围内给予更强而有力的宣传；破除旧有思想中对雨水集蓄利用生态补偿的偏见，充分地运用市场化机制，鼓励和支持社会资金投入到雨水集蓄利用的生态补偿建设中来。其中，不可遗漏对民间投资热情的引导，应注重发挥民间资金本身的优势特点。笔者建议，对于雨水集蓄利用生态补偿格局，可以初步表述为"政府主导、市场推进、公众参与"，将政府、市场在雨水集蓄利用生态补偿中的角色予以定位。

第四，雨水集蓄利用生态补偿机制具体框架的构建。雨水集蓄利用生态补偿机制的具体框架，其中最重要、最急需的就是要广开渠道，积极筹措稳定的雨水集蓄利用生态补偿资金，根据地区实际，适时地建立区域雨水集蓄利用生态补偿基金。基金的来源除政府调整财产支出结构，优化原有支出项目和新增财力外，还应当通过更为缜密的制度建设，力图从多角度、多层次、多方位、多种途径筹集生态补偿基金。逐步地构建起以政府财政为主导，社会捐助、市场运作为辅助的雨水集蓄利用生态补偿基金的来源体系。

具体而言，首先应当是受益者补偿规则的确立。随着雨水集蓄利用的不断成熟，雨水集蓄利用的生态效益和经济效益在西部地区很快地得到了大家的认可和赞同，雨水集蓄利用对其他经济社会活动的支持效果逐渐增强。其他经济社会活动（或产业）有责任、有义务对其获取的收益支付代价，应该向雨水集蓄者提供一定标准的补偿。其次是建立共同发展的意识和模式，在项目建设中，从最初的项目论证到项目的具体实施，必须置于区域整体发展的视野下，对于过于追逐各自利益并忽视区域内各业共同协调发展的想法与做法，政府必须予以纠正，引导区域内各群体、各产业协调共同发展，必要时，可以强制共同协调发展。最后，在谋求建立雨水集蓄利用生态补偿机制时，势必遭遇已然存在的技术难题和制度难题（某种意义上，后者更为重要），因此，笔者认为必须沿着"先易后难"的思路，可以考虑设立专项研究基金，重点攻克在雨水集蓄利用生态补偿应用中面临的重大、迫切问题；对于业已经过实践证明比较科学可靠的做法，及时吸取其中的制度养料，上升为稳定的制度模式。

第五，统筹运用政府财政资金，对政府财政资金进行合理化的配置。现实中一个非常突出的问题是，西部地区各级政府财政能力有限，与东南沿海地区各级政府的财政能力相比尤为明显。但是，西部地区生态建设的压力却远比东南沿海地区为重；再者，就民间融资实力来看，西部地区同样也不可与东部地区等量齐观．政府的财政支出实际上主要承载了西部地区雨水集蓄利用生态补偿建设的资金需求。因此，在构建雨水集蓄利用生态补偿框架结构的总前提下，应对框架内的政府财政资金进行合理化的配置改革。笔者认为，主要是要调整现行财政的支出结构，加大对重点干旱半干旱地区雨水集蓄利用生态补偿建设的财政支持力度。在目前的财政支出体系中，除现有的雨水集蓄利用专项基金的指向明显，对雨水集蓄利用有着直接意义外，尚有比较多的指向并不明显的财政支出路径，如一些环保生态建设与保护等补助项目。关于改革的具体措施，笔者的建议有二：一是突出重点，指向清晰，增加雨水集蓄利用生态政府补偿的对象、地区和力度；二是逐步增加各项资金的总体额度，各级财政表现出自己的主动的姿态，提出相应的配套措施，形成雨水集蓄利用生态补偿机制上的聚合态势。

雨水集蓄利用中建立生态补偿机制不仅仅是一项环境保护机制，其中更是蕴涵了增加农民收入的深层目标。

第二节　雨水集蓄利用与扶贫工作的关系

一　干旱缺水地区的一般理解

一般根据缺水的程度来界定缺水地区，其定义是：降水量（P）和总可能蒸发量（PET＝土壤可能蒸发量＋植物可能蒸发量）比率的年平均值大大低于1的地区。根据界定的 P/PET 标准，又在缺水地区下分出了一系列相互独立的副类（极度干旱、干旱、半干旱、湿度不足的干燥地区）。

也可以把缺水地区作如下理解：平均年降水量和平均年总可能蒸发量之间的比率不到 0.65 的地区，但其中不包括极地区域和某些全年气候寒冷的高山地区，因为这些地区虽然符合上述标准，但在气候、植物群、动物群和生态功能（例如生物周期）方面的生态系统特性与其他地区截然不同。环境规划署（1997）估计，可划为缺水地区的陆地大约有 6100 万平方公里（不包括气候寒冷区域），刚刚超过全世界陆地面积的 47%。但是，必须指出，缺水地区的界线既不稳定也不明显，因此，准确划分出缺水地区是不可能的。在全球缺水地区总面积中，几乎 1000 万平方公里是极度干旱地区，即真正的沙漠，这些地区的降雨量极低，降雨的地点和时间都无法预测；在某些年份，这些地区会根本没有降雨。极度干旱地区的 P/PET 比率不到 0.05（环境规划署，1997 年）。非洲的撒哈拉沙漠的面积占极度干旱地区总面积的几乎 70%。其他缺水地区大约有 5100 万平方公里，其中包括干旱、半干旱和湿度不足的干燥地区。这些地区的降雨量除最为干旱的地区外，一般是季节性的，而且每年或多或少有所不同。全世界的人口中有大约 1/5 生活在这些地区（环境规划署，1997年），这些地区易于受到退化的影响，因此又被统称为"易受损害的缺水地区"。

对干旱地区的理解是：P/PET 比率高于或等于 0.05，低于 0.20 的地区；半干旱地区的定义是：P/PET 比率高于或等于 0.20，低于 0.50 的地区。因此，干旱和半干旱地区属于缺水地区。据环境规划署估计（1997 年），全世界干旱地区的面积大约为 1600 万平方公里，在各洲的分布情况比极度干旱地区均匀。[1]

上述公约中的定义是从全球范围来作出的，中国对"干旱缺水地区"的地域界定在以下三个区域：西北黄土高原丘陵沟壑区、华北干旱缺水山丘区、西南旱山区。水资源匮乏，区域性、季节性干旱缺水问题严重，是这些地区的共同特征。制约以上地区经济社会发展的最主要因素是水资源缺乏问题[2]。本书关于贫水的扶贫目标区域范围就设定在上述干旱缺水地区，特别是西北黄土高原丘陵沟壑区。由于缺水，上述地区 3.9 亿亩耕地中，70% 是"望天田"，粮

---

① 上述材料引自联合国环境规划署《生物多样性国际公约（CBD）》之《对保护和可持续利用陆地（缺水地区、地中海型、干旱地区、半干旱地区、草原和热带草原生态系统）生物多样性方面的现状、趋势和选择进行评估》。

② 参见贾登勋《干旱缺水地区雨水集蓄利用法律问题研究（一）》，《环境与资源保护法论丛》第1辑，兰州大学出版社 2007 年版，第 1—2 页。

食平均亩产小麦只有 100 公斤左右，玉米只有 150 公斤左右，遇到大旱年份，农作物还要大幅度减产甚至绝收，农业生产水平低下，种植结构与产业结构单一，农村经济发展十分落后。区域内有国家级贫困县 353 个，约占县（市）总数的一半，贫困人口 2350 万，有 3420 万人饮水困难，是全国有名的"老、少、边、穷"地区和扶贫攻坚的重点地区。为了生存，当地群众普遍沿用广种薄收的传统耕作方式，陡坡开荒，盲目扩大种植面积，陷入"越穷越垦，越垦越穷"的恶性循环，区域内 25％以上的坡耕地面积有 4650 多万亩，有 50％以上的面积属水土流失面积，生态环境恶劣。改变这一地区的贫困落后面貌，关键是要解决好水的问题。①

二　缺水与西部干旱地区贫困的关系

贫困和水之间有着千丝万缕的联系。不知人们是否清楚地了解这一点：现实中的贫困其实不止反映在饥饿、流离失所以及缺医少药这些方面，如果你认为得到水是理所当然，那么在你最需要洁净的饮用水的时候，却不能及时得到，这就是一种贫困。毫无疑问，贫困是一个极为复杂的社会问题，它的表现方式也是多种多样的，同时也会因地区和那里人们的生活习惯的不同而有所变化。在那些以农业为主要经济支柱的偏远地区，收成的好坏决定着农民经济水平的高低，而水又决定了农业的收成，贫困主要表现为人们缺乏足够的生活和灌溉用水，生计难以为继。

1. 干旱缺水地区贫困的具体表现

如果你曾经到过广袤的西部，你可能会惊叹它的博大豪旷，沉醉于它的神秘，然而更令你难以在记忆中抹去的是大山深处那一间间阴暗拥挤、难避风雨的竹篱茅屋，那终日操劳却衣衫褴褛、面浮菜色的乡亲们，还有那因营养不良、缺乏教育而表情呆滞的孩子们，还有那因缺水少肥在四月骄阳下成片枯黄干瘪的小春庄稼……在你眼前晃动的单一色彩，干枯得冒烟的土地，似乎那就是贫穷的象征——缺水！

缺水导致当地农民经济收入极低。当地农村基本没有工业，也没有丰富的矿产，以农作物种养为根本，但是没水就没有了农畜牧业。种的庄稼稀稀拉拉

---

① 参见水利部农村水利司农水处编《雨水集蓄利用技术与实践》，中国水利水电出版社 2001 年版。

出不齐苗，若碰上大旱之年，地里一脚能踩出白烟儿，小麦长半尺高就抽穗了，玉米还没出穗就旱死了。养鸡长不大，长大不下蛋；养猪长不肥，七八个月长不到百十斤。据我们调查的一个缺水严重的村子，村民的人均年收入，2003年和2004年一般都是600多元，2005年达到700元，算是少见的好收成，2002年以前没有超过400元的年景。

又比如，自1998年以来，民勤湖区已有贫困户3493户以及14873人返贫，累积有4080户、17344人处于温饱线以下。湖区仅有32%的农户能维持正常的生产生活，有35%的农户只能维持简单再生产，33%的农户生产生活基本无保障。由于碱大水苦，湖区已有37个村无法种植夏粮作物，口粮难以自保。2000年，湖区人均产粮只有271公斤，人均纯收入680元，远远低于全县平均水平。

缺水深刻地影响了当地农民日常生活的方方面面。前些年，一家几个孩子要洗脸，得先排好队，大人先含一口水在嘴里，依次喷向每个小孩儿的脸，然后各人再用衣袖上下一捋，就算洗过脸了。大人的洗法和小孩儿不一样：一般是一家几个大人用湿毛巾沾一点水擦一擦眼窝，就算了事。小孩子要上学，要见老师和同学，不洗脸不行。大人每天出门下地干活，也要洗脸，但待在家里的老人们就不同了，干脆隔上五六天才洗一次。他们说，自己老了，可以躲在家里不出门，把水省下给年轻人和孩子吧。缺水的山区水比油珍贵，水从远远的地方担回来，往往带着泥沙。泥浆水打回澄清后，头天用完，第二天、第三天接着用，用后还不能倒掉；再澄清后喂鹅、喂羊、喂鸡。洗过菜的水涮碗，涮碗的水澄清洗脸，洗过脸的水澄清洗脚，洗过脚的水澄清喂牲口。

因为缺水，村里的女娃子到了出嫁的年龄，要到有水吃的地方找婆家；村上的男娃子到了迎娶的年龄却没有姑娘愿意上门。村里50岁开外的男人没有讨上老婆很正常，因为很多30多岁的还打着光棍。女娃嫁到有水的村，每次回娘家都要带回最珍贵的礼物——水。就像当地一首民谣说的："愿给你酒喝，不愿给你水喝；愿借你油，不愿借你水。"

水资源短缺和生态环境的恶化严重威胁着干旱地区人民的生存，缺水让当地失去了可持续发展的能力，让许多农户失去了在当地生活的信心；反过来贫穷落后更加剧了当地生存环境的恶化，陷入了恶性循环的怪圈。

2. 缺水与贫困的内在联系

贫困与环境有密切关系。这种关系是双向的：贫困影响环境，环境也影响贫困。环境与贫困恶性循环最直接的结果是人民的健康受到极大的影响，而人民的健康受损会更加加剧贫困。环境与贫困的关系如此密切，而水作为环境中的一个基本构成要素，其与贫困之间的联系不言而喻。从现象上说，中国贫困地区大多缺水严重。我国三分之二以上的贫困县分布在中西部的山区，黄土高原、云贵高原、秦岭——大巴山区和四川盆地边缘山区是我国贫困县比较集中的地方。这些地区或是干旱严重，降水量小又主要集中在夏季；或是地表水源不能利用，喀斯特地形地表水渗透严重；或是山高坡陡，水土流失严重、灾害频繁。

从本质上讲，干旱地区的缺水已经影响到该地区的方方面面。缺水成为制约当地经济发展的瓶颈，成为贫困的一个主要根源。

（1）缺水是限制农业生产的"瓶颈"。古语说"无农不稳，无商不富"。农业的发展是稳定社会的基础，也为工业及其他产业提供动力支持。水是一切生命之源，是农业的生命线。我国是农业大国，水是农业之本，由于干旱缺水，每年给我国造成近3000亿元的损失。在中西部很多地区都是"靠天吃饭"，碰上大旱之年，颗粒无收，居民生活困窘。土地是财富之母，耕地是农业的自然载体，不管农业如何现代，都要以耕地为立足点，耕地质量高，才能构筑现代农业的坚实载体。而由于长期缺水导致当地地质很差，不但涵养不了水分，也不适合作物生长。只种不收，致使大片田地荒芜，农业发展缓慢。由于缺水第三产业发展受到制约，养殖业、种植业等副业无法发展。所以缺水明显制约了农业发展，威胁到居民的生存。

（2）缺水限制工商业发展。水是工业生产的血液，工业生产一刻也离不开水。在缺水地区不可能建立起像样的工业，除非当地某种资源特别丰富，比如石油或矿物质。我国西部缺水地区由于受到能源、资源、交通、通信和经济环境的硬性制约，工业根本发展不起来。大山阻隔，交通不便，资源匮乏，长期缺水，农业脆弱，工商业发展不起来，形不成积累，也就没有经济聚集区和商业流通中心。贫困地区传统的县镇只不过是行政区划的范围，而不是经济生长点。至于更偏远的山区小乡镇更是保留着古老的遗风，文盲半文盲居多，人们迷信"好人不经商"、"香子（一种生长在西北地区山区的动物）舍命不舍山"，加上又无文化又无技能，所以无人外出经商或做其他事情，悲观苦闷，一辈子守着几亩旱地靠天吃饭，靠政府救济①。没有了农业，也没有了工商业的发展，人们只能陷在贫困的泥潭里苦苦挣扎、度日如年。

---

① 参见邓志涛《甘肃贫困地区扶贫难度之我见》，《发展》1994年第5期。

（3）缺水消耗了劳动力。所谓"身体是革命的本钱"，具有健康身体的劳动力是生存发展的物质前提。饮水困难地区的群众，长年累月为水奔波。由于缺水，困难村每年平均有六七个月出村拉水、背水吃，往返路程十余里，劳动强度很大。不仅需要大量的用工，而且劳动力还不能外出做工，直接影响了农民增收。由于缺水，农民长年不洗澡，一水多用，卫生条件差；在氟病区，由于群众长期饮用高氟水，严重影响了群众身心健康，致使很多人丧失了劳动能力，甚至生活不能自理。

（4）缺水严重影响了生活水平的提高。生活水平可以从物质生活、精神生活、生活环境等方面体现。而在缺水地区，生存环境极端恶劣，卫生条件很差，当地群众体质相对城市居民差之甚远。首先，缺水导致贫困，为了生存，穷极生变，有些人便靠外出占卜算命维生，这对农村迷信等陋习滋生泛滥起到了推波助澜的作用。其次，缺水地区不少村饮用旱池的水，极不卫生，而净化消毒措施跟不上，进而导致区域发病率居高不下。甚至连很多小伙子找对象都遇到困难。在温饱线上挣扎，整日为水发愁、为水奔波的群众何论精神生活消费？

三　我国目前的扶贫政策分析

1. 扶贫政策的演变

第一阶段：以救济为主的输血式扶贫战略。1978 年以前，绝对贫困人口数量庞大，国家经济实力很弱，扶贫主要是通过紧急救济计划和依托自上而下的民政救济系统。在农村表现为政府提供的社会救济、自然灾害救济、优抚等。这是一种单纯的输血式救济扶贫，它只能使穷人暂时解决生活上的困难，难以提高贫困地区的自我发展能力，不能从根本上最终摆脱贫困。

第二阶段：以区域经济发展为主的开发式扶贫战略。中央和省级政府按照"公平原则"将扶贫资金分配给各个贫困县，各贫困县按照"效益原则"使用和分配这笔资金，如投放到县办工业或乡镇企业，从而使贫困减少。这种以区域经济发展为主的扶贫战略，对贫困地区的整体经济发展，特别是各级政府财政收入的增长发挥了有力的推动作用，但对贫困地区特贫人口生活状况的改善却作用较小。

第三阶段：以扶持贫困人口为主的开发式彻底消除贫困战略。20 世纪末，中央除继续增加扶贫投入，加大贫困地区优惠政策范围之外，还采取了社会公益扶持、异地移民等其他一些扶贫方式，其中源于中央政府的扶贫政策措施有：以工代赈、科技扶贫、机关定点扶贫、横向联合与对口支援、国际合作等。经过我国政府和人民的努力，我国各个阶段的扶贫政策都取得了一定成效，尤其是改革开放以来，从 1978 年到 2003 年的 25 年间，中国农村没有解决温饱的贫困人口由 2.5 亿减少到 2900 万，贫困发生率由 30％下降到 3％左右①。

2. 扶贫政策中存在的问题

经过二十多年的反贫困实践，我国农村反贫困取得了一定的成就，大多数贫困人口的温饱问题得到了解决，但是，仍存在一些问题。总结起来，主要存在以下问题：

第一，中央和地方政府的扶贫目标存在差异。中央的目标是减少贫困人口，维护社会公平与稳定；而县、市一级政府则往往是把县级财政收入最大化作为追求目标，因此，扶贫政策常常不能达到预期成效。

第二，区域开发扶贫模式对解决最贫困人口问题缺乏针对性。我国东部发达地区的贫困人口在彻底摆脱贫困后，面临的任务是巩固和发展；而中西部地区绝大部分贫困人口面临的任务是生存，对全国各个贫困地区都转向开发式扶贫难免产生效率低下的问题。

第三，反贫困战略实施的经济和社会效益不够理想。一是许多扶贫的产业项目在市场上缺乏应有的竞争力；二是国家对以工代赈模式的支持力度不够；三是一些地区贫困家庭和贫困人口的返贫率较高；四是忽视了贫困地区的可持续发展，实施了一些短平快项目，对当地环境造成污染。例如在缺水地区称为温饱工程的"地膜玉米"技术，对宁夏南部地区提高粮食产量起了很大作用，平均亩产可达 460 公斤以上，被自治区作为一项重要的扶贫措施大面积推广，但同时，必须看到，长期使用"地膜玉米"技术后的土壤薄膜"白色污染"，将成为未来非常严重的环境问题，并影响土地的可持续利用。当然，目前已有土壤可分解薄膜，但因价格较高，实际上，贫困地区很少使用②。

第四，扶贫资金的投入、使用和管理存在一些问题。一是扶贫资金投入不足。二是扶贫资金转化为财政补贴从而被转作他用，总扶贫资金的近三分之一

① 数据来源：2004 年中国上海国际扶贫大会会议报告。
② 刘慧：《我国扶贫政策演变及其实施效果》，《地理科学进展》1998 年第 4 期，第 79—86 页。

没有形成直接的生产能力或增加贫困户收入。三是扶贫资金缺乏良好的使用与管理，扶贫资金的投向包括了许多非贫困人口的贫困地区而不是贫困户。

3. 干旱缺水地区扶贫措施的分析及其结论

目前，我国对于干旱地区的扶贫，是在我国总体扶贫政策的大环境之下进行的。也经历了所谓"输血式"扶贫到"造血式"扶贫的过程。

单纯性的资金支持无疑是行不通的扶贫方式，虽然这种方式在特定条件下曾起过作用，但是资金有限，坐吃山空。那么所谓"造血式"扶贫效果如何呢？我们在实地考察中了解到，当地政府也发现单纯"给钱"解决不了贫困问题，所以就采用了变通的方法。他们不再"给钱"而是用这些资金为农户修建栏圈，并且为农户买些牛羊等家畜家禽，让他们放养，以求通过农户的自力更生改变他们的贫困现状。这样的做法初衷是很理想的，但到最后往往发现，农户的家畜家禽不是死掉或被农户宰杀，就是被卖掉了。农户这样说，这些家畜需要人照料、需要粮食和饮水，附近的山上无草无木，家中又缺水少粮，照看不起，只好宰杀或卖掉。又比如，每年花大笔资金推行植树造林，以改善当地生态，但是，刚种下的树苗看起来很喜人，但不出一个月，全部变成干树枝了，植树造林数载，却仍是一片光秃。于是，刚刚扶起来的贫，等扶贫队伍一走，又很快返贫了。这一切的关键就在于缺水！

水毕竟是且始终是生命之源，是任何社会目标与理想实现的物质基础和前提条件。干旱缺水地区农村生态脆弱，水资源匮乏，低收入人口自我发展能力不足，脆弱性高，收入波动性大，导致返贫率居高不下，使我国农村扶贫效率面临着严峻挑战。据国家贫困监测调查结果显示，贫困地区低收入人口收入波动性大，每年返贫率高达30％左右。而且农村人口，特别是那些低收入人群和刚刚脱贫农户脆弱性高，自我发展能力差，更兼社会保障不健全，加之贫困标准每年都在不断地变化，贫困人口具有相对的不确定性，更增加了我国干旱区农村扶贫工作开展的难度，严重影响着我国农村的扶贫效率。

要想扶贫先要解决的主要矛盾是"水贫困"问题。有人说：给我一个杠杆和支点，我能把地球撬起。旱区一位老者说：给我水，我能让这里成为绿洲！只要有水，我们这地方插下一根芨芨，就能长出一把扫帚。有了水，这儿的土地能养人。所以，对于干旱缺水地区来说，解决水贫困才是解决该地区贫困的根本。

四　干旱缺水地区扶贫的主要措施——雨水集蓄工程

水资源的严重短缺，是西部干旱缺水的农村地区贫困的根本原因，是制约缺水地区社会发展的瓶颈，也是西部各省国民经济发展面临的最大困难。如果不能很好地解决"水贫困"，那么对缺水农村的扶贫将导致资金浪费，返贫率会始终居高不下。然而跨流域调水，成本高、难度大、工程复杂、见效慢，而且容易破坏生态环境平衡；但是干旱地区既无可用地表水，又无地下水可采集，如何解决此类地区的水贫困问题，把扶贫资金用在刀刃上，成了亟待解决的严峻课题。

1. 利用雨水集蓄工程扶贫的可行性

（1）雨水集蓄工程的概念

雨水集蓄利用技术是一项被广泛应用的传统技术，据相关资料记载，可追溯到公元前六千多年的阿滋泰克和玛雅文化时期，那时人们已把雨水利用于农业生产和生活所需。而在我国，雨水集蓄也有着悠久的历史。因此，这个概念对于我国相关领域的技术人员早已耳熟能详。从技术方面讲，雨水集蓄利用是对原始状态下的雨水或雨水在最初转化阶段时的利用，而将雨水进行汇集、存储，以便有效利用的一种微水利工程就是雨水集蓄利用工程。所谓雨水集蓄利用工程，是指在季节性干旱、半干旱或常年干旱、半干旱地区及其他缺水地区，将规划区内及周围的天然降水进行汇集、存储，以便作为该地区水资源加以有效利用的一种微水利工程。它具有投资小、见效快、适合家庭经济等特点。雨水集蓄利用工程系统一般由集雨系统、净化系统、存储系统、输水系统、生活用水系统（解决人畜饮水及生活用水）及田间节水系统（解决农田补充灌溉）等部分组成。其系统构成如图4—5所示[①]。

①集雨系统。集雨系统主要是指收集雨水的场地，按集雨方式可将集雨场分为自然集雨场和人工集雨场。一般是采取两者相结合的方式。主要的集流防渗材料有混凝土、瓦（水泥瓦、机瓦、青瓦）、塑料薄膜、衬砌片（块）石等。

②输水系统。输水系统是将集雨场的雨水引入沉沙池的输水沟（渠）或管道。

③净化系统。在所收集的雨水进入雨水存储系统之前，须经过一定的沉淀

---

① 水利部农村水利司：《雨水集蓄利用技术与实践》，中国水利水电出版社2001年版，第3页。

过滤处理，以去除雨水中的泥沙等杂质。常用的净化设施有：沉沙池、拦污栅等。

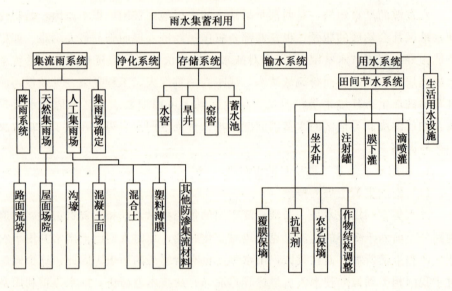

图4—5　雨水集蓄系统图

④存储系统。存储系统可分为蓄水池（水柜）、水窖、旱井、涝池和塘坝等。

⑤生活用水系统。生活用水系统包括提水设施、输水管道、水处理设施等。

⑥田间节水系统。田间节水系统包括节水灌溉系统与农艺节水措施。节水灌溉系统包括首部提水设备、输水管道、田间灌水器等。常用集水技术配套的田间节水灌溉形式有：坐水种、膜下灌、注射灌、滴喷灌等。为有效提高水的利用效率，除灌溉系统外，还常配有田间农艺节水措施如地膜覆盖、化学制剂的施用、选用抗旱品种等。

（2）雨水集蓄工程适用地区的条件

根据前述对"缺水地区"的界定可知，所谓缺水地区的范围并不是固定的。有的地区以前是缺水地区，但是由于有引水工程就不再缺水了；同时还有些地区，以前是丰水地区，后来由于原先的水源遭到了破坏，反而又成为了新的缺水地区。因此本书所作的所有探讨是针对正处于"缺水状态"的那些地区而言的，一旦这些地区由于自然或者人为原因不再是"缺水地区"了，没有"水贫困"现象存在，则该扶贫措施就不适应那里了。换句话说，雨水集蓄方式仅是解决干旱缺水问题的有效途径之一，只有对于那些具备若干特征的地区而言，这种方式才是最佳选择。借鉴相关技术部门经验、结合本专业特点，我们认为凡是具有以下若干特征的地区，解决干旱的最有效途径是选择雨水集蓄，这些条件包括[①]：

①地表水和地下水资源贫乏，水资源贫乏已经成为影响当地人民正常生活、制约当地经济发展的不利因素。

②全年有一定降水，但是降水的季节或者年份分布不均。实际上，我国的气候特征之一就是"雨热同期、降水时空分布不均"。比如，在北方黄土高原沟壑地区，全年降水的 60% 集中在 7—9 月份，而该地区的主要作物在 4—6 月份的需水量占全年需水量的 40%—60%，但是同期降水量仅占全年降水量的 25%—30%。西南干旱山区情况类似，虽然该区的年均降水量在 800—1200 毫米，但是雨量的 85% 集中在夏秋两季，因此造成的季节性缺水是显而易见的。在西北缺水区降水的年度分布不均也很明显，例如，作为全国典型干旱区的宁夏固原地区，截至 2006 年已经连续三年大旱，2006 年 7 月份，我们到该地区考察时，当地人吃的水窖中的水还是三年前集蓄的，如果没有水窖，当地水荒的解决可能会耗资巨大。这样的地区，雨水集蓄工程的调节作用才是更加明显的。对这些地区而言，并非没有降水，而是将宝贵的降水白白流失掉了。与其耗资巨大地引来外来水源，还不如就地集取，以调余缺。

③地质结构不利于贮存地下水。西北黄土高原区是立土结构，不利于保养下渗的雨水，难以形成地下集水。西南缺水区多属喀斯特地貌，土层薄瘠，保水能力极差。

④不适于修建其他引水或取水工程。西北黄土高原丘陵沟壑区、华北干旱缺水山丘区、西南旱山区，这三个缺水区多处于山地、丘陵地带，山脉谷道纵横交错，加之人口密度小、居住分散，根本不适合修建骨干水利工程。有的地区虽有地下水，但是不易开发，比如，西南旱山区，许多地方河谷深切、地下水深藏，开发难度大，故不适合凿井取水。

⑤按照国家统一规划，不适于修建大型引水工程或者难于享受其惠。我国

① 参见贾登勋《干旱缺水地区雨水集蓄利用法律问题研究（一）》，《环境与资源保护法论丛》第1辑，兰州大学出版社 2007 年版，第 6—7 页。

现在最大规模的引水工程就是"南水北调"工程,当然还有其他一些规模较小的引水工程。这些引水工程的初衷就是要解决我国北方地区人民的用水问题,但是,如果认为这些工程就可以解决广大缺水地区的用水问题,那是错误的看法。我国许多缺水地区千沟万壑、谷岭交错,加之居民居住分散,根本不适于修建大型引水工程,即使修建了,由于特殊的地形或者地质构造,也很难实现初衷。在这样的地区修建雨水集蓄工程比较适宜。

(3) 雨水集蓄工程的优点

较之其他扶贫项目或水利扶贫工程,雨水集蓄工程有自己独特的优点:

①投资小、见效快,能更有效地利用扶贫资金,提高扶贫效率,且较之大型水利工程则耗资较少、也较为灵活,各地根据财政能力可以"年年有所作为",而且,雨水集蓄工程一旦破土动工,短时间内即可完成,当年即可投入使用。而大型水利工程从论证、设计、施工,少则数年,多则十几年,甚至更长,并且大型水利工程耗资巨大,需要在有稳定充足的财政保障的情况下才可以上马。

②更加普及、更为公平,因扶贫本身就是民主公正的体现。每个人都是社会中的一员,贫困不是一种"自然"状态,贫困也不再被视为懒惰的结果,而是不受个人意志左右的自然、社会、经济和政治因素的结果。人人都有过上富裕的和平稳定的生活的权利,所以说消灭贫困的扶贫本身就是追求正义公正的行为。所以,每个人都有权得到所有的自由以及社会合作所提供的社会和经济利益。大型引水工程的干道相对于广大缺水地区而言,是过于狭窄的,再加之交通、地形等因素,不同地理位置的人民决定了其对引水工程的受益程度有显著差别,造成受益不均。而雨水集蓄工程的受益程度十分广泛、受益主体更为普及,雨水集蓄工程直接修进一家一户,达到"遍地开花、普遍受益"的良好效果,这一工程能够使更多的人享受到经济发展和国家富强以后带来的成果。

③工程维护成本低、后期投入小,能有效利用有限的扶贫资金。国家每年用于扶贫的资金是十分有限的,于是"杯水车薪"。根据国务院扶贫办的测算,要达到扶贫要求必须人均投入 1500 元。1996 年国家投入扶贫资金总额约 100 亿元,如果全部用于贫困人口,平均每个贫困人口也只有 153.18 元,1995 年国家用于宁夏的扶贫专项资金为 2124 亿元,其中直接用于西海固地区的扶贫资金只有 1165 亿元,人均只有 82 元,按贫困人口计算,人均也只有 128 元。贵州省 1996 年扶贫资金总额约 10 亿元,若全部用于贫困人口,人均也只有

126.17 元，即使加上地方配套资金也远远达不到资金额的要求①。大型引水工程建成后，需要投入大量人力、物力、财力进行日常维护。有的还需要在主干工程建成后，继续修建与之关联的中小型工程（如引水支渠等工程）。而雨水集蓄工程建成后日常维护费用较低、维护技术要求很低，而且由于小型雨水集蓄工程产权明晰，其所有权主体分担维护费用，维护效果更好、使用效率更高。雨水集蓄利用工程能更好地利用有限的扶贫资金，把扶贫资金用在"刀刃"上。

④减轻用水人负担，防止扶贫后因负担过重而返贫。像前文中所述的扶贫措施，为农户修栏养牛羊，但由于缺水少粮，还需要大量人力，增加了农户负担而夭折。如果修建大型引水工程，其前期投资巨大、日常维护费用成本很高，因此使用大型水利引水工程中的主体要付费使用，这样本来贫困的农户可能也会无力支付水费。然而，雨水集蓄工程，属于个人所有的可以直接使用，无须再付费用。

⑤对生态环保无害而有利。大型水利工程会对生态环境造成负面影响，这一点从理论上和实践上都是没有人反对的。但是雨水集蓄工程对生态环境的负面影响几乎是不存在的，而且雨水集蓄还可以为保护生态环境提供潜在的水源，因此在一定条件下雨水集蓄对于保护生态环境是有好处的。

2. 雨水集蓄工程对解决贫困的现实作用

（1）解决人畜饮水的根本问题，发展家庭种养，改善农业结构

集蓄雨水不仅可以解决干旱缺水山区人民的基本生存问题，特别是缺水地区分散农户的人畜饮水问题和贫困农户的温饱问题，而且还为农村产业结构调整、农民增收和山区经济发展创造了有利的条件。如集雨水窖可以有效解决我国大多数旱区农民基本生活和生产用水需求。以北方大部分干旱频发区来说，一般年降雨量 200—500 毫米，如果每个农户修建两眼 40 立方米的水窖，每眼窖一年一般可积蓄两窖水，即可蓄水 160 立方米。如果用水按照每天 30 公斤/人，大牲畜 30 公斤/头，猪、羊 10 公斤/头，每户平均按 4 口人、1 头大牲畜、2 头猪或羊计算，每户人畜年用水量约 62 立方米，可剩余近 100 立方米水用于发展节水灌溉和旱期作物补灌，一般年景完全可以满足农民基本生活和生产用水②。

___

① 刘慧：《我国扶贫政策演变及其实施效果》，《地理科学进展》第 17 卷第 4 期。
② 张家团：《集雨水窖——旱区农民增收致富的希望》，《中国水利》2002 年第 8 期。

随着雨水集蓄利用的发展，水源有了保证，更多的农民利用房前屋后空地种上多种新鲜蔬菜（所谓的庭院经济），不仅能自给，改善了他们的饮食结构，而且还有余。据我们调查统计，农户中70％以上，都有菜地果园，果菜长势良好。居民普遍反映"果菜比以前丰富多了，雨水集蓄利用让我们长了口福"。雨水集蓄利用的发展使物产丰富起来，当地百姓饮食结构已悄悄地发生了变化，"从一年四季吃土豆变成一年四季啥都有"，群众身体素质也在逐步提高。例如，甘肃省通过"121"雨水集流工程，在不到两年的时间里，已经解决了130万人、118万头牲畜的饮水困难；实现了当地农业种植结构从传统、单一的粮食种植，向粮、果、菜、花等种植的综合发展；实现了农村产业结构从单一的种植业向农、林、牧、副、渔业的全面发展，加快了农村经济的发展，扩展了农民的增收渠道。通过集雨工程的建设，有效地解决了缺水地区农村的人畜饮水困难和贫困农户的温饱问题，使一些靠天吃饭的"望天田"能够在旱季利用集蓄的雨水进行补充灌溉，稳定了粮食亩产，基本实现了一方水土养活一方人。从根本上脱贫，达到了扶贫的目的。

（2）解放劳动力，增加农民收入

2007年上映的获得德国柏林第57届电影节金熊奖的《图雅的婚事》一片中，真实地描写了内蒙古日益干旱的草原上牧民的艰苦生活。其中，女主角图雅为了家中人畜饮水、用水，每天用大骆驼驮水3次，一次往返60里路，不但浪费了劳动力，而且把自身累成腰椎间盘突出，不能再进行强劳动。而其丈夫为凿井找水受伤致残。其实，据我们调查，在西北干旱缺水地区，农户为找水、担水长年累月浪费了大量的劳动力。一般缺水地区缺水3—6个月，有的地方甚至全年靠拉水度日。群众世世代代为水愁，终年为解决吃水奔忙，运水占用了大量劳动力和时间，是制约经济发展、影响群众生活、造成贫困的重要原因。

但是，只要每户修建1—2口水窖（雨水集蓄利用工程形式之一），就完全可以解决人畜饮用水问题，解放该地农村劳动力。闲余劳动力一方面可以在家发展种养业，比如，我们在甘肃榆中县调研得知，实行雨水集蓄利用以后，果菜等经济作物种植面积不断增加，经济效益明显提高。农民收入随果菜数量增加和品质提高，每年以15％的速度增加，有的地方甚至达到25％。又例如在云南，农户给我们算了一笔账，使用小水窖，可在小春时浇灌小麦或包谷3—4亩，收获后一般可增收200—300元；又可在种栽烤烟时浇水保苗5亩，收获后可增收 1800—2000 元，这样可以利用小水窖年增收 2000—2300 元。建一个小水窖乡政府补贴 1200 元，农民只需出 1000 元加上投工投劳即可。小水窖建成后可连续使用 20—30 年。很明显，小水窖给乡亲们带来了福音。另一方面闲余劳动力可以外出务工。宁夏南部山区推广水窖之后，大量劳动力外出务工，劳务输出为宁南山区走脱贫致富路创造了良好的发展空间。如 2003 年，尽管受"非典"的影响，南部山区仍有 36.49 万个劳动力外出务工，创造收入 3 亿多元，劳均达到 817 元。劳务输出不仅获得资金改善生活环境，也能使务工人员获得一定的技能和先进的技术。如果在扶贫工作中，当地政府再加强外出务工人员的法律知识和劳动技能方面的培训，适时发布外地用工信息，组织好劳务输出工作，则扶贫效果十分显著。

（3）提高农业抗旱防灾能力，防止大旱返贫

由于干旱缺水，旧的贫困人口解决了，还会有新的贫困人口产生，而且返贫现象也很严重。因为现阶段中国农民抵御自然灾害的能力较弱，即使解决了温饱问题，生活状况也还不稳定，很容易返贫。最近北方连续大旱，不少地方百分之八九十的粮食绝收，这又会产生新的贫困。如果不能从根本上解决目前贫困地区靠天吃饭的状况，提高农民抵御自然灾害的能力，新的贫困就会不断产生。根据已修建雨水集蓄利用工程的地方抗旱的经验，充分蓄积天上来水，因而干旱发生时，一方面解决了农村饮水困难；另一方面，在关键时刻给作物生长浇上了"救命水"，有效减轻了干旱造成的损失。例如，2001 年在县里有关部门的引导扶持下，甘肃秦安县刘坪乡杜寨村村民杜金录通过贷款、自筹和政府补助，修建了两座 400 平方米的节水日光蔬菜大棚，并给每座大棚配建了两眼 50 立方米的水窖。2001 年汛期他们利用棚面集蓄了两窖水，由于有了水源保证，当年投产的一座大棚蔬菜收入就达 7000 元。全县目前修建各类集雨水窖近 4.5 万眼，在连年的干旱中不仅有效解决了旱区 7 万多人的吃水困难，而且发展补灌面积 9333 多公顷，开辟了一条干旱山区抓水抗旱的新途径[①]。

（4）促进了社会稳定和农村精神文明建设

从政治角度和社会角度来看，雨水集蓄利用工作的开展，密切了党群、干群关系，保障了广大缺水少水的干旱、半干旱地区社会的稳定，减少了用水纠纷，稳定了社会秩序。因此，这一工程被广大群众称之为"爱民工程"、"富民

---

① 张家团：《集雨水窖——旱区农民增收致富的希望》，《中国水利》2002 年第 8 期。

工程"。雨水集蓄利用工程，特别是配合地方小流域综合治理的工程的建设，对促进当地的生态环境走向良性循环具有不可替代的作用，它不仅使农作物单产有了较大幅度的提高，有效遏制了越贫越垦、越垦越贫等乱开垦的现象，使传统的广种薄收开始让位于精耕细作，而且部分地区出现了积极响应国家政策退耕还林、退耕还草的热潮[①]。不仅为当地农民带来了可观收入，同时还有效促进了水土保持、环境绿化工作的开展，维护了农村发展的自然大环境。据我们对甘肃榆中县金崖、中连川等地十几户人家的调查，为了提高蓄集雨水的水质，许多农户改掉了不良习惯，猪、牛、羊实行了圈养，家庭院落打扫得干干净净，屋内摆设也很讲究，柴草堆放整齐。不少村民说，这样的卫生条件是历史上没有的。雨水集蓄利用改变了一些农村脏、乱、差的局面，促进了农村精神文明建设。

五　结语

西部缺水地区的农村面临的贫困是一个多层次的复合概念，是一个历史范畴。它是一种短缺状态，无论是缺少生活资料或生产资料，还是缺少发展的机会和社会福利。那里贫困是由于所在地方自然、气候、资源、地形等因素的制约，人们无法通过自己的努力改善目前的处境，致使所得收入不能满足维持生存的基本消费需要，有时甚至不能维持劳动者的简单再生产。在生产过程中只能进行萎缩性再生产或者是掠夺性再生产，通过破坏环境来渡过眼前难关，具有明显的短视性，导致贫困和生态破坏的恶性循环。而与这种贫困十分密切的一个首当其冲的因素就是缺水。

针对这类缺水的贫困地区，解决"水贫困"问题，才是扶贫的根本方法。只有吃水用水不发愁，才有生存发展的动力和信心。而解决"水贫困"问题，适合干旱缺水地区的主要措施就是雨水集蓄利用工程。它具有无可比拟的优越性。而且从实证的角度出发，我们可以看到，已经开展雨水集蓄利用工程的地区都很好地解决了饮水用水问题，发展了农业，稳定了农村，提高了农民的生活水平，值得广大类似地区开展扶贫工作时学习和推广，把有限的扶贫资金用在"刀刃"上，提高扶贫效率，防止返贫现象发生。

---

① 贾登勋、孙阿凡：《雨水资源集蓄的市场化探讨》，《兰州商学院学报》2004 年第 6 期。

第三节 雨水集蓄利用与抗旱减灾的关系

一 概述

我国干旱地区首要自然灾害就是"旱灾",通俗地说就是"严重缺水"。解决水资源也就是这一区域抗旱减灾工作中首先要解决的问题。就此,国家从长远利益出发,提出了预防为主、防治结合的灾害治理总原则和退耕还林、恢复植被等战略举措。在这一总的战略指导下,各地区因地制宜,开发利用干旱地区有限的抗旱减灾资源,最大限度地减少灾害。这里减灾不是只减少灾害的发生,而且特指灾害本身所带来的"害",在干旱地区就是指减少干旱直接导致的"害",即将损害最小化。而抗旱是循序渐进的过程,干旱地区多年"雨水集蓄"的实践证明其在抗旱减灾领域的作用,与此同时,抗旱减灾工作也为"雨水集蓄"提供了新的发展空间。以下将通过具体数据图表来表明雨水集蓄减灾工作中的作用及成效,并针对减灾工作的需要来分析雨水集蓄面临的挑战。

干旱灾害与地震或暴雨等"突发性"灾害不同,干旱是"渐变性"灾害,难以确定干旱的开始和结束日期,它的累积效应即便是对农业的直接影响也得到三个月后才表现出来,它对社会经济及生态环境等的间接影响则滞后更久才表现出来。所以不仅会出现干旱实际已经开始,还在争论是否会出现干旱的问题,而且也会出现干旱实际已近尾声,还在争论严重干旱将维持多久的问题[①]。目前西北广大地区旱灾的发生和持续已充分说明了这一点。

以下以天水市为例进行分析。甘肃省天水市地形复杂、灾害连年不断,其中以干旱发生频率最高,即使是正常降水年份也不同程度地存在季节性旱灾。天水市常年平均降水量为 528.57 毫米,年降水量特征值见表4—1[②]。

---

① 钱正安、吴统文、宋敏红、马晓波、蔡英、梁潇云:《干旱灾害和我国西北干旱气候的研究进展及问题》,《地球科学进展》2001 年第 1 期。

② 刘建平:《天水市干旱特点及抗旱对策初探》,《发展》2001 年第 9 期。

表 4—1　　　　　　　　　甘肃省天水市各区县年降水量特征值

县区	面积（平方公里）	多年平均降水量（毫米）	各保证率年降水量（毫米）			实测最大		实测最小	
			50%	75%	90%	年降水总量（毫米）	年份	年降水总量（毫米）	年份
武山县	2011	379.56	481.4	481.2	364.7	644.1	1970	335.01	1969
甘谷县	1572	478.22	480.0	428.6	381.0	609.8	1961	347.6	1960
张川县	1293	597.94	602.0	519.2	450.9	868.2	1954	399.0	1979
清水县	1986	574.8	580.2	516.2	458.9	813.7	1975	433.6	1971
秦安县	1601	515.74	510.6	443.5	386.8	657.6	1967	352.3	1969
秦城区	2409	535.47	550.3	461.2	395.4	772.2	1967	330.1	1969
北道区	3453	518.29	520.3	460.3	460.7	673.6	1967	371.6	
合计	14325	528.57	532.1	463.89	414.06	719.89		367.04	

但从 20 世纪 70 年代以来天水市降水量逐渐减少，干旱发生频率增高。尤其是 1994—1997 年连续四年年降水量不足 400 毫米。

二　雨水集蓄对抗旱减灾的作用

1. 满足基本生活生产需水

我们在天水市调查期间，与农民座谈时，我们问道："与以前相比较，雨水集蓄带来了什么好处？"他们的回答很简单："至少有了蔬菜大棚，不至于再眼睁睁看着果树年年被旱死。"虽然这句话简单朴实，但它告诉我们雨水集蓄给农民带来的实效，同时又说明其作用并非无限。在"九五"期间，干旱的西北广大地区大力推广普及雨水集蓄工程，其中天水市通过雨水集蓄利用技术，在既无地表水，又无地下水的干旱山区建成饮水水窖 73262 眼，解决了 33 万人、10 万头大家畜的饮水困难，建成氟病区饮水水窖 15120 眼，使 6.8 万人、1.5 万头大家畜的饮水卫生条件得到改善[①]。这首先满足了基本生活需水。比如，甘肃省静宁县灵芝乡尹岔村梨园试验园，该区年均降水量 430 毫米，7—9 月降水占年降水量的 70%，年蒸发量 146219 毫米，其中 2—6 月蒸发量 831

———————————

① 《天水市雨水利用技术推广发展情况及节水灌溉工作汇报》2004 年 4 月 20 日。

毫米。从 1996 年 4 月 10 日至 1997 年 4 月 10 日，该实验区共产生 1 毫米以上降水 28 场（次），降水量 443 毫米，1997 年 4 月 11 日至 1998 年 4 月 10 日，共产生 1 毫米以上降水 22 场（次），降水量 413 毫米，两年内，试区 60 个 25 立方米的水窖都蓄满了水，其中 18 个水窖年蓄满水两次，年蓄水 1950 立方米，除保证春灌一次和冬灌一次的用水外，还有打药喷肥、浇灌蔬菜、发展加工和其他产业等的用水[①]。从雨水集蓄在干旱地区的总体效益分析，我们按一户平均四口人、喂养两头牛、两头猪、羊若干只计算，大约每天需用水四担。一个劳力每天要耗费大量的时间往返几十里山路才能满足用水需要。如果一户农民建一到两眼水窖，每眼窖可贮水 30 立方米，贮满一眼窖水就可供此户人家用半年以上。这样，不仅大大缓解了人畜吃水困难，解放了劳动力，也带动了庭院经济和养殖业的发展，为群众早日脱贫致富创造了条件。与此相伴，庭院卫生条件的改善乃至生态结构趋于合理化。那么，当每户有 3—4 个水窖时就可以相应的灌溉两亩之多的蔬菜大棚或农田。牲畜的粪便作为肥料运用于蔬菜大棚或田间，具备了处理生活垃圾的条件，这不仅仅有助于农村绿色经济的发展，同时，乡村卫生环境得以改善，减少人和牲畜疾病或流行性传染病的发病率。

2. 减轻灾害造成的损失程度

1999 年对内蒙古广大人民是干旱史上难忘的一年，1999 年是内蒙古近 60 年来最旱的一年，全区农田受旱面积 5228 万亩，有 1500 多万亩农田绝产；牧区 80％草场受旱，大面积草场因旱没有返青，灾情十分严重。但是修建了集雨工程的地方，灾害相对减轻。准格尔旗沙镇堵乡农民杨来福是利用旱井、水窖发展水浇地和庭院经济较早的农户，现在他家已建成 12 处旱井、水窖，共蓄集雨水 550 立方米，去年春天靠坐水点种 15 亩地。他种的糜子因浇过几次水，长的有半人多高，果实饱满，而与之相邻的旱坡地上的糜子却不足一尺，两者一对比，结论不言而喻。1999 年是大旱年，但在有水窖补灌的农户中，亩产虽少于上一年度，但也能达到 300 千克左右[②]。可见，雨水集蓄可以说是抗旱减灾的有效途径。

以目前西北地区干旱为例进行分析。甘肃省农业信息网公布了甘肃省天

---

① 王小宁、高孟德、吴桂贵、刘斌：《干旱梯田梨园集雨补灌效果》，《甘肃农业科技》1999 年第 3 期。

② 水利部农村水利司：《雨水集蓄利用技术与实践》，中国水利水电出版社 2001 年版，第 61—62 页。

水市秦安县灾情。据报道，当前旱情形势十分严峻，土壤干土层厚度达到40厘米，作物根系处于无墒状态。冬小麦、冬油菜因受旱将大幅度减产或绝收，春播玉米因受旱叶片昼夜萎蔫，生长发育受阻。大部分洋芋因旱至今仍无法播种，持续的旱情已给全县农业生产造成重大损失。据调查统计，全县冬小麦受灾面积41.8万亩，占冬小麦播种面积的100%，绝收面积约为25万亩，占小麦播种面积的60%，冬油菜受灾面积7.1万亩，占播种面积的100%，绝收面积约为3万亩，占总面积的43%，洋芋由于受旱灾的影响，尚有75%以上的面积待雨播种。表4—2[①]是目前甘肃省天水市雨水集蓄的成效。

表4—2　　　　　　　　　甘肃省天水市雨水集蓄成效表

项目 县	水窖（万眼）	蓄水容量 （万立方米）	集雨节灌 面积（万亩）	每一万立方水 节灌面积（万亩）
清水县	1.6622	72.836	4.9405	0.0678305
秦安县	4.8457	214.19	14.48	0.0676035
甘谷县	2.8494	129.33	8.6984	0.0672574
武山县	1.4889	64.288	4.5587	0.0709106
张川县	1.4447	62.73	4.2503	0.0677555
秦城区	0.8488	39.1	2.7064	0.0692174
北道区	0.9297	43.9	3.0095	0.0685535
合计	14.0704	626.36	42.644	0.0680823

在此，我们假定秦安县现有水窖全部集满雨水，那么此时集雨节灌面积应该是表中的数字。那么在没有这些集蓄的雨水情况下，十几万亩的农田恐怕也难逃这一劫。

3. 雨水集蓄技术推动我国抗旱减灾政策制度新发展

首先，抗旱减灾资金的合理运用。我国目前的减灾政策制度，主要是应急制度建设。国家防灾减灾资金也相应投向应急设施建设和灾害过后的补助方面。而且事后救济大多是金钱或救济粮。在雨水集蓄工程建设资金的来源上，坚持"群众自筹为主，国家补助为辅"的方针，多种渠道筹集雨水集蓄利用建

---

① 数据来源：《天水市"九五"期间集雨节灌工程建设工作总结》。

设所需资金；实行对农户只补材料不补资金的办法，其材料的运用由农户在建设集雨工程时申请领取，工程建成后要进行统一的验收，保证材料的专项运用。另外，专项材料运作体制是农户申请—登记发放—验收，即谁需要谁申请谁使用，改变传统的一揽子式补助方式。从干旱地区雨水集蓄对减灾过程中起的成效来看，其资金的运作方式为我国抗旱减灾专项资金的最优化配置提供了可行性解决办法。

其次，抗旱减灾中政府职能转变和主体定位。目前我国抗旱减灾工作是政府主导型，行政职权主义色彩浓厚，缺乏群众参与机制。从雨水集蓄技术实施过程我们可以发现，这种减灾措施的主体其实是农民，而政府在这里主要的职能是服务性质，无论是集蓄雨水前的材料采购，还是在实施过程中的技术指导，都充分展现了政府服务职能。最终建设起来的集雨设施属于农民所有，减灾资源私权化，充分发挥了农民的积极性，减灾由农民直接实施，其受益又归于农民自身，减灾公众参与机制得以建立。

以上是干旱地区多年雨水集蓄实践对抗旱减灾所起到的积极意义，与此同时，由于干旱地区地形、气候环境等复杂，在雨水集蓄技术发挥现有作用的同时也遇到了挑战。比如，干旱地区除了降水量少之外，还具有不平衡的特性，这就导致不同的年份不同的地域降水量的失衡。就拿近年来说，甘肃省静宁县、天水的秦安县等地是干旱受灾比较严重的区域。相比较来说，我们生活的兰州市降水量基本正常。在这种情况下，抗旱减灾工作为雨水集蓄提出了新的发展空间。

三　抗旱减灾对雨水集蓄发展的推动作用

马克思主义的唯物辩证观认为，事物是普遍联系和发展的，事物的发展是普遍存在的。世界上任何事物都在不断运动、变化、发展，没有一成不变的事物；世界既是普遍联系的，又是运动、变化和发展的。事物间的相互联系必然引起它们的相互作用，使原有事物的性质和状态发生不同程度的变化。雨水集蓄技术一定程度上减轻了干旱带来的灾害，同时，随着实践的发展抗旱减灾也推动了雨水集蓄技术和制度等方面的新发展。

1. 抗旱减灾为雨水集蓄技术本身的发展提供了市场

干旱地区在总体上包括西北和西南两个区域，这两个区域虽同属干旱地区，但其具体干旱状况却大相径庭。在西北主要是由降水量少造成干旱，而在西南主要是水资源分布的不均衡性造成干旱。目前雨水集蓄技术主要是通过"水窖"或"水柜"来收集雨水，集雨量非常有限，制约了其在减灾中的效用空间，致使雨水资源不能最优化配置和利用。因此，在干旱地区发展微、小型集雨水库将是现实需要。尤其是干旱的西南部现实需要表现得尤为突出。通过微、小型水库不仅可加大集雨量，同时，也为跨地域调水以促使雨水资源的空间合理化分配减轻旱涝失衡度提供了可能。这也必然考验雨水集蓄的技术本身，为其发展推广创造了平台。尤其是在大旱年份，为干旱地区应急供水提供了水源。

2. 抗旱减灾对雨水集蓄提供了商品市场

继续前段分析，从目前农户雨水交易来看，跨地域调用集蓄的雨水势必也拓展了其交易空间范围，推进了雨水资源的市场化。通过雨水集蓄技术使得雨水具有了商品的属性，成为商品市场的交易对象（具体分析参见贾登勋、孙阿凡《雨水资源集蓄的市场化探讨》一文，载《兰州商学院学报》2004年第6期）。从法学的视角看，这种商品交易市场促使对集蓄雨水的权属进行界定，正如传统法学所揭示的，法律主要作用于生产关系层面，但它同时也作用于生产力。法律对生产成本的节约机制，不是作为生产成本的构成要素，孤立、单个地进行节约，而是类似于科学技术，渗透、包容在生产力和生产关系各要素中，综合地起作用。产权法律制度激发了人们的创造积极性。清晰界定的产权和足够低的交易成本是市场机制发挥作用的前提条件，而清晰界定的产权有助于降低交易成本[1]。随着雨水集蓄在抗旱减灾领域的运用及交易范围的拓展，雨水商品将受到市场机制的调节。要使干旱地区有限的雨水资源最大限度地发挥其效益，集蓄雨水权属界定是主要的激励机制之一（关于集蓄雨水所有权的理论参见贾登勋、许丽婷《试论集蓄雨水的所有权》，《科学·经济·社会》2005年第3期）。

综合上文，雨水集蓄技术不仅解决了干旱地区人民的基本生活，同时也最大程度地减轻了干旱灾害造成的损失，为社会主义新农村建设提供了基本的保障。反过来，干旱地区抗旱减灾的现状又推动了雨水集蓄技术的发展，在理论界，也为广大学者提供了新的学术发展平台，带动了相关学科研究领域的拓展和交叉。

---

① 赵爱庆、杨宏翔：《试论新农村建设中的产权制度创新》，《广西社会科学》2006年第7期。

第四节　雨水集蓄利用与新农村建设的关系

一　问题的提出和背景

1. 新农村建设提出的时代背景

2005 年 10 月，党的十六届五中全会提出了"建设社会主义新农村"的建议；2005 年 12 月召开的中央农村工作会议正式提出了《中共中央、国务院关于推进社会主义新农村建设的若干意见》，并将该《意见》作为改革开放以来中央第八个一号文件于 2006 年正式下发，文件要求，要完善强化支农政策，建设现代农业，稳定发展粮食生产，积极调整农业结构，加强基础设施建设，加强农村民主政治建设和精神文明建设，加快社会事业发展，推进农村综合改革，促进农民持续增收，确保社会主义新农村建设有良好开局，同时提出了在"十一五"期间，必须抓住机遇，加快改变农村经济社会发展滞后的局面，稳步推进社会主义新农村的建设[①]；2006 年 3 月第十届全国人民代表大会第四次会议通过的《中华人民共和国国民经济和社会发展第十一个五年规划纲要》也明确将新农村建设纳入规划范畴内，提出要在积极稳妥地推进城镇化的同时，按照生产发展、生活宽裕、乡风文明、村容整洁、管理民主的要求，扎实稳步推进新农村建设。自此，"新农村建设"从理论层面的研讨最终上升为政策性的需求，新一轮的农村建设正式拉开帷幕。

2. 制约西北干旱缺水地区新农村建设的"瓶颈"——水资源

我们首先必须先界定"干旱缺水地区"的范畴。所谓"干旱缺水地区"，就是指缺少水资源，生产生活用水得不到基本满足的地区。从一般意义上讲，我国缺水地区主要集中在西部的干旱和半干旱地区，主要包括内蒙古高原、黄土高原、四川盆地西缘到云贵高原以西的地区。从整体上看，这些地区较之湿润、半湿润地区更为干旱缺水。这种缺水情况在西北干旱地区体现得尤为突出，由于该区地处黄土高原丘陵沟壑区，常年平均降雨量仅有 250—600 毫米，

---

① 中共中央、国务院：《关于推进社会主义新农村建设的若干意见》2006 年 2 月。

且 60％以上集中在 7—9 月份，与作物需水期严重错位。由于特殊的气候、地质和土壤条件，区域内地表水和地下水资源都十分缺乏，人均水资源量只有200—500 立方米，是全国人均水资源最低的地区。"三年二头旱，十种九不收"便成为该地区缺水状况的真实写照①。

我国西北干旱缺水地区水资源形势堪忧，问题空前严重，这绝不是耸人听闻，其消极影响甚至关乎新农村建设成败的问题。水是生命之源，是维系地球生态系统功能和支撑社会经济系统发展不可替代的基础性自然资源和战略资源。而水同时也是农业的命脉，没有水农村一切都无从谈起。水资源是发展农业生产、调整农村产业结构、提高农民生活水平、缩小农村和城市差距的基础性条件。另外，党中央高度重视农村的生态建设，因地制宜地提出"退耕还林"、"退耕还草"等各项生态项目，在这个过程中，配套水利建设、水污染治理、水土保持等各项系统工作是必不可少的，所以，农村的生态环境的改善也有赖于水资源的合理利用。

总之，作为国家新时期各项建设总纲领的"十一五"规划已经明确提出建设社会主义新农村的目标和要求是：生产发展、生活宽裕、乡风文明、村容整洁、管理民主。设想如果水资源的利用和保护得不到应有的解决，首先"生产发展"将受到阻碍。以水资源破坏为代价的经济增长方式不仅使农民难以从中受益，而且最终将使农业失去发展的支撑，农民的增收和致富成为空中楼阁；其次，生产不能长期稳固地发展，生活不宽裕，民风难免不趋于争利，乡风文明则无从谈起；再次，水资源极度短缺，连饮水都得不到保障，民众参政的积极性必然受挫，没有群众的政治热情，村政的管理民主如何实现？所以，农村的发展并不是国家在无可奈何之下的权宜之计，而是国家长治久安的战略决策。而在农村，论生产主要是指农业生产，而水是农业的命脉，对水资源的开发利用和保护就直接关系到农业生产的盛衰。

由此可见，制约西北干旱地区新农村建设的最主要因素是水资源缺乏问题，但是在这些地区修建大型的骨干水利工程存在过多的制约因素，改变这些地区的贫困落后面貌，关键是要解决好水的问题。实践证明，大力发展小、微型雨水集蓄工程，集蓄天然雨水，发展节水灌溉是这些地区农业和区域经济发展的唯一出路，而且这项措施投资少，见效快，便于管理，适合当前西北干旱

---

① 贾登勋：《干旱缺水地区雨水集蓄利用法律问题研究（一）——关于本课题基本问题的阐释》，《环境与资源保护法论丛》第 1 辑，兰州大学出版社 2007 年版。

缺水地区农村经济的发展水平，应该大力推广，全面普及。

二　解决西北干旱缺水农村水资源瓶颈的法宝——雨水集蓄利用工程

如前所述，在西北干旱缺水的农村地区，修建大型的骨干水利工程不切实际，而雨水集蓄利用工程具有很多优点：①投资小、见效快；②更加普及和公平，能让更多的农民受益；③该工程维护成本低、后期投入小；④有利于生态环保等。各种优点使得雨水集蓄利用工程更加适合西北干旱缺水农村地区的广泛使用[①]。

1. 雨水集蓄利用的可行性

（1）数量上能满足利用要求

一般认为，凡年有效降雨在 250 毫米以上的地区，都可开发利用雨水资源，兴建微型雨水集蓄利用工程。西北干旱缺水的农村地区地处我国年降水量 800 毫米等值线以北的地区，其雨水资源较地表水与地下水资源多。因此，在干旱缺水的西北农村地区开展雨水集流工程，无疑寻找到了一个新水源，为实现水资源的优化配置和合理利用奠定了基础。

（2）经济上的可行性

根据笔者曾经在甘肃榆中县调研得知，采用屋顶和庭院地面硬化集流，水窖蓄水，需要集流面 85—150 立方米（屋顶按水泥瓦、庭院按平均混凝土）和 30 立方米的水窖 1 眼（或者 15 立方米水窖 2 眼），总造价（包括群众投工）1000—1700 元，平均国家补助每户 400 元，平均每人 80 元，与甘肃省已建人畜饮水工程平均每人需国家投入 155 元相比，国家投资减少近一半，而运行费用则大为减少。雨水国家投入的代价为 1 元/立方米，是国家补助拉水费的十分之一。[②] 因此，采用雨水蓄集解决人畜用水问题是十分经济的。

同时调研中还得知，为解决年降水量 350—450 毫米地区作物补充灌溉问题，每公顷灌溉面积需雨水蓄集系统总造价（包括投劳）为 1.95 万—4.23 万

---

① 贾登勋：《关于雨水集蓄利用基本问题的阐述》，《兰州大学学报》（社会科学版）2007 年第 1 期。

② 崔灵周、李占斌、李勉：《黄土高原地区雨水集蓄利用技术发展》，中国水利水电设备（产品）网，2006 年 4 月。

元（总造价取决于集流的形式）。根据榆中县各试验点总结，雨水蓄集补充灌溉后，粮田可增产 3000 公斤/亩以上，5—7 年可以收回工程造价，如种植经济作物，每公顷可增加效益万元以上，2—3 年可收回造价。从以上分析可知，雨水蓄集工程发展灌溉也是经济可行的。

（3）具有国内外先进的经验

目前国际上已有收集雨水用于解决农业生产和生活用水的先进经验，包括以色列、澳大利亚、美国、德国等发达国家和泰国、印度、墨西哥等发展中国家。近年来，许多高科技也逐渐应用于雨水集蓄利用系统。如印度在半干旱地区应用地理信息系统，输入相应的地理及土壤信息，预测出该地区的雨水集蓄潜力和雨水集蓄的适应性。该方法不仅适用于干旱半干旱地区，同样也适用于降雨量丰富但时空分布不均的湿润地区。这些国外先进的经验和高科技应用都对中国西北干旱缺水地区的雨水集蓄利用提供了有益的借鉴。

（4）具有较成熟的技术和广泛的群众基础

多年来，经过有关科研单位和水利部门的大量调查研究和实践探索，围绕集雨工程的适用范围、施工工艺、水质控制等重点技术进行攻关，使雨水集蓄利用的技术体系已基本成熟并取得了阶段性成果，得到了黄土高原地区广大群众的认可和接受，从以前刚开始实施的"要我干"到现在的"我要干"，有力地推动了集雨工程的建设和发展。

2. 雨水集蓄利用的历史发展

雨水集蓄利用是一项被广泛应用的传统技术。据有关资料记载，雨水集蓄利用可追溯到公元前六千多年的阿滋泰克和玛雅文化时期，那时人们已把雨水用于农业生产和生活所需。公元前两千多年的中东地区，典型的中产阶级家庭都有雨水收集系统用于生活和灌溉。阿拉伯人收集雨水，种植了无花果、橄榄树、葡萄、大麦等。埃及人用集流槽收集雨水作为生活之用。20 世纪 70 年代从卫星照片上发现了埃及北部的径流收集系统和非洲撒哈拉东南部存在的集水灌溉系统。在印度西部的塔尔沙漠，人们通过水池、石堤、水坝、水窖等多种形式收集雨水，获得足够的水量来支持世界上人口最稠密的沙漠（60 人/平方公里）。雨水集蓄利用曾经有力地促进了世界上许多地方古代文明的发展。而在我国，雨水集蓄也有着悠久的历史。我国西北黄土高原丘陵沟壑区，华北干旱缺水山丘区，西南旱山区，水资源贫乏，生态环境恶劣，改变这一地区的贫困落后面貌，改善当地居民的生存条件，解决好水的问题则成为重中之重。经过试验、研究、示范和推广，雨水集蓄在这三个地区已见到了较好的成效。同时，为了充分利用、节约现有水资源，在北京等大城市也开始了雨水集蓄的活动，加大了对雨水资源的利用。

3. 雨水集蓄利用工程的组成

雨水集蓄利用就是将降雨产生的径流收集储存起来，为人类开展的各类社会活动所利用。它依托于雨水集蓄利用工程，雨水集蓄利用工程是指在干旱、半干旱及其他缺水地区，将规划区内及其周边的降雨进行汇集、存储，以便作为该地区水源并加以有效利用的一种微型水利工程①。该工程系统一般由集雨系统、净化系统、存储系统、输水系统、生活用水系统（解决人畜饮水及生活用水）及田间节水系统（解决农田补充灌溉）等部分组成。

三　雨水集蓄利用工程在新农村建设中存在的问题

雨水集蓄利用工程在解决干旱缺水地区农民的生活用水方面作用突出，基本解决了各地区的人畜饮水问题，其不足的方面主要体现在集雨节灌这个环节。主要有以下不足：

1. 认识的不足。有人认为雨水集蓄利用工程无所不能；也有人认为雨水集蓄利用工程成不了大气候。实际上，雨水集蓄利用工程是在大中型水利工程覆盖不到的地方，为当地农民提供了可靠的生活保障和基本的生产条件，它是举足轻重的民生工程。但它必须与其他新农村建设措施配合实施才能突出其生命力。

2. 技术服务力度不够。由于雨水集蓄利用工作面广量大，加上前期工作经费缺乏，技术指导和服务力度明显不够，有的地方水窖布局及窖址选择由群众根据自己的经验和喜好而定，雨水集蓄利用无统一规划；有的地方缺少技术人员指导，施工中出现一些问题，轻则窖体漏水，重则窖体坍塌。

3. 各地频繁出现关于水资源的利用纠纷。由于历史形成的行政管理区划，各地的水资源调配和利用都是按各地行政部门自己规定的办法进行管理，缺乏有效的协调机制，以致引水纠纷出现频繁。在甘肃石羊河流域广泛流传着甘肃金昌市某领导的一句话："谁敢引水到民勤，我就带金昌10万人上民勤静坐。"

---

① 迟方旭、贾登勋：《西部雨水集蓄合伙企业法律制度初探》，《兰州大学学报》（社会科学版）2005年第1期。

以致要根据《石羊河流域重点治理规划》向民勤调水的各项方案的落实困难重重①。

4. 田间地头的水窖及集雨场的管理不善。农户房前屋后的水窖及配套设施管理明显好于田间地头的水窖和集雨场。房前屋后水窖不仅蓄满了水,窖台窖盖设施完好,集水场地面平整,没有杂物,而且窖内水质良好;而田间地头水窖,储水不多,有的窖台已破损,沉沙池里杂物较多,集雨场有的被雨水冲出沟沟坎坎。同一个村庄,同样的自然条件,两种不同的状况,说明对田间地头集雨场水窖管理有待于进一步加强。

5. 田间节水配套设施少而且质量较差。由于资金有限,雨水集蓄利用的重点在集雨上,节灌上投入不多,除个别示范点上应用灌溉设备,如喷灌、滴灌、微喷等各种设备外,很多地区缺乏配套的节灌设施,节水效益不明显。同时,加上设备制造较为粗劣,如过滤器和滴头容易堵塞,影响系统有效使用,尤其是滴头制造不均匀,致使一些作物供水太少,而有些太多,使用期太短。

6. 资金投入不足,管理有待完善。现在的主要问题是资金缺口大,甘肃省计划每年发展 100 万处集雨节灌工程,政府按每个工程 300 元补助,每年政府需要补助资金 3 亿元,而每年实际筹资不足 1 亿元,资金缺口很大。这也是制约雨水集蓄利用发展速度的主要原因。

7. 集雨工程成本偏高。目前一般集雨工程,大型水池成本在 30—40 元/立方米水窖,小型水池集水成本在 50—80 元/立方米之间,按工程使用寿命30—50 年估算,单方水不考虑工程运行与维修费,其成本也在 1.0—1.5 元/立方米之间,考虑到运行、管理成本,有的集蓄水工程单方水成本在 2.0 元/立方米以上。按目前较高的单方粮食生产率 2.0 公斤/立方米和粮食价格 1.0元/公斤估算,灌溉也将无利可图,若考虑灌溉效益分摊系数,则灌溉效益将为负值,造成在集雨节灌环节农民的积极性不高。

8. 缺乏有效的落实和灌溉保障措施尤其综合性措施很少而且很不完善,就是已定的措施也难以发挥应有的效力。甘肃省榆中县集雨办主任杨同生举例说:“如窖的质量、容量、沉淀池、集雨面、引水渠及整体工程的管护,这些都制定了具体措施办法,但在实际应用中往往是困难重重。”这样就形成了政策措施是“写在纸上,贴在墙上”。

---

① 阳敏:《民勤治水,47 亿大规划何去何从?》,《南风窗》2007 年 4 月 16 日。

四　解决新农村建设中水资源利用的对策

新农村建设是党中央在新时期的一项重要举措，是处理好农村和城镇关系的一项重要战略政策。水资源是农村赖以生存的不可或缺的自然资源，而雨水集蓄利用工程又是干旱缺水农村解决水资源的法宝。因此如何正确处理好雨水集蓄利用工程在新农村建设中的地位，是关系到西北干旱农村地区新农村建设成功与否的关键因素，也关系着和谐社会目标的实现。在此，我们必须以《宪法》为根本，以《物权法》和《水法》等相关法律法规为依托，加强雨水集蓄利用工程的合理利用和保护，采取一系列措施和对策，推进社会主义新农村的建设。

1. 我们需要明确水资源产权归属

长期以来，水资源被认为是天赐之物，取之不尽，用之不竭。我国目前的生活、工农业用水，大都只计成本和利润，而不计水资源本身的价值。同时，由于对水资源的无偿经营还造成一系列的水资源配置扭曲，使水价过低，水资源使用浪费，水体污染严重，形成经济发展中的"水资源空心化"现象。因此，只有对水资源实行资产化管理，实行水资源的有偿使用，才能消除国家作为水资源所有者的所有权虚化现象。

取水许可制度、排污许可制度和总量控制制度是规范水资源使用权的有效制度。取水许可制度要求所有从水体中取水的单位、个人必须要经过水管理相关部门的认可，按规定的要求到许可的地点取所批准的水量。排污许可制度要求所有的排污单位必须使其排放的污水达到相关水管理部门的规定方可排放到指定的水域。总量控制是对某一流域的污染物总量进行控制，超标者将受到惩罚。这几项制度将对水资源的使用权起到很好的规范制约，但是由于我国长期的水资源使用权混乱，实施过程还有待完善。其实，水资源作为自然资源之一，其归属和利用，早在《宪法》和《民法通则》等相关法律法规上已经得到初步确立。随着《物权法》的颁布，包括水资源在内的各种自然资源的归属和利用得到进一步的明确。《物权法》从三方面对水权做了规定。一是对水资源所有权，《物权法》重申了《宪法》的规定，明确水流为国家所有。二是将取水权纳入到用益物权的范围，为多年来关于取水权属性的争论画上了一个句号，同时为取水权作为一种财产权利提供了法律保障。三是对行使用水、排水的权利时所涉及的相邻关系做了规定，明确了处理相关相邻关系的准则。另外，《物权法》中的一些规定尽管不是针对水权而制定的，但适用于水权的配置、行使和保护。如《物权法》第一百一十八条规定：国家所有或者国家所有由集体使用以及法律规定属于集体所有的自然资源，单位、个人依法可以占有、使用和收益，由此可推及——在农村集体经济组织的水塘和由农村集体经济组织修建管理的水库中的水之上可以设定用益物权，由单位、个人占有、使用和收益。

随着《物权法》的颁布，对于开展水权制度建设也提出了新的课题。水权作为特别法中的物权，诸多的权利、义务内容都要通过特别法来规范，并要通过相关的管理和监督加以落实。考虑到水资源所具有的特殊性，公权和私权之间的界限有一定的模糊性，从而导致行政管理和监督的范围、内容、手段、方法不易把握，这在一定程度上与物权应具有的长期稳定性以及权利保护的内在要求可能存在一定的冲突。一旦权利受到侵害，权利人有权提起行政诉讼。由此可见，《物权法》的颁布对于水行政主管部门的行政行为也提出了更高要求，也为涉及水权的权利和义务的相关立法提出了更高要求。同时，由于取、用、排水行为之间的相互影响关系十分复杂，当权利受到来自其他取、用、排水行为的侵害时，侵害行为的实施者及其承担的责任常常难以准确认定，通过物上请求权等方法来寻求补救存在困难。因此，为使水权尽可能免受其他民事主体的侵害，管理部门需要在界定水权以及明确权利的行使条件方面从技术上开展更加细致的工作，使权利人之间的权利边界更具确定性，权利客体更具特定性。

2. 完善相关法律和法规的建设

新农村建设同样是法制建设，新农村的建设成果同样也有赖于法律的保证。水资源管理的法制建设包括水的立法、水行政执法和水行政司法三个方面。在水资源管理的立法上，一是要制定自然资源综合法，以协调各种自然资源的开发、利用和保护；二是要制定流域管理机构法，以法律的形式对流域管理机构的职能、工作程序给予规定，赋予其行政、经济方面的权力；三是制定专门的地下水保护法，连同地表水法以及《水法》构成完整的水法体系；四是制定公众参与法，对我国公民参与环境管理的程序、规则给予规范。我国的法律体系建设明显落后于水资源管理的现状，它还需要在不断的实践中进行完善。建立机制健全、运行有力的水行政执法、水行政司法组织体系。这是指对专门负责违法处置工作的队伍建设，即建立一支自上而下的、专职与兼职相结合的"水政检察"队伍与公检法部门配合，承担起纠正各种违法行为，依法追究违法者的责任，维护水资源管理秩序，保卫水资源开发利用建设成果的任务。

3. 继续完善农村的雨水集蓄利用工程建设

在《关于推进社会主义新农村建设的若干意见》中已经强调："大力加强农田水利、耕地质量和生态建设。在搞好重大水利工程建设的同时，不断加强农田水利建设。加快发展节水灌溉，继续把大型灌区续建配套和节水改造作为农业固定资产投资的重点。加大大型排涝泵站技术改造力度，配套建设田间工程。大力推广节水技术。实行中央和地方共同负责，逐步扩大中央和省级小型农田水利补助专项资金规模。切实抓好以小型灌区节水改造、雨水集蓄利用为重点的小型农田水利工程建设和管理。'国家同时强调'加快丘陵山区和其他干旱缺水地区雨水集蓄利用工程建设"，将雨水集蓄利用工程视为缺水地区农业经济发展、农民收入增加、农村和谐发展息息相关、不可或缺的重要环节。这些都为在新农村建设下雨水集蓄利用工程的完善指明了方向。但农村水利建设是一项投入巨大的系统工程，单靠一方面的力量是不足以成事的，必须坚持国家、社会、个人多渠道、多元化投资的方针，努力拓宽投资渠道，动员全社会各方面的力量共同参与。具体办法：（1）积极争取国家投资。雨水集蓄利用工程是国家高度关注的民生工程，党和国家领导人对此十分关注，"十一五"规划又坚定了完善农村水利工程的决心，今后必定会加大对该项目的扶持力度。西北干旱缺水的农村地区应该抓住这一有利时机，把雨水集蓄利用工程作为干旱地区的首创项目的带动项目，积极争取国家的更多扶持。（2）各地政府每年从财政增收中拿出一部分资金，优先发展雨水集蓄利用工程建设，特别是对干旱农村的重点补贴。（3）受益对象加大投入。充分发挥群众的投资主体作用，坚持地方和群众自筹为主，国家补助为辅的指导方针。广泛动员群众义务投料、投劳、投资，使有限的资金发挥最大的效益，并以此激发群众的投资热情[①]。

此外，为保证雨水集蓄利用工作的健康发展，需做好如下几方面的工作：（1）大力推广梯田、水窖、地膜、种植结构四配套，使水利基础设施和现代农业技术有机结合，实现旱作农业"两高一优"。（2）注意集雨工程与节水灌溉的结合。由于水窖的容量有限，要使有限的水发挥最佳效益，灌溉必须应用节

---

① 张允锋、史正涛、李滨勇：《刍议我国水资源与社会主义新农村建设》，《当代生态农业》2006年第 1 期。

水技术，才能提高水的利用率。因此，今后应该加强集雨工程的灌溉设施配套的建设。（3）加强新材料的研制及推广应用，降低建设成本，延长工程寿命。（4）严格管理，确保工程质量与效益。在资金管理上，结合各干旱缺水地区实际情况，制定相应的资金使用管理办法，积极完善和推行以奖代补、以物代补等形式，保证专款专用，提高资金的使用效率。在工程建设与管理上，各级主管部门应加强技术监督与指导，搞好工程项目管理，实行技术经济责任制和项目责任制，统一组织验收，确保工程质量。对已建工程，加强运行管理，搞好水质的保护。

4. 坚持科学发展观，走"人水和谐"的新农村建设道路

"人水和谐"是人和自然和谐的重要组成部分，是科学发展观在处理人和水资源关系方面的体现。我们要尊重自然规律，充分考虑水资源和水环境的承载能力，减轻或消除经济和社会发展过程中带给自然环境特别是水环境的危害和负面影响，既注重开发利用水资源，又注重节约和保护水资源；既要防止和控制洪水，又要给洪水以出路；既要建设兴利除害的水利工程，又要营造、恢复和保护水域生态环境。同时退耕还林（草）项目不能因为水资源的工作而弃之不顾，否则历史的循环恶果将再次重演。只有努力完善和协调好各项工作，才能真正实现"人水和谐"，促进水资源和新农村建设的可持续发展。

农业是中国可持续发展的核心和关键，水资源是人类生存和农业发展的基础。但是，在我国西北高原的广大干旱地区，都存在严重的缺水问题。雨水集蓄利用工程是解决这些地区水资源不足最有效的途径。随着社会经济的持续稳定发展，我国西北干旱农村地区水资源短缺与需求利用会出现更突出的矛盾，这会严重影响这些地区农业的可持续发展以及新农村建设。因此，我们要加强对农村水资源的重视，根据西北干旱地区的实际情况，尊重自然规律，坚持科学发展观，坚持走以科技发展农业的道路，合理利用水资源，充分开发完善雨水集蓄利用工程，努力实现"人水和谐"，为社会主义新农村建设和西部大开发谱写绚烂的色彩。

五 雨水集蓄解决西部缺水地区农村卫生问题探讨

1. 缺水与西部农村卫生

（1）西部缺水现状

我国缺水地区主要集中在西部的干旱和半干旱地区，主要包括内蒙古高

原、黄土高原、四川盆地西缘到云贵高原以西的地区。以内蒙古和甘肃为例，内蒙古属于干旱、半干旱地区，年均降水量 400 毫米左右，蒸发量却超过 2000 毫米，全区 260 多万农牧民饮水困难，人均可利用水资源占有量是全国的 15.3%、世界的 3.7%。甘肃省水利厅提供的资料显示，甘肃省水资源人均占有量 1077 立方米，仅为全国人均的三分之一，是世界人均水平的近八分之一，已经接近国际重度缺水界限。特别是甘肃境内民勤的石羊河流域缺水最为突出，地下水超采，严重危及生态。黄河流域以定西会宁为代表的中部干旱、半干旱地区自产水资源极少，黄河干流沿线地高水低，开发利用难度大，干旱缺水严重。

西部干旱缺水导致生态环境恶劣，那里光秃秃的黄土上寸草不生，土地开裂，河流干涸，"三年两头旱，十种九不收"是那里农业生产的真实写照。缺水使人畜生存困难，人们一天的主要活动也是围绕取水展开，村民们经常要到很远的地方或下到很深的河谷中挑水、背水，劳动强度大，占用时间长，许多农村妇女的青春岁月都流淌在挑水、背水的崎岖山路中。

(2) 缺水导致西部农村卫生问题

在西部缺水地区，人们翻山越岭用肩背、驴驮或者是车拉取来的水用来满足人畜饮水都很困难，就更谈不上用水来植树种草、美化环境了。晴天时，带有牲畜粪便味的尘土飞扬；雨天时，泥泞、易滑的小道难以下脚。人们走十几里或二十几里的路，取回来的水并不是非常干净、卫生的水，有的时候真的就是河沟里的水，很黄、很混、很不好的水。云南省双柏县爱尼山乡海资底村委会的小村村民小组，过去 37 户人家，饮用的是一塘死水，雨天猪粪、牛粪、树叶往里淌，牛、羊、猪、人同吃一塘水。每年的二三月份，水塘干枯，只得到 4 公里以外的田里挑泡田的水吃，大肠杆菌严重超标，影响妇女儿童的健康。由于缺水，有的村长期饮用碱水、苦水和细菌严重超标的不清洁水，经常诱发肠道传染病和多种并发症。

水在干旱缺水地区是如此的珍贵，生活用水也是循环使用：先淘米、洗菜、洗脸、洗脚，再用来煮猪食。水是用来维持生命的，而很少用于自身清洁。那里的人们常年不洗澡，洗澡对于当地的人们来说，就是一种奢侈，13 年没有洗过澡并不是故事传说。在有的地方，所谓的洗澡就是用湿毛巾擦一遍身体，但就是这样，一年"洗"一次也算是奢侈的了，在更艰苦的地方，有些人一辈子只洗 3 次澡。不洗澡并不是因为他们不讲究卫生，只是实在太缺水了。那里的孩子们的脖子、脸上都是黑乎乎的，脑袋上、头发里全是白花花的虮子，北方管它叫虱子。他们真是长年不洗澡，不洗头，不洗脸。一种非常特殊的洗脸方式就是，让孩子们一字排开，母亲嘴里噙一口水，然后依次喷在孩子们的脸上，就算是洗脸了。缺水使人们忽略了个人卫生，生活习惯和生活方式因自然环境而被迫改变。

由于缺水，基本的卫生条件在那里完全不能保障，导致妇科疾病发病率高。由于水资源的贫乏，当地居民连饮水问题都得不到解决，更加不能保障妇女该有的洁净问题，随之引发了一系列如炎症、宫颈糜烂、盆腔炎等妇科疾病。因为贫困，即使她们有病痛也不上医院不吃药，除非病得不行了，她们才去治疗，一旦症状得到缓解，她们马上又会停止服药。中国妇女发展基金会提供的数据显示，西部干旱地区成年女性患妇科疾病的比例竟然高达90%。由于当地严重缺水，导致经济落后，当地居民在吃不饱、穿不暖的情况下，对于妇科疾病基本就不重视；同时医疗技术也严重滞后，严重的妇科疾病根本就得不到有效的治疗，从而引发当地许多妇女不孕。据有关资料统计，2001年，我国孕产妇的死亡率为每10万人中有53人，而西部等边远地区孕产妇死亡率则高达每10万人中114.9人，是沿海地区的5倍多。

2. 解决西部缺水地区农村卫生问题的常规思路

由上文总结得出，西部农村存在饮用水不卫生、不注意个人卫生、疾病多发等卫生问题。按照常规思路，人们比较注重疾病的治疗，那就需要改善农村医疗卫生条件，修建农村卫生院，增加农村卫生人员。2006年政协十届四次会议中《关于加快中西部地区农村卫生院建设的提案》指出，当前中西部地区，尤其是经济欠发达地区农村卫生院状况还令人堪忧。卫生资源配置不均，结构不合理；财政投入不足，基础设施落后；上划县管体制未能到位；人员队伍不稳，整体素质不高。切实解决当前中西部地区农村卫生院的现状，已经到了刻不容缓的时候。并提出一些建议，比如，将乡镇卫生院改为全额拨款事业单位，加大农村卫生基础设施建设的投入力度，继续加大卫生院人员队伍的培训力度等。近年来，围绕农村卫生的改革与发展，出台了一系列政策，但这些单项措施在独立发挥一定效果的同时，也不可避免地表现了它们各自的局限性，并且引发了一些矛盾和问题，如加强乡镇卫生院基础设施建设就引发了资源闲置和医疗费攀升的问题；推行乡村卫生服务管理一体化又导致乡村两级卫生组织利益格局的冲突；新型农村合作医疗出现了抗风险性与受益面的矛盾；政府举办乡镇卫生院的政策则面临着市场机制的挑战。

为解决农村卫生问题，使人们享受基本的医疗卫生保健服务，加大农村医疗卫生基础设施建设是必不可少的。但在西部大开发中，更应该研究农村卫生问题的原因：由于缺水，人们才会不得已饮用不卫生的水，才会不注意个人卫生，才会染上各种传染疾病、妇科疾病。如果仅仅靠修建医疗卫生设施，不能从根本上解决这些问题。进一步说，即使农村医疗设施完备了，卫生人员培养达到要求了，人们也没有钱来享受这些服务。因为远距离取水束缚着劳动力，农业收入又极少，仅有的钱也许还要用来买水来维持生存，出现疾病只能"小病抗、大病拖"了。在这种情况下，卫生设施只能闲置，卫生人员人浮于事。

西部农村卫生问题症结在于缺水，如果我们一味强调农村卫生基础设施的建设，那么就犯了"头痛医头、脚痛医脚"的错误。

3. 雨水集蓄解决西部缺水地区农村卫生问题新思路

我国缺水地区普遍缺乏足量、适用的地表水和地下水等稳定的水资源。对于这些地区的人民而言，最有效的水资源利用途径就是通过一定的人为设施将自然状态下的雨水收集起来，经过相关技术处理，然后加以利用。雨水集蓄利用技术是一项被广泛应用的传统技术，据相关资料记载，可追溯到公元前六千多年阿滋泰克和玛雅文化时期，那时人们已把雨水用于农业生产和生活所需。

自 20 世纪 80 年代以来，国外雨水利用得到迅速发展，不仅少雨国家（如以色列等）发展较快，且在一些多雨国家（如东南亚国家）也得到发展，利用范围也从生活用水向城市用水和农业用水发展，一些工业发达国家（如日本、澳大利亚、加拿大和美国等）都在积极开发利用雨水。在我国，雨水集蓄也有着悠久的历史。修建混凝土构造的水窖，利用屋面、场院、沟坡等设施蓄水，解决用水难题，是西部缺水地区农民的一项伟大创造。实践证明，修建一口容量为 36 立方米的水窖，一年可蓄集雨水 50—80 立方米，可保证 3—5 人家庭一年的饮水，拥有两口水窖，就能发展一亩庭院经济作物，拥有三口水窖，虽然不能像城里人那样天天洗澡，但是一个月洗一次澡是不成问题的。

甘肃省"母亲水窖"项目实施五周年工作总结中提到，"大地之爱·母亲水窖"项目工程的建成，提高了农村妇女的饮水质量和安全程度，直接减少了水介质传染病和妇科病的发病率，促进了农村环境卫生的改善。据 2004 年妇基会开展的水窖水质及净水器使用情况调查显示，水窖建成后，99% 的家庭将洗澡、洗衣的地点由河边、池塘边移到了自己的家中；在没有修建水窖之前，当地群众长期喝涝池水得病的占 69%，并且多为老人、孩子和妇女，所患疾病多为肠胃病。有了水窖以后，群众患病率从原来的 69% 下降到 4%。

内蒙古自治区"母亲水窖"项目实施五周年工作总结中提到，为了从根本上保证妇女和儿童的身体健康，"母亲水窖"项目自实施以来，项目管理部门始终强调饮水安全，把监测和检查水质作为项目实施工作中的重要组成部分，保证受益户在有水用的同时喝上清洁干净的水。集中供水工程根据地下水储量和卫生部门的检测结果确定水源；对集雨水窖，则重点考虑选择集雨场和制定消毒措施。配套水窖的净水器很受群众欢迎，效果很好，使项目户的发病率明显下降。通过问卷调查得到使用前后对比数据：经常生病人数下降了 2%，不生病人数上升了 11%。

青海省"母亲水窖"项目实施五周年工作总结中提到，2004 年 3 月，在中国妇女发展基金会的大力支持下，又为东家沟村赠送了"大地之爱·母亲水窖"集雨窖净水器 125 个，解决了窖水不洁且储存期长易污染的卫生安全隐患，成为当地最简单、最经济、最有效的饮水安全措施和途径，极大地促进了农户家庭卫生和个人卫生的改善。入户调查显示，被调查者普遍认为，使用原来土水窖的水，容易肚子痛、肚子胀，菌痢、妇科病等疾病发病率比较高。而实施"母亲水窖"项目后，这些现象就逐渐减少或不发生了。特别是使用净水器后，经过过滤的水清亮透明，味道清甜，既看不见悬浮的杂物，也没有任何沉淀物了。如今的东家沟村巷道、庭院内清洁卫生，家家窗明几净，原来人畜共用同一窖水、街头巷尾脏乱的现象已得到彻底的改变。

从以上调查中，我们可以看到集蓄雨水经过净化是可以达到生活饮用水标准的。人们喝上了清洁、干净、卫生的水，改变了原有的一些不良卫生习惯和行为，营造了良好的卫生环境，这样就减少了疾病的发生，农村卫生问题也就迎刃而解。

4. 西部大开发投资建议

在关于实施西部大开发战略的讨论中，最热烈的议题莫过于抓基建、上项目，给公众留下的印象似乎是只要有中央的投资倾斜，西部的崛起就是指日可待的事情了。然而抓基础建设也不能盲目，公共卫生领域的投资就是一个例子。西部缺水地区的农村卫生问题的根源在于缺水，预防疾病胜于治疗疾病，要预防疾病就得政府投入大量资金解决缺水问题。人类在水资源利用方面的需求将会不断增长，而水资源量是有限的，这就迫使人们不得不在雨水利用这个广阔的领域寻求发展空间，这是解决未来水资源不足问题的一个弹性很大的空间，也是可以大有作为的新领域。

目前，用于修建水窖的重要资金来源之一是中国妇女联合会发起的"母亲水窖"项目的公益捐款，还有就是政府的专项拨款。甘肃省委省政府于 1995 年做出决定，实施"121"雨水集流工程，即在干旱地区每户建立一个 100 平方米左右的雨水集流场，修两眼贮水 30—50 立方米的水窖，发展 667 平方米（一亩）左右的庭院经济。内蒙古自治区 1995 年在干旱的准格尔旗和清水河县实施"112"集雨节水灌溉工程，即一户建一眼蓄水 30—40 立方米的旱井或水窖，采用坐水种或滴灌技术发展 1334 平方米（两亩）抗旱保收田。陕西还实施了"甘露工程"。但是在这些集雨工程实施过程中，最重要的一个问题是资金不足。

在西部开发中，政府不能忽视修建水窖这样一个小小的集雨工程，也许一口水窖可以满足一个家庭生活饮用水，也许两口水窖还可以满足一个家庭清洁用水，也许三口水窖还可以发展一亩庭院经济……水窖决定着一个家庭的命运和生活质量。政府应该充分重视和加大对集雨工程的投资，与其让卫生资源闲置，不如分一部分公共卫生投资用于集雨工程。

六　雨水集蓄合伙企业法律制度研究

1. 建立集雨合伙企业的意义与可行性论证

在市场经济条件下，笔者以为关键在于实现集蓄雨水的市场化。易言之，遵循和利用市场经济的一般规律，借助现行法律的相关规则，在明晰集蓄雨水产权的前提下，使集蓄的雨水商品化，在不同的市场主体之间进行流转，而农民的利益也就在流转的过程中得以实现。

（1）进行制度设计的价值论证

传统的古典理论认为农业产出取决于土地、劳动力和资本的数量，而新近的农业发展理论则认为，农业发展主要取决于提高土地和劳动力生产效率的政策安排。政策本身不能增加农业资源，但可以改变生产要素配置的环境和相对的价格，从而影响农业发展的方向、速度和效率。政策是用来组织产品和服务的生产与分配的共识体系，或者说是用以确立生产、交换和分配的基础的一些基本规则。有关政策安排通过对所有制权利约束的内容和结构的规定，以及通过对价格和贸易的干预，给农户的经济行为的深度和广度划定了前提，界定了农民损益的程度及可能性，并为其确立了资源合作权利的预期以及收入分配的预期，因此，政策强烈地影响着农业的衰荣兴废。它是农业发展的关键，又是人为造成农业衰退的根源[①]。

不难看出,在这里,"政策"一词实际上指得到国家认可的制度。建立集雨合伙企业虽然没有增加土地、劳动力和资本等农业资源的数量,但是可以聚合存在于农村的生产要素,如资金、实物、土地权利、劳务等,这种聚合,不是简单的相加和堆积,而是按照固定的规则进行合理的整合。在此基础上,形成集蓄雨水配置的崭新模式——市场模式,而农民从该模式中对自己的损益可以做出合理的预期,进而实现自己的应得权益。这样,既可以解决资金投入不足的问题,又可以破除农民对雨水集蓄的偏见,同时利用合伙企业法律制度的治理规则,解决在管理上存在的问题。

(2) 本项制度设计的绩效论证

制度变迁的需求诱致机理研究得出的一个基本结论是,制度安排所以会被创新,是因为现有制度下无法实现潜在利益,行为者产生了对新制度的需求,即一项新制度安排只有在创新的预期净收益大于预期成本时,才能做出。集蓄雨水合伙企业法律制度的设计,自然具有其目的理性。在实践中创设该制度,是因为在现有集蓄雨水利用机制中,无法实现潜在的利益。这种利益之所以是潜在的,是因为目前对集蓄雨水的利用停留在静态、单一的层面,而没有对集蓄雨水动态的、多元的利用,而正是这种动态的、多元的利用实现了集蓄雨水给农民带来的增值。"静态"是指农民对雨水进行集蓄后,仅仅是"谁集蓄、谁使用",而没有在农户(农民)之间进行流转;导致农户的富余雨水没能够给他带来收益,而有雨水需求的农户却不能通过市场机制得到满足。"单一"是针对集蓄雨水的用途而言的,是集蓄雨水静态利用的结果,农民在集蓄的生活用水富余的情况下,没能用于满足其他用户的生产需要;反之亦然。所谓"动态",是指集蓄的雨水作为市场经济中可以流通的要素之一可以在农户(市场主体)之间进行流转。"多元",是指将现有的集蓄雨水仅提供人畜饮用、农业灌溉,变成由集蓄雨水的购买者自主决定如何支配,这种支配必然是多元的,它不仅局限于人畜饮用和农业灌溉,还可以根据购买者自身的意愿,用于其他用途。

可见,本项制度设计的绩效是很明显的,它可以实现在现存制度下所无法实现的农民的利益。那么,这项新制度的预期的净收益会不会大于预期的成本呢?由于该制度仅仅是将现有的农业资源按照既定的法律规则进行合理的整

---

① 李成贵:《中国农业政策——理论框架与应用分析》,社会科学文献出版社 2007 年版,第 5 页。

合，并不会给农民带来额外的负担，所以，与现存制度相比较，在成本不变的前提下，合伙企业法律制度的预期收益将大于现有收益。况且，在本节的最后，笔者结合集雨合伙企业法律制度的政治使命和时代任务，提出相关的配套法律工程，将进一步降低制度创新的成本。

（3）对主流政策话语的补充

中国改革开放最成功的经验和最严峻的挑战都出现在农村，而解决农村问题的关键在于农民增收。围绕着如何确保农民增收，官方和学者着实进行了诸多的努力，最具代表性的就是刚不久前引起极大关注和广泛称赞的农业税的取消和早些时候土地承包制度（或曰农民土地承包经营权）改革等等，亦已成为官方的主流政策话语。减免农业税，或者说减轻农民负担，固然是一件利民的伟大举措，但是，一方面，目前农民收入低并不是因为农民负担过重这一因素引起的，换句话说，试图以减轻农民负担来解决农民增收问题，实际上假设了一个前提：农民的贫穷是由于负担过重引起的；事实上，这一前提却有待论证（官方也没有承认目前中国农民收入低是负担过重引起的），而根据农业部的统计，单个农民的负担只占农民总收入的 8.9%[1]。另外一方面，历史发展的实践经验告诉我们，没有任何负担的农民是不存在的，农村存在负担是社会发展的必然要求，是国家财政的重要来源，也是国家赖以生存和发展的重要依靠之一，这里存在的仅仅是负担合理不合理的问题，而不是负担有没有的问题。总而言之，仅仅靠减轻农民负担，农民是富不起来的。

一般学者认为，土地问题是中国农村问题的核心。其实，这一命题在普通情况下是成立的。但是，在中国，试图以土地问题为突破口解决农民增收问题已经显得力不从心了。一方面，早在 20 世纪 70 年代的土地改革风暴早已将土地改革的能量发挥殆尽，想要在今天通过土地改革获取与当年一样的收益已经是不可能了。就全国而言，农民收入增长的情况大致可以分为三个阶段：第一阶段是 1978—1984 年，农民收入增长最快，年实际增长 15.1%；第二阶段是1985—1988 年，农民收入增幅开始回落，年实际增长 5%；第三阶段是 80 年代后期至今，农民收入呈低速增长，1990—1993 年人均收入增长只有 3.8%，1994 年稍有回升，为 5%，以后又逐年下降[2]。可见，中国农民收入增幅最快

---

① 公维才、李纯英：《现阶段增加农民收入的基本途径》，《聊城大学学报》（社会科学版）2003年第 1 期。

② 王文学、李功国：《中国西部开发与法律制度建设》，兰州大学出版社 2000 年版，第 190 页。

的时期是在土地承包制度确立后一段时间[①]，这也充分说明笔者的观点。再者，中国的土地制度改革受到了政治经济制度（或曰刚性意识形态）的严厉制约，尤其是土地公有制的限制。在这种制约下，法学家们无法按照传统大陆法系国家的土地权利体系设计出概念体系完美的土地权利制度，因为在这些国家，普遍实行的是土地私有制。当然，同时也无法充分地借鉴英美法系国家的土地权利制度了。这就要求我们在坚持进行土地改革制度探索的同时，要独辟蹊径，积极摸索其他方面的出路。对集蓄雨水这一资源，转化成为可以在不同的市场主体之间流通的商品，利用市场经济的一般规律，实现集蓄雨水商品化、市场化，从而对增加农民收入发挥一己之用。这种思路，正是在坚持土地制度改革和减轻农民负担这些主流政策话语之外的补充。

(4) 破除西部农民的依赖心理

新中国成立以来，国家对西部地区的农民进行了大量的救济性扶贫，从而养成了部分人对国家政府的依赖心理，缺乏自主意识和独立意识。他们习惯于依赖国家给钱、给物、给技术，对自己作为经营主体和市场主体应具有的独立自主、开拓创新、自力更生的素质要求缺乏明确的认识。而农业生产中法律主体的软弱无力，形成西部农业开发中的重要障碍。建立集蓄雨水合伙企业，农民成为老板（合伙人），将合伙企业的命运与农民自身的命运紧紧地联系在一起，促使他们自力更生、开拓创新，成为农业市场中的自主自立的主体。从而扫除农民脱贫致富的心理羁绊，增强其内在自我发展能力，改变西部农业发展的人文环境严重落后的景况。

2. 集雨合伙企业的制度选择

(1) 组织形态设计——易行性

聚合生产要素有多种形式可供选择，如合伙、公司等，市场经济和民事主体制度发展的历史证明，公司制度应该是聚合生产要素和组织经营的最有力市场主体形态，我国的经济体制改革也偏爱于公司法人制度。但笔者结合中国农民、农村和农业的现状，建议目前选择合伙制度，等到雨水集蓄的制度理论资源和实践经验资源进一步丰富时，再采用公司制。原因分析如下：

第一，目前在我国农村中，农民的文化素质（主要指相关的法律意识和法律知识）比较低，对规范的公司制度缺乏起码的了解，在接受公司制度时，预计将会有一定的心理阻力。而且，根据现行法律的相关规定，公司法人制度内

---

① 李斌：《中国农村现代化之路》，《零陵师范高等专科学校学报》2002 年第 10 期。

部治理和运行已形成自己一套比较完整和成熟而又独特、复杂的规则。农民既缺乏知识结构上的准备，又有厌烦"复杂"的心态、习俗。况且，中国农村社会现今依然是传统的依靠地缘关系和亲缘关系为支柱所建构的"熟悉人社会"，而公司制度更多地依赖于以契约所建构的"陌生人社会"的基础上[①]。相反，他们对于传统的流传于民间的生产要素的聚合形式——合作社、个人合伙或者合伙企业，却是比较熟悉的。所以，目前如果采用合作社或者合伙的形式来聚合农民手中的资金、劳务、技术、土地权利等生产要素，可以比较顺利地得到农民的心理上的接受（这一点是非常重要的），同时，在合伙或者合作社成立后的具体实际运作中，减少了由于采用公司这一对农民来说尚陌生的制度所带来的不必要的阻力和成本。因此，笔者建议，不应盲目崇拜公司法人制度，应切实考虑到"农民"这种特殊身份和"农村"这种特殊地域，因人因地因时而宜，暂且推行合伙制度，而不宜强制建立集雨公司。

第二，组建法人公司需要承担相当的费用，根据现行《公司法》的有关规定，成立公司需要接受法律强制性的若干约束，如出资数额、股东人数、组织机构等。这些限制主要适用于成熟的中国城市（或乡镇）的工商业社会，但却与中国的农村社会实际不协调，从而给组建雨水集蓄组织设置了人为的障碍。

如股东人数的限制，显而易见，如若要设立的一个一般有限责任公司，需要的股东人数是 2 人以上 50 人以下。虽然我国公司法已经允许设立个人独资的有限责任公司，由于注册资金的严格限制同样地不能在农村地区有效实施。目前中国普通农村的家庭数一般不少于 50 户（何况是村民数）。实际生活中，修建一项雨水集蓄工程，往往惠及全村或多数村民，他们都希望向集雨工程进行出资，成为投资者，但却受到了《公司法》关于一般有限责任公司股东人数的限制。

《公司法》对有限责任公司的组织机构也做了明确的规定，要求有限责任公司一般应设立股东会、董事会和监事会等机构，而对每个机构的职权进行了详尽的列举。在农村，这些机构对于农民来讲，还都是陌生而又神秘的名词，农民能不能熟练地运用现代公司制度的治理结构来顺畅地运作集雨公司，是很令人担忧的。另外，农民对于庞杂的官僚机构有些天生的抵触情绪，在目前农村市场化程度欠发达的情况下，推行集雨公司制度，很容易引起农民的误解和反感，反而增加了农民接受集雨公司制度的阻力。

---

① 何勤华、戴永盛：《民商法新论》，复旦大学出版社 1999 年版，第 3 页。

相反地，采用合伙制可成功地解决上述问题。第一，没有设立企业时出资数额的限制，这样，就可以使农民摆脱资金缺乏所引起的尴尬；第二，设立合伙企业，也没有合伙人数方面的限制，这一灵活性极大地兼容了不同农村在家庭数和村民数方面的差异，因而可以得到较为普遍的应用和推广；第三，合伙企业的治理结构的意定性，使得合伙人对于如何管理雨水集蓄工程和经营雨水集蓄企业拥有较大的灵活性；第四，合伙以其成员间的信赖，天然具有的密切的人际关系，使组织内部因意见分歧而产生的内耗的可能性降至最低，可以满足小规模社会活动和经济活动的需要。在农村这一市场化程度尚待提高的特殊区域，合伙制将表现出其特有的、顽强的生命力。

（2）出资主体设计——开放性

所谓出资主体的"开放性"，是指应允许所有的民事主体均有权进行投资，包括农民、农户、法人、其他非法人的组织以及国家。在政府财力和农民自筹能力有限的情况下，出资主体的开放性显得尤其重要。例如四川省鼓励和引进私营企业主投资兴建雨水集蓄利用工程并进行开发，既解决旱地浇灌又促进地方经济发展。成都市一位私营企业主投资 20 多万元兴建雨水集蓄利用工程，在解决旱地浇灌的同时，利用水面搞开发，发展养殖业和"农家乐"旅游观光，既解决了雨水集蓄工程建设所需的资金投入，又得到了回报，促进了地方经济的发展[①]。

（3）出资形式设计——多样性

①现金：应为出资的最普通形式，此处不赘。

②实物：集雨工程的建设，需要大量的土、沙、石、水泥、钢材等，农民在缺乏现金的情况下，完全可以以上述实物进行出资。

③土地权利：雨水的集蓄利用依托于集雨工程，在建设集雨工程时，必然要依附于一定的土地之上，那么，有关的合伙人就可以以土地权利进行出资。

④劳务：劳务出资是设立雨水集蓄合伙企业的重要出资形式。原因有二：第一，考虑到中国农民目前对金钱的拥有状况，农民以现金形式进行出资面临着很多的困难（这一点是很明显的，否则也就不存在所谓"增收"等问题了），而以劳务的形式进行出资却具有可行性。第二，欲设立雨水集蓄合伙企业，必先建立集雨工程。集雨工程的建设需要大量的劳动力，雨水集蓄工程中很多为

---

① 周家富：《雨水集蓄利用工程在四川的应用》，《中国水利》2002 年第 7 期。

微型工程，如水窖等，技术难度小，在技术人员的指导下，群众可以自己完成[①]。允许和鼓励农民以劳务出资解决了农民既想投资于合伙企业并从中受益而自己又缺乏资金的"两难"问题。至于具体的劳务出资的折算方法，则应当由合伙人共同约定。如以日工的形式或者以承建一定工程的形式等，法律不宜做出强制性的规定。

⑤技术：由于农民受自身科学知识水平的限制，对地窖的选点、布置与结构都缺乏全面的考虑，不能最大限度地截取雨水资源和最优程度地保证灌溉。在这种情况下，有关技术指导机关和技术人员个人的技术出资就显得尤其重要。

（4）财产归属设计——清晰性

历史经验证明，明晰的产权是现代经济发展的重要激励机制。在设计合伙企业财产归属制度时，应包含两层含义：第一，应当明确对于集雨工程的产权归属，将现行的"谁建设、谁所有"的政策话语，转化成为规范的"谁投资，谁所有"的法律话语。在必要的时候，可以由有关的政府机关进行造册，登记集雨工程的所有权状况，并核发有关的权属证书。第二，应当明确合伙企业对集蓄雨水的权利，承认其所有权。

（5）治理结构设计——针对性

对其治理结构的设计，当然要服从现行法律关于合伙企业治理结构的一般规定，但是，也不应仅仅满足于在学理上进行逻辑推演和对现行法律文本规范进行转述，还应着重研究多数合伙人独特的身份特征（农民）和合伙企业独特的地域特征（农村），研究这两项特征给合伙企业治理结构的形成带来的巨大影响。因此，只有深入到集雨合伙企业的具体的细微个性，才能设计出符合实际的、可行的治理结构，否则就会大而化之，不能解决任何问题。

由于雨水集蓄工程的建设和使用往往会惠及全村人，在建立集雨合伙企业时，全村人会因为不同的出资形式（有钱的出钱，有力的出力）而同时成为合伙人。这时，选择合伙企业的治理结构不应迷信于合伙合同或者合伙人之间的其他协议。建议应与现行的农村自治体制兼容，由村民委员会充当执行合伙事务的合伙人，其他村民作为合伙人享有监督权等权利。之所以做出这样的选择，并不是合伙法律制度向基层群众自治制度的屈服，而是一种降低合伙企业运作成本的折中方案。甘肃洪水河地区灌区管理体制改革的经验表明，在干旱

---

① 皮汉生、王凌：《集水水窖的设计及应用》，《节水农业》2002年第11期。

地区，对村干部而言，某种程度上"水权"就是"政权"，水事和村务分开后，有些村的村务就难以推行。因此，为减少村干部对合伙企业运作的干扰，保证农村村务管理的稳定，维持农村安定的社会局面，应将合伙企业的治理结构与基层群众自治制度相结合，既保证合伙企业的有效运行，又不给村民自治管理带来负面的影响，使两者相得益彰。

3. 其他相关的几个问题

在上文中，设立集雨合伙企业从一开始就被赋予了神圣的政治历史使命——成为解决中国农民增收问题的一种思路。在这样的视野中，欲充分发挥集雨合伙企业的功效，必须精心构筑与之相配套的法律工程，这项法律工程必须能够为集雨合伙企业目的理性的实现提供技术保障，而该项法律工程的构筑也必须是在"西部开发"和西部"三农"问题的宏观思想指导下进行。如果忽视了这些配套法律工程的构筑，或者错误地构筑了这些法律工程，就会使集雨合伙企业无法实现其目的理性，甚至还可能导致劳民伤财，异化成为农民增收道路上的一块绊脚石。

(1) 税收优惠：在坚持现行税收体制的前提下，政府可利用"西部大开发"等政策性杠杆，对集雨合伙企业提供税收优惠。

(2) 经费投入：鉴于目前各级政府的财政现状，估计设立专项雨水集蓄工程建设基金将会给各级政府带来财政压力，因此建议集雨工程建设共享其他项目经费。如可以利用雨水集蓄的环境效益，实现与其他各项经费的共享。

①与"水土保持"经费的共享。在干旱和半干旱地区，由于地形复杂，沟壑多，土层薄，保水和保肥能力差，降雨产生的径流很快下泻，冲刷土壤，雨后容易干旱，农作物产量低而不稳。雨水集蓄工程能有效增加水分储存和抵御干旱能力，防止水土流失，减少泥沙对河流的危害。同时集雨灌溉工程又改善了作物和林木的生长条件，增加了林草覆盖率，从而达到了涵养水源、调节气候、改善生态环境的目的。可见，雨水集蓄对于水土保持具有重要意义，有理由共享政府设立的水土保持的经费。

②与"退耕还林"经费的共享。集雨灌溉工程促进一些地方退耕还林、还草，使许多过去的荒山、荒坡披上了绿装，山区的植被逐渐得到了恢复。流域的总生物量得到增加。建在田间地头、房前屋后、山腰谷地的大大小小的水窖、水池和饮水、拦水的沟渠，起到了很好的改善生态环境的作用。而实践表明，现代规模巨大的水利工程往往伴生一系列生态环境问题，雨水集蓄利用却不存在大的生态问题。甘肃和广西均有成功的范例，而以色列林业部的内格夫

沙漠"Savannization Project"的实验结构表明：在微型集水区建立后，不仅植物数量增加了，而且物种树木也增加了，认为微型集雨技术可以在干旱环境中产生小规模的绿洲[①]。在中央提出"退耕还林"和"再造西北秀美山川"的政策和口号后，各级政府加大了相应的投入力度。中外实践经验证明，雨水集蓄利用在"退耕还林"和"再造西北秀美山川"中将大有作为并扮演重要角色，因此，在"退耕还林"的财政拨入中应划定扶持集雨合伙企业的资金。需要进一步指出的是，随着市场经济的进一步发展，市场化组织的高级形态即公司制度得到不断的健全，公司制度不断地渗透到雨水资源化市场化进程中来。

---

① 李勇：《雨水集蓄利用的环境效益及研究展望》，《水土保持研究》2002 年第 4 期。

第五章　雨水集蓄利用工程相邻关系的构筑分析

第一节　雨水集蓄利用工程相邻关系的特点

一　雨水集蓄工程中的相邻关系制度的特点

雨水集蓄工程是一种小、微型水利工程，在干旱缺水地区，通过对降雨进行汇集、储存，起到平衡雨水资源，补充生产生活用水的目的。雨水集蓄工程是一个集合集流、净化、存储、输水、用水于一体的综合的系统。其中，集流工程主要包含天然集雨面和人工集雨面。天然集雨面有路面、屋面和沟壑，人工集雨面包括混凝土浇注和塑料薄膜等。而存储系统一般分为水窖、旱井、窑窖和蓄水池。用水系统分为田间节水系统和生活用水设施①。

可以看出雨水集蓄工程主要用于农田灌溉和农户家庭生活用水，其产生的相邻关系具有相邻关系制度一般的性质和鲜明的中国农村特色的两重特征。

首先，法律意义上的相邻关系制度最早见于古罗马的《十二表法》，在《十二表法》的第 7 表中规定："相邻田地之间，应留田地五尺，以便通行和犁地，在他人土地上有通行权的，其道路的宽度，直向为 8 尺，拐弯处为 16 尺，建筑物的周围应留 2.5 尺宽的田地以便通行。"② 随后的《法国民法典》和《德国民法典》也同样对相邻关系都做出了界定，并作为一个重要相邻不动产

---

① 参见水利部农村水利司《雨水集蓄利用技术与实践》，中国水利水电出版社 2001 年版。

② 周楠：《罗马法原论》（上），商务印书馆 1996 年版，第 301 页。

关系法律制度明确下来。

　　相邻关系是在绝对权利原则到相对权利原则演变过程中所确立的法律制度。罗马法的一个著名法谚讲道："行使自己的权利，对任何人皆非不法。"近代资产阶级民法三大基本原则之一就是"所有权神圣不可侵犯"。在这种财产权利绝对说的影响下，难免会出现权利人滥用自身权利给他人、社会和国家造成损失的情况发生。所以，伴随着法律实践和法学思想的进步，对个人财产权利在法律上有了限制，而相邻关系制度就是对相毗邻的不动产所有或使用权利进行限制的一种重要的法律制度。

　　根据我国现行法律的规定，相邻关系是指在相互毗邻的不动产间，所有人或者使用人在对该不动产利用的过程中，本着诚信、善意的原则，相互给予便利，克制各自因使用不动产所带来的对对方的不利因素，达到一种共赢的博弈状态。这是一种不动产产权的扩张，也是一种对不动产产权的限制。在这种扩张与限制中所形成的权利义务关系就是相邻关系。

　　相邻关系作为一种民事法律关系，同样包括民事主体、客体和内容。在相邻关系中民事主体包括自然人、法人和非法人组织，它是一种双方法律关系，只有一方不可能发生相邻关系；客体必须为相互毗邻的不动产，动产或者物理上相隔较远、影响不大的不动产不可能成为相邻关系的客体；其内容是一种以相邻不动产物权为基础的，因对不动产的使用所发生的权利义务关系①。

　　其次，雨水集蓄过程中的相邻关系所具有的农村特色主要表现在邻里关系上，邻里双方相互交往较多，彼此熟悉，一般而言都能相互忍让、互帮互助。但是对于事关双方日常生活或切身利益的事情往往会发生激烈的冲突，产生不可调和的矛盾。笔者在实地考察中发现，有些农户在修建水窖或者铺设管道的时候，有可能因为界地的分配不明、水窖的配套设施的归属不清产生纠纷。而且这种纠纷多表现为群体性和亲族间的矛盾。如李某某等多户村民与其叔伯长辈李某所发生的用水纠纷，李某某等村民合伙修建一水窖，用于雨水集蓄，修建的引水沟经过李某的田地。李某未经李某某等人同意，私自开挖水渠灌溉自家农田，造成李某某等人的水窖蓄水量的下降，由此双方产生了纠纷，村干部介入仍很难调处。

　　究其原因，主要是由于农户相邻各方或多或少都有一定的血缘关系，加上村民间的口头约定、自然习惯多；而书面协定、法律意识少，所以对于雨水集

---

　　① 李丽茹：《不动产相邻关系的立法初探》，《华北电业》2002年第3期。

蓄工程的产权界定上较为含糊。在实际发生纠纷时,缺乏约束和界定双方权利义务关系的协定,使得纠纷变得复杂和难以协调。

所以,必须从物的归属和物的性质角度出发,厘清相邻关系中的客体、主体以及内容,才能更好地研究雨水集蓄工程中的相邻关系,解决在相邻关系中所出现的问题。

二 从物的性质角度来看雨水集蓄工程存在的相邻关系

在雨水集蓄过程中主要存在两个不动产的相邻关系:雨水集蓄工程的相邻关系和雨水集蓄工程用地的相邻关系。

雨水集蓄工程的建设必定要占用一部分土地,那么对于土地而言,集蓄工程在物权关系上处于一个什么样的地位呢?这需要认真地加以分析和研究。因为,物权关系的客体是有体物,如果连客体都没有区分清楚的话,那么对于由此设立的物权便失去了作用的对象,而基于所有权所产生的相邻关系就更是无从谈起了。

首先,雨水集蓄工程的建设用地是作为不动产而存在的,作为土地的所有者和占有、使用者,应根据诚信原则和权利不可滥用原则,善意、适当地利用该土地,使之发挥最大的作用,这一点是毋庸置疑的。

但是,问题的关键是确定雨水集蓄工程是作为地上定着物,还是土地的一部分财产而存在?这在学界鲜有人关注。有学者对与集蓄工程相类似的水井、排水沟做了认定,认为这些物依附于土地,应成为土地的一部分,而并非定着物[1]。对于雨水集蓄工程而言,需要区别对待。因为雨水集蓄工程是一个综合系统,其中,主要是确定储存系统的物的性质。从物理性质上来看,无论哪一种存储形式,都会依附于土地而存在。那么是否就可以将其看做土地的组成部分呢?笔者认为,无论从法律性质上,还是从激励机制上来看,都应当将雨水集蓄工程单独设定为独立的不动产,即定着物。

因为,首先从法律性质上来看,雨水集蓄工程符合作为物的一般特性,雨水集蓄工程是一种独立于人之外,能够满足人们用水需要,并能被人所使用和支配的有体物。其在空间上占有一定的体量,并在这一体量上凝结了完备的物权属性,具有全面的所有权权能,所有者可以对其加以占有、使用、收益和处

---

[1] 魏振瀛主编:《民法》,北京大学出版社、高等教育出版社2000年版,第121页。

分。其次，雨水集蓄工程不是从属于其他物的从物，在物与物的关系中也具有独立性。雨水集蓄工程是包括集雨、节水、输水、灌溉一系列设施的综合的工程，不依附于土地等其他不动产，在整个集蓄雨水过程中，从工程的维护、使用到涉及的方方面面的法律关系都自成体系。再次，雨水集蓄工程符合作为定着物的特殊要求：集蓄工程附着于土地，移动后即会损害其使用价值，此外，其还具有节水灌溉的经济效能，这种独立的效能不同于土地产出物的效能，也不同于其他在土地上修建的围栏、房舍的效用。所以，应将其视为独立的不动产。

而且从激励机制上看，如果将雨水集蓄工程作为土地的一部分，那么土地的所有者——国家和集体就当然享有对此的所有权。但是，从现实情况来看，考虑鼓励农户积极发展节水灌溉，解决资金不足等问题，除了规模较大的、具有较广影响力的集蓄工程归属于国家所有外，其余的小型水窖一般都应归农户个人所有①。如果不能明确雨水集蓄工程独立的有体物的性质，那么农户对于工程的所有权就失去了可以依附的对象，不利于激励农户建设集雨灌溉事业。

所以，可以说雨水集蓄工程是独立的不动产，应具有独立的相邻关系。在研究雨水集蓄工程的相邻关系制度中，应注意与土地间的相邻关系区别开来。

土地间相邻关系与雨水集蓄工程相邻关系的异同主要有以下三点：

第一，雨水集蓄工程依附于土地，其相邻关系与土地有着密不可分的联系。比如，相邻防险、排污关系，用水、流水、排水关系，相邻管道的安装关系。两者都有重合和相似的地方。而且，雨水集蓄工程最终的目的也是为了灌溉和生活用水，为土地服务也是其重要的宗旨。

第二，雨水集蓄工程的相邻关系与用地之间的相邻关系有着本质的不同。其目的不同，用水、流水和排水关系中，前者是为了土地本身的灌溉所需，而后者主要为集聚雨水所设。管道的安装同样如此。

第三，集流系统就是专为雨水集蓄工程所设的，集流面所产生的相邻关系是为雨水集蓄工程所特有的。

---

① 新出台的《物权法》不仅强调了国家、集体权益的不可侵犯，也明确了对个人合法财产的保护，但是，关于小型水窖所有权归属于农户这一问题需要在法理上进一步求证，更需要立法机关通过制定相关具体法律来加以保障。

三 从物的归属角度看雨水集蓄工程中存在的相邻关系

美国芝加哥大学教授查理·A. 波斯纳在《法律的经济分析》一书中认为，财产制度确立的根本意义在于创造和保护人类有效使用资源的诱因[①]。只有明确和保护了主体对某一财产的物权，才能促使这一主体持续和有效地对这一财产进行成本的节约和长期的投资与管理。所以，为了区分这两种不同的相邻关系，加强对雨水集聚工程从筹资、开工建设到使用、维护全程的法律调控，需要出台有针对性的法律法规，在法律上明确政府、水利公司、农户、施工队等主体的法律角色，明确产权关系，促进集雨工程的市场化。

1. 雨水积蓄工程的产权关系

雨水集蓄工程根据工程量和公益性的大小，可分为水库、塘坝以及水窖。水库和塘坝一般供应着一个村和多个村，甚至一个乡的生产生活用水，社会影响力较大。而水窖分为家庭生活用水水窖和农业生产用水水窖，用于生活用水的水窖以一家为单位，在每个农户的庭院里建造。而农业生产用水设施一般修建在田间地头，以一村为单位或者几家农户合资修建。

由于雨水集蓄工程坚持"群众自筹为主，国家补助为辅"的方针，又大力推行"谁投资、谁建设、谁所有、谁管理、谁收益"的政策，所以政府投入资金和实物，再由村民在技术人员的指导下出劳动力修建水窖、水渠和集雨场等蓄水工程时，政府都是免费扶持的。又加之水库和塘坝的社会影响力较大，所以其应为集体所有、集体管理、集体收益。村委会或者村小组作为水库和塘坝的所有权人行使使用、收益、管理的权能。

而修建在田间地头的水窖应根据投资人的不同做相应的区分：在田间用于生产的水窖，如果是以村集体名义建设的，村集体是该水窖的所有人；如果是村民合资修建的，可以参照《民法通则》第三十条"个人合伙是指两个以上公民按照协议，各自提供资金、实物、技术等，合伙经营、共同劳动"；第三十一条"合伙人应当对出资数额、盈余分配、债务承担、入伙、退伙、合伙终止等事项，订立书面协议"；第三十二条"合伙人投入的财产，由合伙人统一管理和使用；合伙经营积累的财产，归合伙人共有"；第三十四条"个人合伙的经营活动，由合伙人共同决定，合伙人有执行和监督的权利"的规定，定性为

一种民事合伙，根据合伙协议或者出资在各合伙人之间分配管理权、收益权，所有权为合伙组织共同所有；如果是以村民个人名义建造的，那么所有权人就是建造人。

如果这种生产性水窖是为了吸引私人投资，而投资人是为发展水产养殖、经济作物生产而修建的水窖，其所有人应为投资人；修建在农家庭院，为了每户生活用水的水窖，所有人应为每家农户，由农户自行管理和维护。

2. 各级政府在雨水集蓄工程产权关系上的探索

由于雨水集蓄工程在西部干旱半干旱地区有很强的适用性和可行性，所以从中央到地方各级政府都十分重视，很多地方都成立了专门的组织机构，具体负责工程的实施，又加大了政策的扶持力度，改革体制，明晰产权。在专项补贴中，开展多干多补、少干少补、先贷后补和先干后补的政策，总结出很多切实可行的经验，在明晰法律关系上也做了探索。

第一，某地方政府雨水集流工程坚持"水利为社会，社会办水利"的方针，采取"建成后拍卖，分期付款，收回再贷（建），滚动发展"的方针，实行"产权到户，可继承、转让、拍卖"的原则，使该地区的雨水集流工程走上了可持续发展的道路，把雨水集流工程推向了市场。如，水利公司派技术员实地勘测，帮农户选点规划设计，待农户投劳开挖好基础，备好沙、石料后，水利公司方同意先行发放水泥，政府和水利公司全程进行技术上的指导，或者农户和水利公司签订合同的同时，找到相关担保人，由担保人和水利公司签订担保合同，然后水利公司再向农户预支水泥等建筑材料。在对于部分无建筑施工技术或缺乏劳动力的农户，由水利公司请专业施工队包工包料建成后，以蓄水量为单位的成本造价转让给农户，或者是建成交付后，按每年蓄水量以每立方米若干元的标准收取水费。

第二，有的地区有关部门与农户签订建窖协议，按照自愿建窖的原则，执行"谁收益谁投工投劳谁永久使用"的原则，保护农户的积极性，对所建工程由政府颁发产权证，明确所有权、使用权和管理权，鼓励农户利用水窖发展池园经济，开展时鲜果蔬等高附加值的农产品的种植，拓宽农民的经济来源渠道，实现粮增产、钱增收，推动了农村经济的快速发展。

第三，有些地区在工程建设中采取强化目标管理、实行责任制的方法，提出"行政技术"承包责任制，强化有效指挥和技术服务，以保证雨水集聚工程的顺利进行。明确任务目标，落实责任措施：技术服务和经费协调由水利部门负责，逐级签订责任状，一级向一级负责，推行目标管理责任制度；工程技术人员直接和农户签订服务合同，工程质量和完工时间直接和工资奖金挂钩，进一步激发了各方面的积极性。

四 雨水集蓄工程中相邻关系与地役权之间的异同

雨水集蓄过程中所存在的相邻关系制度与地役权是一个相互联系又不容易区分的两个概念。两者都是不动产物权制度不可分割的组成部分，但是两者的区别也是十分明显的。

地役权源自于罗马法对于财产权利的规定，是一种较为典型的他物权。主要是以对他人土地（供役地）的使用，来达到自己土地（需役地）使用的便利的一种权利。而不动产相邻关系主要是以对相邻土地所有权的限制为出发点的，是以义务为本位的法律制度体系。

在大陆法系存在着两种可以对比的模式：一个是法国模式，其将相邻不动产关系归入地役权，单纯由地役权来调控相毗邻不动产之间的法律关系；另一种是德国模式，其将地役权和不动产相邻关系并列设定，把两种关系划分为不同的内容和体系。根据我国新近出台的《物权法》，我国法律对两者的界定与德国模式相近。

首先，地役权主要是调控两个相邻土地的一种权利，是约定的，一般是以金钱等为对价获得的，很多情况下，由双方当事人通过签订协议来确定，当事人的法律行为是产生地役权的原因，所以，地役权是一种有期限的权利。而相邻关系是一种法定的权利义务制度，是在具体的民事法律关系产生前，由法律规定的，只要相邻关系存在，其法律制度也就会存续，其主要是强制性的规定，还有一些是任意性规范。对于任意性规范，双方当事人可以协定来加以免除，这时被免除方所获得的权利就是一种地役权，而不是相邻关系。

而在雨水集蓄工程过程中，农户间鲜有签订相应的协议来约束双方对于相邻利益的冲突，这就需要国家作为一个调控者，用法律来规范这种现象。如果强调地役权在相邻集雨灌溉工程中的应用的话，则达不到有效保护相邻各方合法权益的目的。

其次，地役权的对象主要是以土地为代表的不动产。而相邻关系制度所调控的不动产的范围就比较广泛，主要分为土地相邻关系和建筑物相邻关系。而在雨水集蓄工程中，也主要包括雨水集蓄工程及其配套设施的相邻关系，还包括工程用地的相邻关系，所以用相邻关系制度来规范雨水集蓄工程中出现的法律现象比较恰当。

第二节 调整雨水集蓄利用中相邻
关系的法律原则

因为相邻权关系是基于相邻不动产所有权或者使用权所产生的权利义务关系，是一种民事法律关系，应受民法基本原则的调整，但是在处理相邻关系中也应遵守一些法律规定的特别原则。

因此，可以将调整雨水集蓄过程中相邻关系的法律原则分为民事基本原则和特别原则两类。

一 民事基本原则

首先，在民事基本原则中与相邻关系最为密切的是诚信原则和权利不可滥用原则。

1. 诚实守信原则

诚信在法律上表达了当事人的"善意"动机。古典经济学和科学管理学派，将个人视为"经济人"而存在。"经济人"在交往过程中最为理性地以自身的利益为根本出发点，对机会成本进行最优化的选择，但是博弈论告诉人们，如果交往中的当事人都做出完全利己和损他的选择时，任何人都会得不到最好的结果，因为在资源稀缺的前提下，资源分配的失衡是达不到效益的最大化的。荀子在《礼论》中也说道："礼起于何也？曰：人生而有欲，欲而不得，则不能无求，求而无度量分界，则不能不争。争则乱，乱则穷。先王恶其乱也，故制礼义以分之，以养人之欲，给人之求。使欲必不穷乎物，物必不屈于欲，两者相持而长，是礼之所起也。"[①] 所以，人们为了利我而选择了利他，在追求自身利益的过程中，不得不考虑他人的利益，这种利他兼利我的心理状态就是诚实守信。

---

① 冯兵：《荀子义利观辨析》，《重庆师范大学学报》（哲学社会科学版）2006 年第 5 期。

诚实守信是构成社会正常运转的基础和前提，失去了诚信，人们的交易成本就会增大很多，社会经济活力也会降低，更重要的是会使人们相互之间的不信任蔓延，对社会稳定造成更大伤害。由此，法律介入了对个人诚信的约束，立法者通过将诚信原则化，把诚信从道德伦理转化为法律。

从古代罗马法开始就对"诚信"有了明确的法律定义。在现代法律中，1896 年的《德国民法典》第一次规定诚实信用条款，该法典第一百五十七条规定："契约应考虑交易上的习惯，以诚实信用的要求而解释之"，第二百四十二条规定："债务人须依诚实信用，并照顾交易惯例，履行其给付。"《法国民法典》一千一百三十四条、一千一百三十五条之"契约应以善意履行之"，等等①。1907 年制定的《瑞士民法典》将诚信确立为一个重要的法律原则。

我国《民法通则》的第四条规定："民事活动应当遵循自愿、公平、等价有偿、诚实信用的原则。"而《合同法》的第六条也规定："当事人行使权利、履行义务应当遵循诚实信用原则。"至于在商事活动中，诚信原则的重要性更加明显。例如，《个人独资企业法》第四条规定了："个人独资企业从事经营活动必须遵守法律、行政法规，遵守诚实信用原则，不得损害社会公共利益。"伴随着现代社会的发展，诚信原则在法律中的重要性愈加突出，最后成为现代民法中的一个"帝王条款"总括了整个民商事法律，甚至涉及行政和刑事领域。可以说，诚信原则作为具有浓郁道德色彩的法律原则，在平衡民商事主体利益关系，解决民事活动中各主体道德性问题上发挥了"君临全法域之基本原则"的作用②。

在雨水集蓄过程中，由于集流面有可能利用的是公路或者公用的谷物晾晒场，所以集流下来的雨水必然要存在一个合理分配的问题，在这种情况下，就需要发挥诚信原则的作用，使雨水都能在各家各户合理分配，平衡各个农户之间对于雨水消费的利益，使雨水资源运用在最需要的地方，使其利用率达到最大化。

2. 禁止权利滥用原则

《宪法》第五十一条规定："中华人民共和国公民在行使自由和权利的时候，不得损害国家的、社会的、集体的利益和其他公民的合法的自由和权利。"《民法通则》第七条规定："民事活动应当尊重社会公德，不得损害社会公共利

---

① 陈庆林：《从道德规范到法律原则》，《安徽冶金科技职业学院学报》2006 年第 3 期。
② 史尚宽：《民法总论》，（台北）正大印书馆 1980 年版，第 300 页。

益。"《瑞士民法典》第二条第二款规定:"明显地滥用权利,不受法律保护。"这也是一个权利与利益制衡的机制。如果说诚信原则主要是从行为人道德、内心层面出发,来规范人们的行为的话,那么禁止权利滥用原则就是从外部,从利益本身来加以限制。这就像豪猪之间的取暖,既不能靠得太近,这样容易刺伤对方,也不能离得太远,那样就起不到取暖的作用。人们的利益也是在这样的矛盾中寻求一个平衡点的。过多地强调自身利益,就会损害对方利益,反之亦然,这样每一个人都无法得到最大的利益满足。只有相互规定一个利益的界限,这个界限不仅不会损害对方的权利,也会使自己的权利得到充分的行使。比如,在雨水集蓄过程中,不得不在相邻土地上修建排水管道,这是产权人应享有的权利,对方应该予以容忍。但是,这种权利的行使不能超过一定的限度,不能过多地占用他人土地,能在土地边缘布管的,就不能在土地中间施工。

二 相邻关系的特别原则

《物权法》第八十四条规定:"不动产的相邻权利人,应按照有利生产、方便生活、团结互助、公平合理的原则,正确处理相邻关系。"而《物权法》第八十五条也规定:"法律、法规对处理相邻关系有规定的,依照其规定;法律法规没有规定的,可以按照当地习惯。"虽然按照当地习惯处理相邻关系的效率性问题并没有归入《物权法》所要求的原则之列,但是基于习惯,在处理相邻关系时,尤其是基于在建设雨水集蓄工程中的相邻关系的普遍性和重要性的考虑,故在学理上看,规范雨水集蓄中的相邻关系应遵循以下五个原则:

第一,有利生产、方便生活。

这一原则恰当地概括了雨水集蓄过程中的两个方面。因为在用水方面,雨水集蓄工程主要用于田间的灌溉和生活用水。农户房前屋后的水窖及其配套措施主要用于生活用水,由于一般行政村或者自然村的房屋都是聚集而建,形成一个个村落,所以存在着和毗邻住户用水的相邻关系。而田间灌溉一般分为集体公用水窖、几个农户共用的水窖以及单个农户所有的水窖。这时也形成了多个复合的相邻关系。在处理这些相邻关系中,应该保证将有限的雨水用于各个农户最需要、经济效益最大的田地上,使其发挥最大的经济效益。

第二,团结互助。

团结互助是中华民族的传统美德,在建设水窖的过程中,应大力发挥传统的换工换劳的农村建设的劳动习俗。在我国传统社会里，农业生产和建设主要靠人力的耕作，在收割的季节或者房屋建设的时候，往往发生劳动力不足的情况。为解决这一问题人们就自觉地相互帮助，以换取在自己需要劳动力时别人的支持。如果一家进行建设活动，全村的亲朋好友都会来帮忙。雨水集蓄工程的建设中也同样可以发挥这一传统习俗，农户的自建水窖的劳力可以这样解决，集体建设的水窖也可以建立完善的劳动积累工和义务工制度。这在云南省楚雄彝族自治州的农村小型水利管理条例中就得到了反映。

第三，公平合理。

这一原则强调了在雨水集蓄过程中，处理利益分配的基本原则。在有限雨水的收集过程中，必须在他人土地上埋设管线或配套设施，应该经过他方许可。在工程用地的使用过程中，要合理利用，因时因地制宜。尤其是生产性雨水集蓄工程，要合理地安排，因农村小型水利建设取土、采石、修路造成施工现场土壤植被破坏的，建设方应当做好复垦、植树、种草等恢复植被工作。

第四，尊重历史和习惯的原则。

在我国农村，现今还保留着世代相传的风俗和习惯，"远亲不如近邻"、"邻里相助"的邻里关系形成了一种传统的模式和思维惯性，形成了独特的行为秩序和传统观念。法治精神在欠发达的西部农村地区没有得到深化，乡规民约等传统的救济方式还比较普遍。而雨水集蓄工程主要在农村开展，所以在处理相邻关系时，在不违反现行法律法规的条件下，应充分尊重相邻各方对于历史所形成的沟渠分界，用水、排水通道和处理相毗邻各方产生种种矛盾的习惯方式。

这样不仅有利于纠纷双方对处理方式的理解和认同，而且会更加有效和迅速地解决日常邻里关系所带来的纠纷[1]。

如江西省南康县在处理水窖、河塘相邻关系的习惯的调查报告中写道："南康县属田多者而河塘甚少，每至夏秋之际，即有灌荫不足之虞，故该处农民往往在共有之众塘内自行加工，开挖深坞，以资积水，此开挖之坞，名之曰'己坞'……众塘，凡共有者，均应按照持分论管，此之必然之理也。"[2] 可以

---

① 文学容、吴白云：《论农村常见相邻关系的法律调整》，《湖南经济管理干部学院学报》2006 年第 1 期。

② 前南京国民政府司法行政部编：《民事习惯调查报告录》，中国政法大学出版社 2005 年版，第 199 页。

看出，民俗伦理习惯已经有了公有水塘和农户个人所有水塘的区分，对这两种水塘的所有关系都予以明确和保护，而且在众塘的管理上也对雨水集蓄工程相邻关系的立法具有重要的借鉴意义和参考价值。

第五，效率原则。

一个法律现象不得不面对效率的问题，比如在民法上的诉讼时效，刑法上的追诉时效的规定，都是为了避免当事人或者法官在面对法律争议时久拖不决，效率低下的现象。效率高，意味着投入大于产出，也就被视为经济的。

在处理相邻关系中出现权益使用的冲突问题，这就存在一个利益间的平衡与取舍，需要扩展相邻人对于不动产的使用范围，同时也需要限制对方当事人的权利。在这样的抉择过程中，需要采取一个经济的、有效率的方式和途径，以避免社会资源的浪费，提高社会的整体效益。

第三节　集蓄利用中存在的相邻关系类型及其救济

由于相邻关系是一种法定的制度体系，在规制相邻各方权利义务的时候，所起的是"兜底"的作用。其是在意思自治、权利自由原则的基础上，保障相邻主体最基本的权利义务。这是对个人权利的一种约束，但是，这种约束当然不能成为束缚自由的枷锁，而只是作为平抑利益的一种方式。

所以，提供容忍和便利的一方只是在保障其基本利益的前提下，才能提供容忍与便利，而获得便利的一方也只是在不得已的情况下利用邻人的不动产。这种利用程度是限定在一个较低的水平上的，这为相邻各方的意思自治，自由设定地役权留下了足够的空间。具体来讲，雨水集蓄工程的相邻关系分为以下四个方面：

一　相邻经济利用关系

《物权法》第八十六条规定："不动产权利人应当为相邻权利人用水、排水提供必要的便利。"所以，提供便利或容忍的当事人的义务主要是在采集雨水和使用集蓄水窖及配套设施的时候，为相邻一方提供最基本的方便条件。例如，如果都利用公路集雨，相邻一方不靠近公路，当事人就应允许邻人将一部分雨水引到他的田地里去。靠近集流面的水窖所有人不得擅自筑坝堵截流水，断绝后面水窖的集流水源。

而提供便利和容忍当事人的权利在于可以拒绝邻人不合理的要求和不适当的侵害，如果造成了实际的损害，受害一方有权诉请法院保护自己的合法权益。

而获得便利一方的权利是在不得不使用相邻人雨水积蓄工程的时候，有权要求邻人提供便利，如果合理的要求得不到满足，同样可以寻求有关机关的保护。

但是获得便利一方的义务就是尽量做到不过分损害邻人的权益，应做到因地制宜、合理布局。尽量选择靠近水源、集中连片的集流面。比如，将窖群布设在田间两侧的农田内，根据路面产流合理地选择适量的水窖数量，避免过密布局。开辟新集雨场的，应尽量利用现有的农户屋顶、路面和场院。在使用过程中，如果用瓦屋集流，则存在屋檐滴水的问题。不得使房屋雨水直接注泻到相邻一方的建筑物或土地上。对于滴到相邻方地界的水，可以经过合理协商，将这些雨水也加以回收充分使用。在公路沿线建设的水窖，如果一家的水窖暂时缺水，可以在和相邻方协商的前提下，使用对方集流的雨水，以解决急需的浇灌用水。

二 相邻防险关系

在农户房前屋后所建造的生活性水窖，需要开挖土地。这时，就不能建在邻居房屋的地基附近，这样会造成相邻建筑物的地基受潮，受损，有发生动摇的危险。所以，在水窖建设过程中，作为获得便利一方的打窖农户应尽到一个善良管理人的义务。在打窖前，应向村小组申请打窖指标，经乡镇政府批准，然后由专业的技术人员在考察打窖能力和确定安全合理的窖址后，确定具体的打窖地点和工序。在打窖过程中，要合理的考量窖的尺寸，应和相邻一方的建筑物保持一定的距离。对安全隐患，需要及时上报有关技术部门，并采取相应的加固等预防性安全措施。在建设窖面边缘的时候，要拍实或夯实，以人踩不落陷为准。

三　相邻集雨管线的安装关系

《物权法》第八十八条规定，不动产权利人在铺设水管必须利用相邻土地的，该土地的权利人应当提供必要的便利，这是容忍一方的义务。而获得便利一方的义务是安装集雨引水工程的时候，应该选择最合理、最经济的路线。必须经过他方土地的时候，须经对方同意，并给予补偿。不得损害相邻一方对雨水的利用。在他方进行集雨过程中，不得过多地占用雨水径流量，使相邻一方遭受较大损失。

四　不可量物侵害的相邻关系

《物权法》第九十条规定："不动产权利人不得违反国家规定弃置固体废物，排放大气污染物、水污染物、噪声、光、电磁波辐射等有害辐射。"法律的这一规定主要对不可量物侵害做了规制。"不可量物侵害，通常指噪音、煤烟、震动、臭气、尘埃、放射性等不可量物质侵入邻地造成的干扰性妨害或损害。"它是《德国民法典》和《瑞士民法典》中规制建筑物相邻关系的主要制度。在英美法系中，被称之为"安居妨害"制度。"不可量物的侵害"提出的意义在于为相邻关系设定了一个侵害赔偿制度，使相邻受损一方能得到相应的补偿，弥补纠纷所带来的利益失衡。

1907 年《瑞士民法典》第六百八十四条第二项规定："因煤烟、不洁气体、音响或震动而造成的侵害，依土地的位置或性质或依当地习俗所不能容忍的情况的，应禁止之。"这种相邻关系分为"物质的侵害"和"精神的侵害"。物质的侵害是指侵害物质，如，高音、振动、喧嚣、噪声等侵害邻里的工作、生活、休息，使得相毗邻一方受到的实际的损害。精神的侵害指虽未受到来自相邻土地的直接侵害，但是由于邻地所有人或利用人利用其土地的结果，致使在邻地上生活的人感受到不安、恐惧、焦躁等精神上的创伤，为精神的侵害。我国法律一般将前一种侵害归结为财产权利和人身权利（除精神损害）的受损，后一种是精神利益的损害。

日本民法对于不可量物（主要是日照妨害）的侵害所带来的相邻关系，规定了一个"忍受限度"标准。这种"忍受限度"是指如果妨害逾越社会一般人的忍受程度，即属于违法，构成侵害；反之，如果未逾越社会一般人的"忍受限度"，受害人则负有容忍义务，不构成侵害。

在雨水集蓄过程中所出现的不可量物侵害主要集中于工程施工的过程中所带来的烟尘、振动和噪声和在具体管理水窖所出现的杂物胡乱堆放、窖台破损对邻里造成的损害。如在考察中发现，有些农户在与其相邻的其他人的水窖旁堆砌人畜粪便，造成邻人水窖受到污染，水质下降。这就需要在工程施工时制定详细的施工工序，加大技术指导的力度和统一规划的覆盖面，避免群众根据自己的经验和喜好所进行的不文明施工，注意对施工过程中周围环境的保护，对植被的破坏要减少到最小，在施工完毕后及时复种。对已造成的损害，应对受损一方予以赔偿。具体的赔偿数额，可由村委会、乡镇政府调解确定。

五　相邻关系致害的救济制度

在前面已经提到，对不可量物损害的设定是为了在此基础上建立侵害赔偿制度，使相邻受损一方能得到相应的补偿，弥补纠纷所带来的利益的失衡，但是对于受损额在法律上并没有具体的赔偿标准，需要由法官来自由裁量。

法官的裁量幅度需要有一个可以参照的依据，以避免法官的主观随意性导致相同案例的裁判结果迥然不同。在这里可以借鉴科斯的"EAL 理论"，对赔偿额进行一种经济分析[①]。

根据 EAL 理论，假设相邻不动产的所有人或者使用人是甲和乙，其中因为甲对其所有的不动产的使用造成了乙的损失，那么可以设定，对乙的损害为 C_1，甲为避免对乙的损失所付出的代价为 C_2，乙自身为避免损失所付出的代价为 C_3。确定赔偿数额，应在 C_1、C_2、C_3 中寻找出代价最小的进行赔偿，即两害相权，取其轻。

举例说明，假如一个行政村的村集体共同决定在村子的东头修建一个较大型的塘坝来进行节水灌溉，但是在施工过程中，因为施工机械的振动造成了同样修建在村东头的与之相邻的农户李某家的水窖发生了漏水和裂缝，这就产生了一个相邻关系致害的问题。

根据 EAL 理论，村集体作为甲方（侵害方），李某作为乙方（受害方）。相关数据显示：修建一个雨水的储存设施，每立方米容量的造价在 40 元至

---

① 李葆华、王晓敏：《相邻关系和法官的自由裁量权》，《甘肃政法成人教育学院学报》2005 年第 2 期。

120元之间。而一个40立方米的水窖，可解决一户五口之家的饮水问题，并灌溉一亩农田。而发展综合利用型的塘坝，容量一般在200立方米到1000立方米。那么就假设李某的水窖容量即为40立方米，而村集体正在修建的塘坝的容量为1000立方米。村集体对农户李某所造成的损害是使水窖发生漏水和裂缝，如果对水窖进行修补，经济损失可估算为100—300元左右，这就是C_1。而村集体为避免乙的损失，就是停止施工。这付出的代价大概是10万元左右，即C_2。而李某为避免再遭受损失，只能是另选地重建水窖，那么付出的代价是2000元左右，即C_3。

可以看出，$C_1 < C_3 < C_2$，那么，法官可以两害取轻，判定村集体继续施工，即允许村集体对相邻一方的李某的侵害行为，但是村集体应偿付对李某所带来的300元损失，李某可以用这300元对水窖加以修复，使其恢复使用的功能。这样的一种判定，应该是最有效率的。

这种权衡受损利益的机会成本的方法，可以很好地解决在雨水集蓄过程中所出现的侵害赔偿问题。因为，相邻关系的双方都拥有对各自不动产的合法权益。这种权益的行使是受法律保护的，但是在两个同样受法律保护的权利发生冲突时，法官如何抉择才会更加具有效率、更加合理。这需要仔细考量两者的损失或者付出代价的多寡。如果以较小的损失获得较大的收益，这在经济学上是经济的，从法律角度来讲，也是合理的。

当然，以上的分析仅仅是指相邻双方财产性的损失。但是，基于相邻关系对邻地人所造成的侵害当然不仅仅局限于财产性的损失，受害人的人身权利也会受到一定程度的损害。

这就涉及受损权利位阶的问题。一般的区分是当事人的生命权、健康权和身体权大于财产权。当人身权和财产权同时受到侵害时，就不会出现舍弃谁的问题，人身权利的损害必须得到相应的赔偿。

六　雨水集蓄的相邻关系制度的再发展——公法相邻关系

伴随着社会生产力的发展，人们的经济活动的影响力已不再局限于当事人双方的范围之内了，相邻关系制度同样如此。在相互毗邻的不动产之间所形成的相邻关系有可能涉及社会的方方面面。比如，环境污染问题，我们每一个人的行为都在无时无刻、不知不觉地为创造"环境"做出"贡献",这种"贡献"有优也有劣。但这种个人的环境行为一旦做出就不再是个人行为,而被"环境"所吸纳,具有了社会性。比如,一个人在上游河段洗衣服,单纯来看只不过是个人日常生活的一小部分,但是如果使用的洗衣粉含磷,那排放到河流里就会造成水质量的下降,给当地"环境"加入了危险因素,最终使环境质量下降。

所以,当事人做出一种行为后有可能会出乎意料地带来一系列的社会问题。这就需要公法因素的介入,在宏观上来加以约束和预防。这就会使相邻关系制度超出民法的范畴,需要经济法、行政法等公法来调整。所带来的结果就是出现了民法模式下的相邻关系制度和公法模式下的相邻关系制度并存的状况。德国法学界对此进行了卓有成效的研究,并在法律实践中得到了检验。

德国学者派纳(Peine)在《公法与私法相邻权》一文中对相邻关系法的公私法二元并存关系做了如下总结:

立法者在制定《德国民法典》第九百〇三条、第九百〇六条、第九百七十条和第一千〇〇四条之规定时,并非仅仅考虑到相邻利益的平衡。他们想制定这样的规范,即"在个别情况的冲突解决之外的一个有利于公共利益的空间规整的功能"。民法之不可量物侵害保护法是建立在经济自由的工业社会的思想基础上的,该思想来源于这样一个事实:空间的发展是遵循市场法则进行的,不可排除,这种模式能够带来有利于社会的结果,但也不能禁止国家借助于公法剔除其不利于社会的结果,从而影响这种模式的实际效果。因为出于空间发展考虑的有计划的结构变更无论如何都不是民法所要求的,甚至可能还是民法所要阻止的,所以民法很难调控大空间的发展。正是由于这些原因,最近出现了公法相邻关系法[1]。

在公法模式下的相邻关系中,主体由三方组成。一方是作为中立者的国家及其相关部门。国家处于天然的中立地位,享有管理者的职权。与国家相对应的是作为被管理者的私权利个体,其中包括自然人、法人和非法人组织。还有一方就是与被管理者所拥有的不动产相毗邻的第三方不动产所有人。公法下的相邻关系制度主要是保护第三人的合法权益,即相邻人对于不动产的合理利用[2]。

---

[1] Peine, Offentliches und Privates Nachbarrecht Jus 1987, Heft3, 5.167—170.

[2] 金启洲:《德国公法相邻关系制度初论》,《环球法律评论》2006 年第 1 期。

　　行政机关可以通过撤销许可等行政行为和参与相邻关系调节等方式，使公权利介入相邻关系之中。比如，应健全雨水集蓄工程的审批制度，如果被管理者在得到相关行政部门许可之后获得建造的权利，但是如果在建造雨水集蓄工程的过程中，过多地损害相邻人的合法权益，或者对环境造成较大的污染，这时行政机关可以取缔对于建造者的许可，使其建造行为失去合法的依据。

　　公法的相邻关系制度和私法下的相邻关系制度是一个相互补充和促进的关系。公法下，行政部门可以对相邻关系中所形成的对第三人或者社会潜在的损害采取积极的措施加以预防，比民法模式下的相邻关系制度更多了前瞻性、预测性和事前预防性。而民法模式下的相邻关系更注重当事人双方的微观权利义务关系。公法模式在于宏观的调控，尤其在处理不可量物侵害关系中，使侵害赔偿更加具有了强制力，使受害一方的损失及时得到弥补。两种模式相互作用，会形成一个更有效的保障相邻关系的合法权益的法律体系。

第六章 集蓄雨水权属及流转法律制度研究

第一节 水权交易中的法律问题

进入 21 世纪以来，资源匮乏已经成为制约世界各国经济发展的重要因素之一，尤其是随着我国工业化进程的加快，经济社会的飞速发展以及人口的不断增长，水资源紧缺问题已经成为我国实现现代化的瓶颈，如何实现现有水资源的优化配置，提高水资源的利用效率，成为亟待解决的问题之一。从长远眼光看，为了实现水资源的可持续利用，应该逐步建立合理完善的水权交易制度。

一　水权

1. 水权的定义

关于水权的定义，目前并没有一个权威之说，可谓仁者见仁，智者见智。水利部发展研究中心在《水权转让的现状、存在问题及对策》中认为："水权一般指水资源的所有权和使用权。"而水利部珠江水利委员会的杨利敏认为："水权并不局限于水的财产权利方面，同时还应涵盖另一类的权利——公共管理部门管理水事所形成的权利，水权是这两大类权利的总称。"可见，广义地理解，任何与水资源有关的权利都可以说是一种水权，大体包括三个方面的内容：①水权是指水资源的所有权；②水权是指水资源的使用权、经营权以及收益的权利的总称，如引水权，排水权，渔业权等；③水权还应包括公共管理部门在管理水事活动中所形成的权利。

2. 水权的主体

我国实行的是水资源国家所有，将水资源的所有权和使用权分离，这是开发、利用水资源的客观需要，也是开发、利用、保护水资源的共同原则。实行水资源所有权和使用权的分离，既可以把所有者和使用者区分开来，又可以将二者在经济上联系起来，从而使水资源的公有制和水资源使用权的商业化并行存在，进而有效地实现水资源的有效使用，开放水资源市场。一般地，水权的主体包括具体的单位和个人，譬如水公司，直接取水的单位和个人等等。

3. 水权的客体

目前关于水权的客体存在两种观点：一种是指"水"，另一种是指"水资源"，这是两个不同的概念。水资源一般是指未经人类开发利用，尚处于自然状态下的水，相比之下，水的内涵和外延比水资源的内涵和外延要大，它不仅包括了水资源，还应包括已经经过开发利用的水和经过人造工程调节的洪水。

二　水权交易的基本原则

众所周知，水资源有三种基本用途：人类基本的生活用水、维持生态环境平衡的用水和经济用水。前两种用水由于其生存性、公益性等自身的特点，原则上由政府提供和调节，而经济用水，即农业、工业等多样化用水，则具有竞争性、排他性和收益性等特征，应该通过市场来协调解决。显然，水权交易的对象重点是指经济用水。基于前面对水权定义的分析，拥有水权就等于拥有了一定量的使用水资源并收益的权利，但是由于水资源的稀缺性，这种权利的总量是有限的。水权交易就是要建造一种调节机制，对用水节余者给予一定的补偿，以激励其节水，并在如何提高现有水资源利用率上进行投资，同时也使超量用水者通过付出一定的代价，以满足其超过所拥有的初始水权的用水之需，这对用水余缺双方而言都是公平且有益的。事实上，水权交易作为一项促进合理利用稀缺水资源的制度，已经在美国、智利等国家得到应用，今后也将不断发展并日益完善。

三　水权交易的法律问题

1. 水权交易的概念

我国现在还没有关于水权交易的专门立法，借鉴其他资源的相关立法和国外立法，水权交易是指水资源使用权由原权利人转移到受让人。我国在实践中开始尝试水权交易的做法，始于 2000 年 11 月浙江省东阳市向义乌市每年有偿转让其节约的横锦水库中的部分用水权。

2. 水权交易的基本原则

水资源保护和可持续利用的原则。水权交易不能威胁生态的平衡和安全，不能侵害水资源的开发、利用和收益的代际均衡，同时应该权衡个人利益和公共利益、短期利益和长期利益、当代人利益和后代人利益。它的最终目的是为了实现水资源的区域和谐发展和水资源的可持续利用，以此促进经济的增长。

兼顾公平和效率的原则。水资源通过市场配置，可以使具有稀缺性的水资源在市场的导向下，流向开发利用效率更大的部门、地方和企业，这样水资源的经济效益就可以得到更大的发挥。但是，水资源的最优配置并不等于公平配置，绝对的水资源市场配置很可能会影响水资源社会分配的公平性，尤其是一些不发达地区农民的农业生产就是例证。

水资源有偿和有期限使用的原则。水资源使用者在取得使用权时必须付出一定的代价或费用。应该制定一个科学的水价体系，使水价随着市场中水资源的供求关系而波动，实现这种稀缺资源的优化配置。此外，对水资源有期限的使用对于实行水资源的有偿使用，水资源的使用转让以及培育开放、有序的水资源市场具有重要的意义。

3. 水权的初始分配

所谓水权的初始分配，就是按照一定的原则分配给用于经济目的的水资源的使用权。在水资源进入水权市场前，要将水权在用水者之间进行初始分配。水权的初始分配是水权市场建立的前提，它决定了水权市场的结构以及参与水权市场的主体。我国的水资源归国家所有，各级地方人民政府作为地方各种经济组织和与水有关的利益相关者的主要代表，应该负责水权的初始分配。当初始水权以某种方式分配给某一地区，继而又在该地区内部进一步分配给新用户后，新进入的用水户就只能从水权交易市场上购买必要的水权。

在水权的初始分配中，首先应该着重考虑人类对水资源的基本需求和生态需求。其次也应该注意分配中水资源的效益优化原则。最后，在特定的条件下也应该对一些水权进行行政性调节，让欠发达地区也能优先分配水权，以实现共同发展，避免地区发展差距过大。

水权的初始分配可以有不同的模式，不同的分配模式将产生不同的效益和成本，对经济造成的影响也会有差异。在实践中，主要的水权分配模式有"人口分配模式"、"面积分配模式"、"产值分配模式"、"混合分配模式"、"市场分配模式"等。在黄河流域，如青海、甘肃等上游地区侧重于流域面积分配模式，而陕西、山西、河南等中游地区则侧重选择人口分配模式，黄河下游的山东省由于经济发展水平高，则会选择产值分配模式。

在我国，初始水权的分配会考虑流域的自然地理特点、生态环境条件、行政区划、取水的历史与习俗以及经济社会发展的需求等多种因素。对历史和现状用水进行明确界定，然后授予流域不同的行政地区相应的初始水权，在此基础上确立各行政地区内用水户从事经济活动的基本用水权。成功地对初始水权进行合理分配，是进行水权交易的基础，这对于提高用水效率，保护流域生态环境，协调上下游、左右岸区域的正当用水权具有重要的意义。

4. 水权交易的条件

第一，让与人所转移的水权必须是在性质上可以转让的水权，如该水权处在有效期内并合法地存在。

第二，让与人是该水权的合法有权处分人或者其代理人，如果是共有水权，则应取得其他共有人的同意或共同授权。

第三，受让人须是这样的土地使用人：因其生活或生产必需，如若不能获得额外的水资源将严重影响其生活或生产。受让人需支付相应的代价。

下列水权一般禁止转让：①不能与土地的所有权或使用权分离的；②法律、法规或者合同对水权的主体有严格限制的；③未经登记取得合法有效的水权证的。

5. 水权交易的形式

直接从地下、江河或者湖泊取水的水权转让。我国《水法》和《取水许可制度实施办法》规定了国家对直接从江河、湖泊或地下取水的单位和个人，实行取水许可制度，申请取水许可证，并依照规定取水。依法拥有取水权的主体，可以依法有偿转让自己取水权的全部或一部分，即转让水资源使用权，这种形式包含已经建成的取水工程在内的水权转让。

水资源开发利用权的转让。已经取得直接从地下或者江河、湖泊取水权的，但是没有兴建水工程，这时转让的取水权实质上是一种水资源的开发利用权，主要指兴建水电站、供水等工程的权利。然而水资源具有流动性、季节丰枯变化等特点，国家应该有宏观调控和监督管理的权力。

各个行政区域的水权转让的形式。国家根据不同水平的年水资源量，对各省、自治区、直辖市进行水量初始分配，水量分配完成后，具有富余水资源的行政区域可以将富余水权转让给其他行政区域，上述浙江东阳市和义乌市之间的水权交易就属此类形式。

6. 水权交易的程序

水权的客体具有流动性的特点，它的行使不但对权利人的利益至关重要，也会直接影响到其他权利人的利益和生态环境，因此应该对水权的交易实行一定严格的程序，以使各方利益得到充分考虑和均衡。具体程序应该包括：

由各方交易者向水行政管理机构提出申请；

水行政管理机构按国家规定以及水资源的利用规划，对交易合同主体、内容、水资源用途及其对水体和环境的影响等进行审查和评估；

对经审查和评估合格的申请者，批准其交易，并进行水权变更登记。

四　水权交易市场的培育

经过水权初始分配取得取水许可证的单位和个人可以在水权市场上从事水权转让、出租等转让行为。市场中的水权能否得到有效配置与是否具备完善的水权交易市场密切相关，所以必须培育健全的水权市场，保证该市场的专业性和统一性。

1. 建立水权交易的组织机构。开展水权交易可以借鉴美国加利福尼亚州水银行运作的经验，建立类似的水银行机构，将可以节约的水权集中统一地提供给市场进行交换。美国加利福尼亚州水银行的运作机制是：水资源局从有多余水的卖主买入水，再通过加州输水工程将水卖给需水的买主；水资源局成立一个由多方组成的委员会，对有出售意向的水资源进行评估，包括水的真实性、可转让性、不破坏环境等；水资源局还不定期召开水银行成员会议，供需双方和水银行之间进行充分沟通，确定和更新有关供需水量、水价等方面的信息。此外，开展水权交易还须建立一些基层机构，如基层公共水资源管理组织，以进行水权登记，解决一些基层纠纷。

2. 对水权交易实行必要的宏观调控和行政监督，防止取水者违规超量取水，同时由国家对大江、大河、大型湖泊和水库等水源地的生态环境进行投资保护，植树造林，加强生态建设，并加强大型水利基础设施建设，这样有利于控制水权交易成本，促进水权交易，保证水资源的可持续利用。

3. 建设通畅的水权交易信息系统，加大水权信息采集和披露的力度。先进的水权交易信息系统，透明、通畅的信息收集和披露，能够降低水权交易成本，促进水权交易的广泛开展，有利于提高水权交易效率。国家有关水资源的公共管理部门应加强水权交易信息系统的建设，通过发布流域或地区用水公报，定期或不定期地公布各省、自治区、直辖市和大的用水户的用水信息，包括分配水量、实际取水量和耗水量、排污量、用水效率、水价等相关指标，为水权交易提供必要的信息和数据，使水权交易迅速、有效地进行。

综上所述，我国是一个水资源短缺的国家，是世界上 13 个贫水国之一，人口占世界的 21％而水资源只占世界的 7％，为世界平均值的 31％，人均水资源占有量为 2300 立方米，只有世界人均水平的四分之一，居世界第 109 位。同时，我国土地广袤，降雨时空分布严重不均，年际丰枯变化大，南北经济发展水平和水资源差异很大，在这样的社会环境与自然环境中，为了有效地缓解和解决水资源供求日益紧缺这一矛盾，实现水资源的可持续利用，必须建立完善的水权交易制度，充分利用市场机制作用激励用水者采取措施节约用水，将多余的水权转让给他人，促进节约用水，提高用水效益和效率，进而保障经济社会的可持续发展。

第二节　水权进入市场交易的前提分析

一　从水权的角度来认识

关于水权的概念，目前尚无权威的定义，从不同的角度出发可能有不同的理解。但依据目前的通说，水权作为一种权利，其客体并不是作为一种资源意义上的水，而是有其特定的对象，即水资源的使用收益权。

从此意义上，我们可以把水与土地做一比较。在我国，土地的所有权属于国家或集体，是不能作为商品进入流通领域的，进入市场交易的只能是土地使用权。水也是如此，作为一种资源，其所有权是实行国家所有，这在我国法律中已有明确规定。《宪法》第九条规定："矿藏、水流、森林、山岭、草原、荒地、滩涂等自然资源，都属于国家所有，即全民所有。"《水法》第三条规定："水资源属于国家和集体所有。"实行水资源国家或集体所有，实行统一配置，行使所有权，这也符合世界上一般将水资源作为公共财产，由国家实行统一配置的趋势。所以，水资源所有权是不能进入市场进行流转的，能作为商品在市场交易的是水资源的使用权。

故而，所谓水权的市场化，就是水资源使用权在水市场上的流转。

二 集蓄雨水的水权化

从以上分析可知，水市场的交易客体不是水资源本身，而是其使用权，本质意义上，是把水权作为一种民法上的物权来对待的。

我国《物权法》规定了两种物权类型，即自物权和他物权。自物权又称所有权，是财产所有人依法对自己的财产享有占有、使用、收益、处分的权利；他物权是财产的所有人以外的权利人根据法律的规定或所有人的意思，对他人所有的财产享有的进行有限支配的物权。根据设立目的的不同，他物权又可分为用益物权和担保物权。用益物权是以物的使用、收益为目的而设立的物权。

把水权称作水资源的使用权，但不能将"使用权"的含义仅仅认为是水资源所有权权能之一的使用权。按照民法物权论，作为用益物权这一类型的使用权，也包括占有、收益甚至处分的权利。占有是行使使用权和收益权的基础和前提，收益是使用的结果。占有权和收益权作为所有权的两项权能与使用权一样可以与所有权分离。处分权能是所有权的核心内容，是所有权最基本的权能，但仍可以依法律规定与所有权分离。处分包括事实上的处分和法律上的处分两种。前者也即实物形态上的处分，如在水资源的使用过程中，发电、灌溉、生活、生产消耗等。如果水资源使用者不享有事实上的处分权，他就无法利用水资源进行生产活动。

既然把水资源使用权界定为用益物权，其市场交易之门也就打开了，城镇国有土地使用权尚且可以交易，矿产品、林地资源可以有偿转让，那么，具有天然流动性的水资源的使用之进入市场，自由交易，也就无甚疑义了。

其实，在我国，水权交易并非没有先例。在2001年底，浙江义乌市出资2亿元向毗邻的东阳市买了近5000万立方米水资源的永久使用权，开创了我国水权交易的先河。在中国第一笔水权交易中，双方协议明确规定，原水库及其水资源的所有权属性不变，转让的仅仅是水资源的使用权，而且是永久性使用权，这实际上明确了义乌市对东阳市水库5000万立方米水资源用益物权意义上的使用权，也即交易的对象就是我们上面分析的水权①。

水权中的占有、使用、收益乃至处分权能与水资源所有权的分离并没有改变其所有权的国家归属地位，而是强化了水资源的国家所有权，使国家在水权法律关系中从抽象的主体成长为具体的主体，对所有权的拥有实实在在地落到了最终支配权的掌握上。

三　现阶段水权交易制度创建的紧迫性

属于用益物权的水权的交易在民间并不鲜见，但遗憾的是，并没有相关的法律制度设施以规范之，这不能不说是一件尴尬的事。当水资源与需求之间的关系不紧张的时候，人与水的关系似乎提前进入了共产主义社会，社会主体各取所需；而二者之弦稍一绷紧，且随着工业用水的激增，二者之紧张度愈来愈高，解决之道也就只有法治轨道上的市场化了。

1. 建立水权交易制度是社会主义市场经济的应有之义

社会主义市场经济要求通过全国性的统一的大市场来配置资源，优化效用。人类的实践一再证明，市场虽不是包治百病的灵丹妙药，但至少在目前的生产力发展状况和社会人文背景下，还找不出更有效的方法措施。市场经济不仅仅是方法手段，更是一个大舞台，一个广阔的背景，让一切生产要素在此舞台上歌尽风流，在此背景下融入生产发展的客观规律，发挥其应有之能。在水资源日益短缺的趋势下，我们只有用市场来配置这一日益稀缺的资源，在国家宏观调控下，发挥其基础作用。

2. 建立水权交易制度是建设节约型社会的必然要求

我国水资源分布极不均衡，需水量又因经济发展、人口分布而差异巨大，在水权交易制度尚未建立的情况下，水资源过剩地区低价甚至无偿的开发利用，导致了极大的浪费，以我国第一笔水权交易为例，在没有转让水权之前，东阳市每年白白流失5000万立方米的水资源。而一旦水权交易市场制度建立了，相信这种局面会大大减少，而且相关用水单位还会在经济利益的驱动下，

---

① 张爱武：《对中国第一笔水权交易的经济学思考》，《企业经济》2002年第2期。

厉行节约，从而促使水资源从低效益用途向高效益用途转移。

3. 建立水权交易制度是经济社会可持续发展的需要

目前，我国《水法》、《取水许可制度实施办法》等法律法规中只规定了水的所有权和水资源有偿使用制度，没有规定水权的交易制度，不同水权主体之间不能转让，如《取水许可制度实施办法》第二十六条就明确规定："取水许可证不得转让。"这不利于优化配置水资源，不利于提高用水效率，不利于促进节约用水、建立节水型社会。

为此，在水资源供求矛盾日益加重的情况下，只有把水权交易制度切实建立起来，如同土地、矿产品一样，才能优化配置、加速流转，激励用水者采取措施节约水，将多余的水权转让他人，以取得经济效益。

四　建立水权交易制度的几个前提

自有人类社会以来就有交易，所谓交易，就是互相交换以互通有无；而交换的形式也就有两种：其一，交换是非自由的，是受公权力制约的；其二，交易是完全自由的，是受主体个人意思支配的。我们所要建立的水权交易应该是以后者为主导的，前者为辅助的，也即以市场调节为基础，以国家控制为辅助。

1. 明确国家的可插手范围

水权既是公共物品，也是私人物品；水资源是工农业生产所必需的，同时也是人类乃至一切生物体延续生命，繁衍后代所不可或缺的。因此，在水资源日益紧张的当今社会，供需矛盾一步步加剧，我们若完全以市场为主导，必将导致水权流转上的严重失衡。因此，在水权作为公共物品的领域内，只能靠国家宏观调控机制，在这方面，应继续发挥作为公法属性的《水法》等的作用，因为它们都是没有创设真正的私有财产权，而仅仅是设计了一套公权力配置私人物品的规则。另外，在作为私人物品的领域内，既然水权是一种和土地使用权、矿产开采权相似的一种用益物权，那么其流转交易可仿效土地、矿产等类似的用益物权，《民法通则》、《合同法》皆可规范之。因此，从此意义上，水市场只能是一种不完全市场、准市场。

2. 明晰水权，充分发挥产权的利导功能

《圣经》中耶稣讲过一句话，你的财产在哪里，你的心就在哪里。我们一旦在法律上明确了水权的用益物权属性、财产权属性，水权交易就成了有源之水、有本之木。"问渠哪得清如许，为有源头活水来"，水权的确立正是水权交易之母、之根、之不竭动力。

确立明晰水权,将是我国治水用水上的一件大事,当前水资源管理上,一方面是统得过死,流转不畅;另一方面是"龙王"太多,治理混乱。而水权的确立,将是点睛之笔,激活整盘棋。如此,水将真正成为一渠流动之清水,造福生命,而非一潭死水,等待着腐朽。

3. 建立规范的水市场,这是水权交易的基础

目前,规范的水权交易市场已经在一些国家和地区建立起来,水权甚至可以出租,可以储蓄于水银行等。纽约一位著名的投资战略家称:"水业将是 21 世纪最大的行业。"[①] 世界银行倡导在缺水地区建立正式或非正式的水权交易市场以促进水资源的优化配置,并指出,为使市场奏效,就要控制交易成本,要控制这些成本,就必须建立相应的组织和政策性的机制,还要有相应的基础设施和管理[②]。

第三节 集蓄雨水权属问题

一 集蓄雨水的权能表现

集蓄雨水的所有权取得形式目前我国农村的雨水集蓄主要分为两种情况,即生活用水和农业生产用水。无论哪种用水都要用到水窖。生活用水的水窖大多修在庭院内,规模较小,投资也相对偏低,修建者能够独立承担投资,故其水窖的所有权是清晰而明确的,即归修建者所有。而农业生产用水的水窖则规模大,投资高。为了鼓励集蓄雨水,解决干旱地区农民的生存问题,国家对修建以上两种水窖都给予资金上的扶持。各省虽补助的标准不同,但都落实了这一政策。这种补助实为扶贫的性质,国家是无偿的,从法律上讲这种无偿的所有权转移即为赠予,而非投资入股。既为赠与那么受赠与人,就以继受取得的方式取得了赠与物的所有权。除去赠与的资金和物以外,其余部分投入和全部

---

① 朱春玉:《水权制度市场化配置探析》,《学习与探索》2003 年第 5 期。
② 王万山:《浅议国外的水权交易与水权市场》,《水利经济》2004 年第 7 期。

劳动力都是集蓄者自己付出的。因而集蓄者对水窖享有绝对的所有权。集蓄者这种取得水窖所有权的方式即为原始取得中的生产。生产是取得所有权的各种方式中的最重要的方式，在我国，根据法律的规定，通过生产所创造出的产品通常由生产资料的所有人和生产者享有所有权。而对于集蓄的雨水，由于其是无主物，非法律禁止占有之物，且集蓄者以所有的目的占有它，因而我们可以认定，集蓄者对于集蓄的雨水以先占的方式取得其所有权。

集蓄雨水的所有权权能《民法通则》第七十一条规定，所有权是由所有人对其财产依法所享有的占有、使用、收益和处分的权能构成的，换言之，这四项权能构成了所有权的内容。是否对物享有这四项权能，对判断是否享有所有权至关重要。

1. 集蓄雨水的占有和占有权指人对物的事实上的管领，亦即实际控制的权能。无疑占有是所有权最基本的一项权能，它总是表现为一种持续的状态，而这种持续的状态通常被认为是拥有所有权的最明显的证据。因为在大多数情况下，实际控制某项财产的必然是该项财产的所有人。对于所有人来说，占有本身并不是最终目的，它是所有人行使对财产的其他权利的前提。没有这个前提，便无所谓使用、收益和处分。雨水集蓄者拥有水窖的所有权，自然同时也必然占有水窖，很显然其在占有水窖的同时也占有了集蓄的雨水。雨水集蓄者对于所有权的最明显证据的拥有也是毋庸置疑的。

这种占有本身并不是为了孤立地、静止地控制某物，或为占有而占有，占有的目的是为了发生人和自然之间的结合以及物质的变换。人对自然物的占有，实际上是对再生产条件的占有，实际的占有意味着生产过程中生产资料同劳动者的结合。生产、分配、交换和消费四个环节首先以占有为前提，并以占有为结果。集蓄者对集蓄雨水事实占有，并且在大量的投资后，这种占有并非是单纯的控制，而是为了满足生活和农业生产的需求，是作为一种生产资料的占有，其目的是在农业生产中使用并得到相应的经济利益，得到收益。毫无疑问，集蓄者对集蓄的雨水享有占有权。并且，这种占有是源于事实上的控制和所有，而非是用益物权的占有。

2. 集蓄雨水的使用权系指依照物的性质和用途加以利用，从而实现权利人权益的权能。使用权是所有权的一项重要权能。拥有所有权的目的，在绝大多数情况下，正是为了对物或财产加以利用，从而获得经济上的利益。因此，使用权能是所有权四权当中的核心环节，是所有人实现其对于物的利益的最主要方式。罗马法学家曾将使用权表述为"为了任何不违法的目的使用物的权利"。实际上，物的使用权在本质上是由物的使用价值所决定的。获取物的使用价值以满足所有人的需要，是所有人的意志和利益的体现。而所有人以外的其他人，负有不妨害所有人获取其物的使用价值的义务。所以，使用权能够成为所有人的一项独立权能。集蓄的雨水主要用于两方面，生活和生产。正是为了得到雨水的饮用、洗涤和灌溉等价值，集蓄者才将雨水集蓄，而集蓄以后人们根据雨水的性质，满足自身饮用、灌溉等需要，即为对雨水的使用，与此同时便拥有了集蓄雨水的使用权。传统理论认为，使用应以不损毁物的外形和实质，不改变其性能为限度。然而，严格说来，任何使用都意味着消耗，只不过对于"不消耗物"而言，其消耗表现为一个缓慢的、不断积累的过程，以至在一定期间内可以忽略不计。对消耗物的"使用"，可以归结为"处分"。在现实生活中，许多物的使用都伴随着明显的消耗，如对食物的使用，对办公用品的使用，对化妆品、洗涤用品的使用，等等。我们可以这样理解，虽然有消耗，但毕竟在使用过程中，被消耗的是一小部分，未被消耗的占绝大多数。因此，处分与使用不能截然而分，但对于整体而言，依然是使用。以此类推，集蓄雨水也是在使用的同时存在着消耗，"使用"与"处分"同步。

3. 集蓄雨水的收益权。收益权是与使用权有密切联系的权利，系获取物的孳息的权能，即在物之上获取经济利益的权利。它也是所有权的一项重要的独立的权能，因为所有权必然要求在经济上实现自己和增值自己。人们所有某物，都是为了在物上获取某种经济利益以满足自己的需要，只有当这种经济利益得到实现后，所有权才得以实现。如果说在自然经济条件下所有权的重心是使用，那么今天，在市场经济，特别是在货币经济和信用经济条件下，所有权的重心正日益由使用转向收益。西方一些学者甚至认为，现代所有权的本质便表现为收益权。这一走向，我们称之为从管领到用益。对于集蓄的雨水，集蓄者的利益需要是多样的，得到的收益与之相对应，也是多样的。为了生活用水而集蓄的雨水，解决了集蓄者饮用、洗涤等多方面的需要；为了农业生产而集蓄的雨水，则解决了集蓄者灌溉等需要。这种需要的满足过程，便是集蓄雨水的收益过程，同时也是集蓄雨水的所有权的实现。传统理论认为，收益须以不改变物的性能为前提。收益可以通过以下两种方式实现：①利用物的自然属性而获得。孳息脱离原物而成为与原物性质相同或不相同的独立的物，即天然孳息。②依一定的法律关系存在而获得。这种孳息即法定孳息。对于集蓄后的雨水，其是基于自身特有属性和物理机能，灌溉土地，促进农作物生长，使之获得自然孳息。

4. 集蓄雨水的处分权系指所有人变更、消灭其物或对物权利的权能。处分权一向被认为是拥有所有权的根本标志。没有处分权能，所有人必无法实现生产资料与劳动力的结合，从而无法进行实际的生产活动。没有处分权能，所有人必无法完成商品的交换以及权利的转让，交换以及有关交换的法律制度也必然成为无稽之谈。处分权最直接地反映了所有人对物的支配。处分又可分为事实处分和法律处分。事实处分指所有人变更或消灭其物而实现其利益的行为；法律处分则指变更或消灭对其物权利的行为。二者的区别还在于前者是通过事实行为实施，后者是通过法律行为实施。从法律效果上看，前者导致了所有权的绝对消灭，后者则为所有权全部或部分权能的转移。事实处分包含以下两方面内容：其一，在客观上使物归于消灭；其二，在客观上改变物的性状。法律处分也包含两方面的内容：其一，以一定方式转移物的所有权，亦即物的易主。其二，以一定方式暂时转让若干权能或若干权能的一部分。由于水资源自身的特殊性，很显然，集蓄者在使用集蓄雨水过程中，便已经行使了对其事实处分权能。集蓄雨水的收益和使用，是伴随着使用部分的消灭进行的，这是集蓄者为了实现集蓄雨水的利益，而消灭其物的行为，对所有物的事实处分。集蓄者还可将集蓄后的雨水作为商品出卖，让出卖部分的雨水的所有权，通过权能的转移实现其利益，这实际上是对所有权的法律处分行为和法律处分权。例如，北京市《关于加强建设工程用地内雨水资源利用的暂行规定》第十条规定："建设单位在建设区域内开发利用的雨水不计入本单位的用水指标，且可自由出售。"

二 结论

从以上分析中我们不难得出结论，集蓄雨水的所有权归集蓄者享有，即谁集蓄谁享有。集蓄者以原始取得的方式取得了集蓄雨水的所有权，并且完整地享有其所有权的四项权能。

首先，集蓄者对集蓄的雨水享有绝对的占有权，因其对集蓄工具拥有所有权。这种实际控制的状态，通常被认为是拥有所有权的最明显的证据。

其次，集蓄者对集蓄雨水享有使用权，其对雨水的使用，是达到他集蓄雨水的最终目的的必要手段，与其拥有集蓄雨水的所有权的目的是一致的，统一的。

再次，集蓄者对其雨水有收益权，这是他拥有集蓄雨水所有权的最终利益目标，也是实现其所有权的最重要的一项权能。

最后，集蓄者对其集蓄的雨水享有处分权，他可以在使用过程中，使其消灭，进行事实上的处分，也可将其出卖，转让所有权，进行法律上的处分。而处分权一向被认为是拥有所有权的最根本的标志。

只有拥有物的所有权的人，才能同时完整地拥有所有权的这四项权能。因而，结论只有一个，集蓄者对集蓄雨水拥有所有权。雨水集蓄在全国大力推广，必须要完善其相关的规定。明确集蓄雨水的所有权，不仅使其法律规定趋于完善，而且更能调动广大群众，尤其是干旱缺水地区的农民集蓄雨水的积极性，有利于推动雨水集蓄的发展。

第四节　自然资源有价论：集蓄雨水市场化的前提理论

一　基本概念和研究的必要性

1. 自然资源的概念

"资，货也；货，财也。"由此可知资源在汉语中的意思是财富的来源，《辞海》将资源之词释义为"资产之来源"，与上义同。外文之中"资源"一词的含义与中文一致，如英文中为 Resource，Re（再）和 source（来源）二者组合；俄文为 Pecypcbl，直译为"财富之来源"。

自然资源是与社会资源相对的一个词，可以表明二者根本属性之不同。对自然资源的定义，依照研究视角不同可以分为以下三类：

第一类侧重于说明其对人类的功用，如地理学家金梅曼，在《世界资源与产业》中指出：无论是整个环境还是其某些部分，只要他们能（或被认为能）满足人类的需要，就是自然资源。

第二类侧重从其"自然性"来说明，比如，《辞海》中把资源概括为："资财的来源，一般指天然的财源。"把自然资源定义为："天然存在的自然物，不包括人类加工制造的原料，如土地资源、水利资源、生物资源和海洋资源，是生产的原料来源和布局场所。"《英国大百科全书》关于自然资源的定义是：

"人类可以利用的自然生成物，以及生成这些成分的源泉和环境功能。前者包括土地、水、大气、岩石、矿物、生物及其群集的森林、草地、矿藏、陆地、海洋等；后者则指太阳能、生态系统的环境机能、地球物理化学循环机能等。"

第三类强调自然资源的存在是有时空和技术条件的，比如《中国可持续发展战略》将自然资源定义为：自然资源是指在一定的时间、地点条件下，能够产生经济价值以提高人类当前和未来福利的自然环境因素和条件。再如："自然资源通常是指在一定的技术经济条件下，自然界中对人类有用的一切物质和非物质的总称。"

因此，我们认为无论给自然资源如何定义，都不能脱离以上三个基本要点，综合以上三个要素，我们不妨做如下定义：

自然资源是指一定的时间、地点和技术经济条件下，能够满足人类生存、发展、享受等需要的自然物质（有形物质）和自然条件（无形非物质）及其相互作用而形成的自然生成环境和人工生成环境。

从以上定义来看，集蓄雨水是在现有技术经济条件下可以利用的、能够满足人类某种需求的、已通过一定方式被人类控制的自然物，因此水窖中集蓄的雨水应该属于自然资源。

2. 价值和使用价值的概念

在《资本论》中，马克思认为商品是财富的"元素形式"而商品价值是经济的"细胞形式"，于是商品成为分析资本主义社会生产关系的起点。也就是在研究商品二重性过程中，马克思使用了"价值"和"使用价值"这一对概念。但是，"价值"这个概念最早来源于哲学，而马克思使用的两个概念与哲学意义上的"价值"概念含义不一致，也正是这种概念上的不一致造成了在分析自然资源价值问题时出现了普遍困境。

哲学上讲的"价值"含义是：客体与主体之间需要和满足需要的关系，亦即客体能够满足主体某种需要时，该客体对该主体就是有价值的，否则就是没有价值的。再进一步讲，客体有价值就是指客体对主体有用、有效用，具体到商品这个问题上，哲学意义上的"价值"概念恰恰与"商品使用价值"这个概念是一致的，因为商品的"使用价值"是指商品对人的有用性，而商品的价值是凝结在商品中的无差别的人类劳动。

那么，马克思关于商品二重性的讨论为什么会与哲学上的"价值"概念不一致呢？我们认为哲学上的"价值"概念是一个十分抽象的概念，商品"使用价值"和"价值"两个概念合起来的范畴与哲学意义上的"价值"概念是对应的，因此，"使用价值"概念应该是哲学意义上"价值"概念的一个下位概念。马克思之所以要将商品的"使用价值"和"价值"区别开来，是由于研究的需要：一方面要通过商品价值的概念来发现剩余价值，从而最终揭示资本主义剥削的秘密所在；另一方面要找出商品之间进行交换的统一衡量标准，也就是不同形态商品之间为什么可以等价交换的问题，马克思最终找到了，不同商品之间进行交换的统一衡量标准就是商品的价值，即"耗费在商品中的无差别的抽象劳动"，而衡量"价值量"大小的是社会必要劳动时间，亦即"在一定生产技术条件下，在社会平均劳动强度和熟练程度下，生产某种商品所必需的耗费的劳动时间"。

为了解决研究商品问题过程中的上述两个关键问题，马克思借用了商品的使用价值和价值这一组概念，使用价值由具体劳动创造，而价值由抽象劳动创造。使用价值是指商品对人类的有用性，商品价值则是各种商品进行交换的"等量的共同的东西"。

这样一组概念在研究自然资源问题上出现了障碍，因为一般的自然资源是没有"凝结人类劳动"的，即使有，人类劳动的贡献与自然资源本身相比也是微小的，若依上述经典理论推理，自然资源则是没有"价值"的，而这种结论与现实是极其矛盾的。自然资源给人类社会带来的巨大助益，较之人类劳动的创造大得多。比如，石油开采，人类付出的劳动在石油的销售价格中只占有很小的一部分。因此，人类劳动并非商品价值的唯一来源。

实际上，马克思当时已经注意到了类似的问题，比如，他在研究地租理论时，就先后指出，真正的地租是为了使用土地而支付的，不管这种土地是处于自然状态，还是已被开垦。地租既不是商品的生产价格决定的，也不是商品的价值决定的，而是由购买者的需要决定和支付能力决定的，土地所有权已经产生地租。马克思还曾经指出，没有（劳动）价值的东西，在形式上可以具有价格。由此可见，在马克思的研究过程中已经发现了"商品二重性"原理不能无限推广，推广到自然资源（如土地）上就失去意义了。虽则如此，马克思并没有社会条件和实践去研究自然资源的价值问题：

第一，马克思关于"商品二重性"的理论最终是以"剩余价值"为武器向资本主义制度宣战的，如果自然资源、机器（自然力）都有价值，那么在论证"工人创造了社会财富，资本家本身不创造社会财富，资本家无偿剥削工人的剩余价值"等理论就难于展开，从而也必然降低马克思主义经济学的革命性和斗争性，这本身不是马克思研究的初衷，也极其不利于当时革命形势的发展。

第二，马克思生活的时代，决定了他不可能进入到商品的内部来分析商品的价值问题。马克思自己将商品价值比拟为经济的"细胞形式"，而19世纪的生物科学上，科学家仅能认识到细胞质层次，所以马克思将商品价值视为经济的最基础、不可分的基点。但是随着20世纪生命科学的进展，人类的认识水平已经突破细胞层次，认识到了DNA的结构，而且人类基因中蕴涵的遗传信息也被不断破译。因此，"商品的价值"形式并不是经济的基点，而是有自己的内部结构的。商品价值除了包括人类劳动之外，还受商品原料本身自然属性的影响，因此，将商品的价值单纯地归结为人类劳动显然是不确切的认识，这一点在自然资源上体现得尤为突出，因此马克思自己都有所认识，但是没有解决这个问题，这种状况是由当时的自然科学水平决定的，不能归咎于马克思个人。

第三，这是由当时的社会主要矛盾决定的。作为人类社会的革命导师，马克思所关心和解决的应该是他那个时代最主要的社会矛盾。马克思生活的时代，社会主要矛盾有两个：一个是资本主义的基本矛盾，另一个是两大阶级的阶级矛盾。因此马克思的政治经济学、历史唯物主义和辩证唯物主义都是为了解决这两个主要矛盾而创立的。真正的环境资源危机是20世纪以后逐渐凸显的，因此，有关"资源价值"的问题是我们这一代人关注的焦点，他仍然不愧为他那个时代的伟大导师。

虽然马克思关于商品使用价值和价值的概念不能直接解释自然资源价值问题，但是给我们现在的研究工作提供了伟大的示范，这也体现了马克思主义基本原理的科学性和自我更新能力。只有不断发展、与时俱进的马克思主义基本原理才是真正的科学的马克思主义。

顺着马克思关于"商品二重性"的分析思路，我们来考察自然资源的二元性问题，我们研究自然资源价值、市场化问题也是要解决两方面问题：

第一，自然资源有用性问题，即自然资源在哪些方面能够满足人类需要的问题。20世纪以来的人类历史表明，自然资源对人类的有用性除了以往强调的经济价值外，还包括其他有用性，如环保生态价值、社会人文价值等。这一点我们称为自然资源的使用价值，类似商品的使用价值。正是由于自然资源的使用价值，才为市场化交易打下必要的物质基础。

第二，自然资源交易的衡量标准问题。我们研究自然资源的市场化问题，关键是找到自然资源的交易衡量标准，商品交易可以以"人类劳动"为"共同的东西"，而自然资源不管是否经过人类加工，其交易的"共同的东西"肯定不是单纯的"人类劳动"，而是由多种因素构成的，这些因素我们称之为自然资源的价值构成，是决定自然资源价值量的综合因素，这一点类似于商品的价值，我们可以称之为"自然资源的价值"。

可见，马克思关于"商品使用价值"的概念表明商品的有用性，是交易的前提条件，而商品的价值概念确立的目的是确定一个可以衡量价值量的统一标准（无差别的人类劳动），从而为不同商品的价格确定找到一个统一的标准。

我们研究的自然资源的使用价值也是自然资源市场交易的物质承担者，而自然资源的价值则是为自然资源交易确立一个可以衡量各种不同自然资源的价值量的统一标准，这个标准肯定不是单一的人类劳动，还应该包括其他因素，有了这个统一标准，才使得为不同自然资源定价成为可能。

3. 自然资源有价性研究的必要性

当今世界经济发展中的最主要矛盾就是人与自然的矛盾。二三百年来，人类生产力提高了上千倍，社会财富也积累到了前所未有的数量，但是地球环境日益恶化、生态系统惨遭破坏、自然资源耗竭危机迫在眉睫。

由于人与自然的矛盾而引发的环境、资源、生态危机在我国表现得尤为突出，我国政府 1994 年 3 月 25 日通过的《中国 21 世纪议程——中国 21 世纪人口、环境与发展白皮书》指出：

"目前，中国在一些重要的自然资源可持续利用和保护方面正面临着严峻的挑战。这种挑战表现在两个方面：一是中国的人均资源占有量相对较小，1989 年人均淡水、耕地、森林和草地资源分别只占世界平均水平的 28.1%、32.3%、14.3%和 32.3%，而且人均资源数量和生态质量仍在继续下降或恶化；二是随着人口的大量增长和经济发展对资源需求的过分依赖，自然资源的日益短缺将成为中国社会及经济持续、快速、健康发展的重要制约因素，尤其是北方地区的水资源短缺与全国性的耕地资源不足和退化问题。据统计，全国缺水城市达 300 多个，日缺水量 1600 万吨以上，农业每年因灌溉水不足减产粮食 250 多万吨，工农业生产和居民生活都受到了很大的影响。因此，相对来说，水资源的持续利用是所有自然资源保护与可持续利用中最重要的一个问题。"

由此可见，如果上述危机得不到有效控制，人类必将成为自己的掘墓人，而上述危机，在理论上是由"劳动价值论"造成的。劳动价值论是由古典政治经济学代表人物亚当·斯密和大卫·李嘉图提出和初步发展的。在 18 世纪末到 19 世纪中期，劳动价值论在西方社会取得主导地位，成为资本主义发展中无偿使用自然资源、破坏自然的理论根源。此后，西方经济学的价值论转向了以成本论、效益论和供求均衡论为主体的学说，"但是，他们在一个长时期内并没有将这种新的观念和学说引申和贯彻到自然资源的价值研究之中"。

因此，打破传统的"劳动是创造价值的来源"学说，深入研究自然资源的价值问题，对于进一步发展马克思主义的理论学说具有重大的理论意义；而对于我国保护生态环境、构建节约型社会、发展循环经济、实现人口、社会、资源、经济的可持续发展，具有重大的实践意义和理论意义。

二　自然资源的使用价值

在近代社会早期，由于人类社会最重要的任务是努力发展生产力，所以人们往往只强调自然资源在经济方面的使用价值，而随着人类社会财富的不断积累，生态、环境、资源破坏的日益严重，促使了人类开始研究自然资源在经济用益之外，对人类还有哪些方面的用益价值。我们将自然资源在不同的角度、不同领域对人类的有用性统称为自然资源的使用价值。

关于自然资源的使用价值，学者已经从多种角度加以总结，有的学者将之归结为经济、生态和社会价值三个方面；还有学者将水的有用性分为使用价值和非使用价值两部分，使用价值又包括直接使用价值（直接满足人类生产、生活需要）和间接使用价值（生态价值和环境价值），非使用价值又称存在价值，是指能满足人类精神需要和道德需求方面的价值。

由此可见，虽然学者们对自然资源的使用价值的认识由过去单一的经济价值的认识，扩展为自然资源多类综合使用价值的认识，这一点进步对保护环境、生态、资源，实现人类社会的可持续发展有着重要的积极意义。本书也将对自然资源的使用价值从多个角度进行探讨。

从满足主体需求的不同层次，我们将自然资源使用价值概括为以下三类：

第一类，满足主体物质需要的使用价值。这是指自然资源满足人们生活和生产方面的物质需要层次，比如，自然资源给人类提供衣食之源，提供工农业生产的必要物资等。这一点最先将人类与自然资源联结起来，也是人类最早认识到的使用价值层次。属于解决人类生存和发展的基本层次。

第二类，满足主体对生态环境需要的使用价值。这一般是将某类自然资源作为一个整体才会产生的使用价值，比如，一棵树可以满足人类对木材的需要，但是一片森林除了提供木材之外还有诸多使用价值，比如涵养水源、防风固沙、净化空气等使用价值。自然资源出现危机之前，人们一般会忽视其在生态环境方面的价值，因此，这个作用较之第一类使用价值，得到人类的认识要晚得多。但是，自然资源对生态环境方面的使用价值具有全局性、持久性、长期性、难于再生等特点，因而需要特别注意。

第三类，满足人类对精神文化层次需求的使用价值。这类使用价值是无形的，但又是人类社会所必需的精神文化方面的诉求，是人类区别于低级动物特有的一种需要。比如，云南玉溪富兴湖、贵州黄果树瀑布、长白山的天池、杭州西湖、古城西安护城河、北京大学的未名湖等水资源，对人类精神文化方面的需求有较大满足作用。随着人类社会进步和人类对生活质量提高的不断追求，这一类使用价值必将越来越受到重视和保护。

上述三类使用价值不是截然分离而是相互联系的一个整体，只不过不同的自然资源中，各有侧重。比如，以提供能源为主的石油、天然气等自然资源侧重于第一类价值，而处于或者组成大气圈、水圈和生物圈的自然资源则是三类使用价值都具备。比如，野生动植物，既有重要的经济使用价值，又对保持生物多样性有重要意义，而且对于满足人类精神文化生活有良好的作用；再以刘家峡水库中的水为例，库水集发电、养殖、灌溉、绿化、旅游观光等使用价值于一身，可以说是自然资源实现综合使用价值的典范。

强调自然资源的综合性使用价值有利于避免长期以来形成的重视第一类价值而忽视生态、文化价值的错误观念和做法，有利于正确认识自然资源对人类的有用性，并为自然资源价值研究奠定基础。

水窖中的水可以满足人类饮用、洗涤等基本生活需要，可以用于饲养家畜、浇种作物，还可以用于种植树木、草皮等，因此，集蓄雨水具有经济使用价值和满足生态环境需要的使用价值。

三 自然资源有价论研究

上文已述，本书所称的自然资源"价值"，是指自然资源本身所蕴涵的、可以作为衡量自然资源价值尺度的因素。如果说自然资源的使用价值为其交换提供了可能性，则自然资源价值为自然资源定价提供了一个明确的定价依据和衡量尺度，为理顺自然资源市场奠定了一个现实性强、可操作性强的基础。

1. 传统理论及其更正

按照传统观点，自然资源是没有价值的，从而造成了人类社会对自然资源的巨大破坏和浪费。

(1)"人类中心主义"

西方传统伦理观念认为人类是地球整体的中心,地球上万物围绕人类而存在。亚里士多德在其名著《政治学》中写道:自然为动物准备好了植物,为人类准备好了动物,以供人类衣食之用;在他看来,整个自然就是为人类的需要而建立的,这种观念渗透于西方文化诸领域,法律也在其中。这种思想在资本主义萌芽产生后有了新发展,工业革命后,人类改造自然的能力大为提高,"敬畏自然"的思想逐渐被"征服自然"的思想所取代。

实践证明,"人类中心主义"颠倒了人类与自然的关系。因而我们要弄清自然物的固有价值必须摆脱"人类中心主义"的束缚。

传统伦理学判断事物善恶以其对人类的价值为准,而生态伦理学判断善恶是以其对生态系统的价值为准。针对该问题有学者指出,当一个事物有助于保护生物共同体的和谐、稳定和美丽的时候,它就是正确的,当它走向反面,就是错误的。但是,我们的立法指导思想常常是"经济优先"、"人类优先",这与生态伦理学背道而驰的。

当代世界经济增长模式或多或少的都是以牺牲自然环境的利益为代价的,下面探讨一下环境伦理学兴起的轨迹及内容。

环境伦理学最早出现在中国,因为中国哲学讲究"综合"方法,将万物都看做是相联系的,如"天人合一"、"天人交相胜"等儒道思想。而最具代表性的当属宋朝张载提出的"乾坤父母、民胞物与"思想,这句话的意思是说,人是自然界所产生的,在自然界中许多动植物都跟我们并存,应该爱护它们。这里包含了生态伦理学的萌芽。相反,西方哲学从"分析"方法入手与中国哲学正好相反,西方哲学思维是见木不见林,只从个别细节上穷极分析,而缺乏宏观的概括。这就必然导致人与自然关系的割裂,人类社会与自然界不能协调发展。

正因为中国哲学的这一特点,西方学者从20世纪初或更早,便开始重视中国哲学中有关人与自然协调发展的思想,特别是第二次世界大战后,环境问题日趋严峻,西方学者得出许多生态伦理学的研究成果。生态伦理学应包含以下内容:

第一,人类只是地球母亲身上曾出现的成千万上亿种生物之一,只是匆匆过客,而不是地球的"主人","人类在本质上并不比其他的生物要优越"。

第二,但是,我们的历史证明,我们已经开始并将更加严重地破坏这个星球，这是因为我们的"智慧"使然。

第三，我们应用"智慧"，维护生态系统的合理秩序，与之共同发展。

第四，我们一切行为的准则应从"有利于人类"，转移到有益于"生态系统"。

以上四点相互联系，层层递进形成一个整体，人类只有在这个整体思想指导下才可能走向真正进步，只有在哲学思想上承认自然物的独立价值，才能为我们研究自然资源的价值问题打下哲学的基础。

（2）劳动价值论及修正

马克思关于商品价值是"凝结于商品中的无差别的人类劳动"的观点，无法适用于自然资源的价值研究，自然资源中即使没有凝结人类劳动，也是有价值的，而其交易价格正是以这个价值为依据而确定的，这个自然资源的价值构成是一个包含多种要素在内的综合体，而并非单一的"人类劳动"决定的。

（3）边际效益成本理论及修正

与马克思劳动价值论相对应的西方经济学理论是"边际效用价值理论"，该理论产生于19世纪70年代，创始人是英国的杰文斯、奥地利的门格尔和法国的瓦尔拉斯，集大成者是门格尔的继承人弗里德里希·维塞尔和欧根·庞巴维克德。该理论的主要观点是，价值并不是商品内在的客观属性，它表示人的欲望同商品满足这种欲望的能力的关系即效用。这里的效用不是客观的，而是人的主观感受和评价。效用是价值的源泉和形成价值的必要条件，效用和稀缺性分别是决定商品价值的内在依据和外在依据。边际效用是指人们在消费某种商品时，最后一单位商品给人们带来的效用。边际效用是衡量商品价值的尺度，符合"边际效用递减"规律，即人们对某种商品的欲望与满足程度是随着商品数量的不断增加而递减的，人们每增加消费一个单位的商品，对于人来说满足程度会下降，相应地这种物品的效用也降低。

边际效用价值论的主要缺陷有两个，第一是其将物的价值归结为主观的，但是按照马克思主义观点，物具有有用性是物的自然属性决定的、是客观的，客体能否满足主体的主观评价最终取决于物的自然属性，因此边际效用价值论的第一个错误可以归结为唯心主义错误。

该理论的第二个缺陷是关于稀缺性的认识。该理论认为资源稀缺性是自然资源价值论的价值基础之一，这在表面上看是正确的，但是稀缺性只能影响物的价格（马克思关于供求影响价格理论）而不能够成为物的价值基础。比如，在农业社会中，丰水地区资源不具有稀缺性，但是水给人们提供了衣食住行的一切来源，显然是有巨大价值的，．只是当时水资源危机没有出现，人们没有去考虑或没有必要去考虑水资源的价值问题，但是不能说当时的水没有价值。因此，"自然资源不稀缺时就没有价值"（边际效用递减规律）的观点是有其不足之处的。

综上所述，自然资源价值由两部分构成：第一部分是边际效用价值论强调的自然资源的"效用"，但是这种"效用"是客观的，而不是主观的，也就是说自然资源的价值首先是由其自身的自然属性决定的，其次才是其他因素。第二部分，如果自然资源经过人类加工，则人类劳动也是其价值来源，但不是唯一来源。马克思仅看到了人类劳动的贡献，而忽视自然资源自身的属性（效用）的观点不适合解释自然资源价值问题。

因此，综合两种理论的优点可知，自然资源价值来源有两个，一个是资源自身的自然属性，另一个是人类劳动。下面将具体论述自然资源价值的来源和构成。

2. 自然资源价值的来源和构成

我们认为自然资源价值的来源和构成有六个方面的内容，这几个方面要素共同作用，最终产生了自然资源的价值。

（1）自然力

马克思研究商品交换问题时，一直在寻找各种商品进行交换的"等量的共同的东西"，以此作为交换的统一尺度，他找到了，那就是人类的"抽象劳动"、"社会必要劳动时间"，因此，他成功地解决了商品交换的尺度问题。再看看自然资源之间有没有这样一种"共同的东西"作为交换的统一尺度呢？有，那就是自然力，自然在漫长的历史中以不同的方式、在不同的时空条件下，创造了形态各异、功能不一的自然资源，各种自然资源中都蕴涵着大自然母亲创造性的劳动，从而构成了自然资源价值的基础。从更广泛的意义上讲，人类只不过是一定历史阶段上的一种生物，人类的劳动也是一种"生物力"，因此，人类劳动只是"自然力"的一个特殊形态而已。"大自然"才是万物的真正创造者。

（2）自然资源的自然属性与人类需要

自然资源能够满足人类需要的自然属性（物理、化学、生物等特征）也构成自然资源的价值源泉。比如，咸水和淡水、富矿藏和贫矿藏、肥沃土地和贫瘠土地等自然资源，究竟自然力在其上的作用孰大孰小，不得而知，但是因其自然属性不同而引起了该自然资源的价值不一、价格不等，却是事实。自然资源属性本身无所谓优劣，而有了人类需要作为参照，则有了自然资源的优劣，自然资源的自然属性越符合人类需要则其价值量也就越大，定价也越高。

（3）自然资源的不可再生性

自然资源都是在自然力长期作用下形成的，非可再生资源的绝对减少和可再生资源的相对减少造成的结果是：地球上的自然资源绝对减少，而人类的需求则日益增加。在人类找到某些自然资源的替代品之前，该资源的总量是越来越少，因此其对人类社会的单位量的价值越高，因而造成了该自然资源价值越来越高，使得其价格也越来越高。以珍奇动物为例，大熊猫是可再生资源，但是如果大熊猫总数量开始下降，其具有的生物多样性价值以及其人文社会价值就会有所上升。

（4）自然资源的垄断

当一个物属于一个主体时，该物相对其他主体就是垄断，当一个物属于一个集团时，其相对于集团之外的主体也是垄断。垄断是交易的前提，交换又是价值的前提，因此垄断又是价值的前提。在没有垄断的条件下，谈论自然资源价值是没有意义的。如上文所述，研究自然资源价值问题，就是要找出各种自然资源交换时能够量化的、"等量的相同的东西"，如果自然资源是完全公有的，不存在不同主体之间的占有和交换的问题，那么，研究其价值也就没有意义了。

有学者主张"并不是自然资源创造价值，而是垄断使自然资源表现为价值"。我们不同意上述的"反对自然资源是价值源泉"的观点，但是仍然主张垄断是产生和影响自然资源价值的一个重要原因。

（5）人类劳动

本书认为"人类劳动"是一种"自然力"，但是这种自然力，是一种有意识、有方向的自然力。一般的自然力只是按照自然界的规律自发地发挥作用，但是，人类劳动是人类为了实现其社会目的，而对自然界施加的一种有利于实现自身利益的影响力，自然界对自然资源的形成有正面影响（石油、天然气的形成）也有负面影响（火山、地震、台风、海啸等）。而人类劳动对自然界的直接影响，都是有目的的，真正经过人类劳动加工的自然资源都是朝着有利于人类需要的方向发展的。在现代社会，没有添加人类劳动的自然资源越来越少，今天直接被人类利用的绝大多数资源都在不同程度上加入了人类劳动，因此，在给自然资源定价时将人类劳动作为因素考虑进来是十分必要的。

（6）自然资源的区位价值

有些自然资源仅由于所处的区位不同而给人类带来了不同的利益，这种趋势在现代国际市场经济条件下更为明显。比如，当今中国东西部经济差异的重要原因，就是区位因素，凡是占有优势地理位置的地区（如沿海、沿边、中心地带），经济发展就会优于自然条件相差不大的内陆地区，甚至许多内陆省份拥有较多自然资源，但是经济发展反倒不如自然资源匮乏的某些沿海省份。由此可见，许多资源，如土地这样的资源，其区位对其价值构成也有着十分显著的影响。这一点，马克思在研究"级差地租"时有过充分的论证，所以我们认为这个因素也是我们研究自然资源价值时必须考虑的因素。

四 集蓄雨水具备了市场化的条件

根据市场经济基本理论，一件物品是否能够成为市场交易对象，是否具备市场化条件，必须具备几个因素，集蓄雨水实现市场化也必须符合这几个因素。

第一，物在一国成为商品、实现市场化的首要前提是该国鼓励发展市场经济。在改革开放前的中国和今天的朝鲜民主主义共和国，坚持计划经济的模式，许多物品不可能成为商品进入市场。今天的中国大力发展市场经济，在国家允许范围内许多物品都可以进入市场流通流域。集蓄的雨水实现市场化，在我国是受到国家法律政策的保护和支持的。

第二，该物品被国家法律承认是可自由流通物。比如，有些物品在有的国家可以市场化，而在其他国家则不能市场化。比如，枪支弹药就是这样，美国允许个人买卖枪支弹药，而中国则禁止个人买卖枪支弹药。在中国禁止自由流通的物品都是由法律明确规定的：①人类公共之物或国家专有之物，如海洋、山川、水流、空气；②国家所有的文物；③军事设施、武器（枪支、弹药）；④危害人类之物，如毒品、假药、淫秽书籍。集蓄雨水显然不在上述之列。

第三，物有使用价值。集蓄雨水首先是缺水地区人民的饮水之源，对于这些地区的人畜饮水有着不可代替的作用；其次，集蓄雨水可用于发展经济，比如，用于种植作物；最后，集蓄雨水还可以用于植树种草、改善生态环境，具有很重要的生态价值。

第四，物具有价值。没有价值之物则难于在交换时确定其价格，价值是物进入市场的前提条件之一，上文着重分析了自然资源是有价值的，而且其价值受到包括人类劳动在内的多种因素的影响，雨水集蓄的主体收集到的雨水是自然界对包括人类在内的生物的赐予，人们已经收集起来的雨水融入了人类劳动，具有垄断性和很强的用益价值，所以集蓄雨水有自然资源的价值。

第五，物具有垄断性。如果物不具有垄断性，则其市场化交易是不可能实现的，比如，阳光、海水、空气，虽然其他条件都具备，仍然不能进入市场。集蓄雨水由集蓄者占有，其他人要想利用，必须支付相应代价。因此，集蓄雨水具有物权的垄断性，具备市场化的这一个条件。

第六，物的占有人具有完全产权。对物的市场化交易是对物的最终处分，只有对物享有完全所有权，产权的主体才能够行使权利。如上文所述，雨水收集者对集蓄雨水享有完全的所有权，只要是雨水收集者进行的对集蓄雨水的处分都是有效的。

最后，缺水地区集蓄雨水的市场化交易也应该区别对待，应该分为救济性交易和营利性交易。比如我们在宁夏海源县考察时发现，大旱三年，有的人家已经没有饮用水，就需要从亲戚邻居家的水窖中取水，但是，这里的水十分宝贵，一般的人也会支付一些费用，这种交易具有救济性质，国家不应该征收相关税费。但是，如果单纯是以营利为目的的市场化交易，国家应该根据相关法律征收税费。

综上所述，集蓄雨水已经完全具备了物进入市场化的条件。在条件允许、社会需要的情况下，集蓄雨水可以进入市场，但是集蓄雨水所具有的价值不是马克思"劳动价值论"意义上的"价值"概念，而是上文构建的"自然资源的价值构成"意义上的"价值"。此外，本书所做的探讨是理论上的，相关理论需要在未来条件成熟的时候以立法的形式体现出来。

第五节　雨水资源集蓄的市场化探讨

一　集蓄雨水的自然属性

雨水首先是一种生态形态的物。从生态学的角度看，环境资源是人类生存和发展必不可少的条件，它与人类通过能量流动、物质循环和信息传递构成共生共荣、息息相存的生态系统。因此，它是大千世界的有机组成体。其表现形式为环境资源性的物，而价值则表现为资源对于人类生存和发展所发挥的效用。雨水作为生态系统中必不可少的水资源组成部分之一，既是水资源循环系统中的重要一环，也是地球上其他生物体赖以生存的前提条件，其生成、分布、循环、利用都有着自己的独特方式和体系，它的存在对于生态平衡极为重要。不论是天然的雨水资源，还是被集蓄起来的特定的雨水资源，身为自然环境组成部分的一种生态性物，雨水具有自身整体性和自我调节性。首先，它的各个组成部分构成一个完整的系统：形成—降落—再形成—再降落，此循环系统中的任何一个环节，是任何人都不能破坏、独占、支配、干涉的，进而也不能进行排他性使用或消费，体现了一种公共物品和自然物品的特点。其次，雨水资源系统是一个具有自我更新、自我恢复功能的结构系统，在一定的范围和程度内，这一系统具有一定的调节能力，对来自外界比较小的冲击能够进行补偿和缓冲，自行维持其稳定性。雨水资源对于人类生存的重要意义使得人们必须考虑它的生态属性，并需要通过制定一定的规则使其得到保护和有效利用，否则，将会对人类的生存带来各种直接或间接的威胁。

二 集蓄雨水的商品属性

通常，我们将对于人类经济发展有用的环境要素称为自然资源，从最广泛意义上说，它包括自然界中含土地在内的一切可以被人类利用的物质和能量，其表现形式为资源性的物。在此，物是经济资源，具有自己的价值和使用价值，而且在这种意义上，经济资源还存在着稀缺性和多用性。

1. 集蓄雨水的价值

雨水作为一种自然资源同样可以被视为一种经济资源。虽然自然状态下的雨水资源是自然界赋予人类的天然产物，没有凝结人类的劳动，但是雨水资源生态功能的产生和实现及其持续利用无不与人类的劳动有关。依据马克思的劳动价值论，环境资源包括雨水资源价值的构成和商品价值的构成一样，包括三部分：一是补偿、保护和利用资源所需要的生产资料价值；二是补偿、保护和利用资源所需要的劳动者的必要劳动的价值；三是补偿、保护和利用资源的劳动者剩余劳动创造的价值。由此，集蓄雨水的价值形成大体上可以包括以下几个方面：①现代生产和生活消耗的自然资源和雨水资源，必须通过人的劳动进行再生产来补偿环境资源的物质和能量损失。雨水作为生态系统循环中一种重要的自然资源，也需要通过人的劳动来补偿，这种补偿物化的社会必要劳动形成雨水的资源价值。②有效地保护和建设环境资源是可持续发展战略的重要组成部分。雨水资源同样如此，只有投入大量劳动，才能保护和建设雨水资源并实现其可持续使用性，故而保护和建设雨水资源的物化的社会必要劳动形成了雨水资源价值的重要部分。③人类将环境中具有潜在使用价值的资源变成具有符合人类生存和经济发展需要的使用价值，必须付出一定量的劳动，集蓄雨水资源更是如此，在此过程中，为了实现充分有效地利用雨水并发挥其作用的目的，人们往往需要投入劳动建造专门的集雨场所，这种劳动就转化并成为价值的组成部分之一。

　　2. 集蓄雨水的使用价值

　　不论从生态学角度还是从现实生活角度来看，水对人类的生存和发展都是必不可少的。水是生命的基础，是生物产生、生存和发展的必要条件，是人类社会发展中不可缺少的物质资源。但是，目前随着人类社会的进一步发展，人口数量的不断增长以及人类经济活动的不断扩张和复杂化，人类对资源的过度开发和消耗造成了自然资源的枯竭，并对自身的生存和发展也带来了损害和威胁。其中，最严重的生态危机在资源危机里突出地表现为水资源的危机——它已经直接威胁到人类生命的健康发展并影响到生物界的安全生存。之所以出现水资源危机，主要是由于以下几个方面的原因：其一是随着人口的增加和经济发展，水资源的消耗量增长过快，世界用水量大幅度上升；其二是随着工业城市的发展，排放到环境中的污水量日益增多，使水质污染严重；其三是由于用水量剧增，水污染严重，地面径流日趋减少甚至造成某些河流干涸。由于全球水资源可利用量有限，因此，在当今世界上面临的人口、资源、环境三大基本问题中，水资源与水环境问题已经成为人类生存中面临的一个关键性问题。水资源引发的危机人们有着切身体会，因此人类已开始努力寻找新的出路来弥补水资源的欠缺，以满足人类的需求。

　　天然雨水由于其特有的属性，自然成为人类关注的目标，其使用价值日益受到人类的重视。雨水的使用价值表现在以下几个方面：首先，雨水是人类生存环境的重要组成部分，是环境生态链的组成部分之一，它在为人类构建适宜的生存环境、提供良好的生活环境方面发挥着重要作用。比如，它可以增加地表水，为各种植物提供水分，为它们的生存和发展供给最基本的水分养料。其次，雨水可以增加地面上水环境的范围和数量，维持整个水循环系统的圆满进行。比如，它可以增加海水、湖泊、河流的流量，为相关的水族生物体提供必需的生存环境，进而维持整个生物生态链的持续和有序；再次，雨水可以被人们用来为农作物提供最原始天然的水分补充，为农作物的生长提供水分，为工业、商业和第三产业提供原料，进而创造更多的物质产品和财富，带动并促进整个社会的发展。最后，在缺水、少水的干旱、半干旱地区，雨水还可以被自然或人工集蓄起来，成为当地人生活用水的来源，满足人类最基本的用水需求，发挥水资源的最基本的使用价值功能。当前，根据雨水集蓄利用发展的现实状况来看，雨水资源被人为或自然集蓄起来后，可以发挥解决干旱缺水山区人民的基本生存问题，保持水土和改善生态环境，促进农村精神文明建设和社会稳定等几个方面的作用，这也可以看做是集蓄雨水使用价值的现实体现。

雨水虽然可以为人类带来众多的使用价值，但由于它是一种人类不能完全加以控制和支配的自然现象，它又不可避免地会给人类带来灾害。如当洪水泛滥时，雨水又成为一种有害物，人们唯恐避之而不及，此时就又完全与它的上述价值和使用价值相违背，脱离了商品属性。雨水对人类既有利又有害，这就是它的两重性。因此，雨水的使用价值只能从一定的角度来讨论，不能完全和其他商品归属于同样的层面。

3. 雨水的其他价值

雨水资源在未被开发利用时，不能用于交换，不具有商品性质；一旦开发成为资源产品，由于可以用来进行交换而成为商品。这种特殊性决定了雨水资源产品作为特殊的商品，除了具有显而易见的经济价值外，其功能和用途还决定了它还具有一定的生态价值和社会价值。总而言之，雨水资源价值存在三种表现形式：一是可直接作为商品在市场上进行交换的环境资源产品，体现为直接的使用价值和经济价值，例如雨水被集蓄起来后可以通过特定形式或途径，当做特定商品用来交换。二是雨水资源所具有的调节功能、载体功能和信息功能使之又形成具有潜在价值的资源，体现为具有间接使用价值的资源，例如雨水所提供的灌溉、绿化、环保、增加水源等生态价值即为间接价值。三是雨水具有满足人类精神文化和道德要求的资源价值，具有文化价值、社会价值。例如，河流瀑布、大海、湖泊等既具有自然景观的价值，又具有为人类提供休闲和娱乐服务的价值。由此可见，雨水作为一种自然资源，它的经济价值、生态价值和社会价值是统一的、不可分割的，取走任何一种价值的同时必然造成其他价值的流失或毁灭。简言之，雨水资源具有自己的独特价值。

三 集蓄雨水市场化的法律属性

在市场经济中，既然集蓄雨水可以成为市场交易的对象，那么我们就有理由将其规制到市场经济运行中应予以保护的对象范畴，运用经济手段、法律手段等必要措施来使其交易规范化、秩序化。经济手段主要体现为隐性的价值规律、价格规律、供需规律以及国家政策等的影响；法律手段则属于显性的强制性调控手段。凡是和规范市场经济有关的法律都可以运用——从宏观法到微观法、从公法到私法、从根本法到特别法——但从根本上考虑，则首先要适用物权法的规定。通常，物权法是与环境资源的经济价值与生态价值和其他非经济价值直接相关的规范体系，雨水作为环境资源的一种，具有上述的经济价值、生态价值和其他非经济价值，因此可以作为物权法的规制对象，从而具有了根本的法律属性。尤其是被人们通过集蓄利用工程加以掌握的集蓄雨水，更是如此。

1. 雨水可以被视为一种民事法律关系中物权的客体，成为物权中的物

雨水具有以下几个特点：首先，雨水在降落到地面上后，会因为地面载体的不同，而有不同的表现形式。虽然从抽象的、宏观的原始角度来看，雨水是大自然赋予人类的一种不特定物，但正是由于它的不特定性，在被不同主体在不同场合下加以使用时，会产生不同的特性，从而被特定化，成为物权主体可以加以利用的对象，并且可以获得一定的收益，实现从不指定向指定的转变，满足物权实体需要的特定性之要求。其次，雨水不具有自然属性上的独立性，但可以在人为因素的影响下而获得指定性形式的独立性，而且这种独立性必须是可以在主体意识的支配下来体现，并获得应用。比如，落在自己修建的蓄水池中的雨水，就因载体的独立性而获取了相应的独立性，为主体自由支配和利用，并获取收益。最后，雨水是存在于人身之外的物体，具有非人格性，而且可以归入有体物的范畴。因此，雨水符合作为物权客体的要件，它在特定的情形下，可以被人支配、控制、使用，并且满足人的需求，从而反映了集蓄雨水作为财产时的归属和利用关系，圆满体现了物权属性。

2. 集蓄雨水可以具有一定的所有权属性

雨水是一种自然资源，由于它的形成和存在是不受人类控制和支配的，所以，它的所有形式在最初天然形成时，可以认为是不归属于任何人所有的一种

无主物，但是，当雨水降落到地面上后，则会因为地面上土地形态的不同而有不同的表现形式，可能会成为河流、湖泊的组成部分，和这些载体具有相同的性质，成为国有资源，具有国家所有的性质；也可能会降落在山地、林地、荒地、滩涂、沙漠等载体上，自然而然被吸收，不需要对其加以定性，或者根据它们的所有属性而成为国有或集体所有；还可能会被人类专门集蓄起来加以利用，这时，我们则可以结合农村经济体制改革，明确雨水集蓄利用工程"谁建、谁有、谁管、谁用"的政策，使雨水的所有权属性跟随集蓄载体而归属于个人或集体所有，更好地调动人们的积极性，也更有效地发挥雨水的价值功能和实用功能。

3. 集蓄雨水可以具有转让性

在雨水集蓄利用工程中，雨水的所有权属性可以因载体而归于个人。通常，凡是实际上可能而法律未予以禁止的支配行为均可以包括在所有权范畴中，所以，当人们对自己拥有所有权的雨水予以利用时，也可以适用此项规则。比如，当自己雨水储蓄太多而用不完时，或者为了共同抗旱、抗灾而救济、帮助别人时，不管以怎样的具体形式表现，都可以转让。这种转让根据所有权人的意志可以有偿或无偿。因此，我们可以认为，集蓄雨水具有法律上的可转让性，并且需要相关法律来维护转让秩序。总之，在不违背市场规律、价值规律的前提条件下，集蓄雨水既可以成为物权的客体，也可以成为所有权的对象，并具有相应的可转让性，使交易双方获得彼此各自的需求。因此，在市场化改革进程中，我们完全可以运用物权法对其加以规制，并且，其他调整市场交易对象时所用的相关法律也都可以应用，比如，《民法通则》、《合同法》、《环境资源保护法》、《水法》等。

通过上述分析，我们可以得出结论：被集蓄起来的雨水不仅符合商品所特有的价值和使用价值的本质属性的要求，可以将其作为市场交易的对象——商品来对待，从而使集蓄雨水成为市场化规制的对象，而且还可以相应地把它视为一种法律保护的对象，对其在商品交易活动中存在的相关问题通过法律予以规制、解决，使此交易行为健康、有序。因此，我们应该尽可能地对有关问题加以完善，以期能够通过市场化交易和相应的法律制度保障，使集蓄雨水发挥更大的作用和价值，为在更大范围内更加有效地利用雨水资源开辟一条新道路。

第六节　雨水集蓄的若干立法设想及建议

根据生存权、水人权的基本特征，我们认为，我国缺水地区人民的雨水集蓄权是水人权之一种特殊形式，这一点比一般的水权更需要国家通过宪法、行政法等法律保障其实现。

通过对先占基本理论和我国现实的分析，我们认为，雨水集蓄取得的方式应该是对无主财产的先占，我国物权立法应对先占制度加以明确认可。雨水收集者通过先占方式取得雨水的完全所有权，这种财产权利应该受到法律的明确保护。

集蓄雨水具有价值和使用价值，有明确的所有人，而且有一定的市场需求，因此国家相关法律制度应该为集蓄雨水市场化交易提供必要的制度支持。

总之，集蓄雨水是一种基本生存权利，对雨水的收集、占有、使用、收益和处分是主体享有的财产权利。如果以上权利得不到法律规定的保护，则此前的各种探讨都是虚无缥缈没有实际意义和价值的。因此本部分主要研究如何将理论上或现实中的权利、状态、行为法律化、制度化，亦即研究雨水集蓄的相关立法建议问题。该部分主要分为两个大方面：第一个方面是研究确认和保护雨水集蓄的立法体系和法律渊源问题，第二个方面是提出一个立法草案，以专门立法的形式来保护和促进雨水集蓄事业的发展。

一　水人权是一项基本生存权

从国际条约和许多缺水国家和地区的状况来看，应该以国家法律和政策的形式对水人权加以确认。

首先，应从《宪法》层面上明确保护水人权。

《宪法》是国家根本大法，所有的基本人权都应该被《宪法》所承认。在2004 年之前，我国《宪法》没有明确规定应对人权加以保护，那时候的理论认为"人权"概念是西方近代启蒙思想家提出的一种抽象的、仅代表资产阶级利益的概念，我们无产阶级掌权的国家不应该去追随。但是，随着社会实践的发展和理论认识的不断加深，我们对上述理论做出了修正，逐渐认识到了"人权"之于社会成员的极端重要性。如果《宪法》不对人权加以保护，则生活在该国的人民的生命、财产、安全就得不到最基本的保障。基于以上考虑，我国《宪法》2004 年的修正案第二十四条第一次明确规定："国家尊重和保障人权。"这一条规定是《宪法》保障水人权的最基本依据，因为无论对"人权"作什么样的界定，"获得足够、安全的基本生活用水"必然是人权的不可或缺的一项内容，而缺水地区人民的自然条件生活境地决定了人们集蓄雨水的权利就是一项基本的生存权利，是水人权具体的表现形式。

当然，我国《宪法》仅用一个条文来概括对人权的尊重和保护还略显不足，宪法应该以条文形式指出人权的基本特征，也可以列举出若干项最基本的人权，这样更有利于对一般人权的保护，也有利于对水人权的确认和保护。我们建议宪法明文规定：水人权是一项基本人权。

其次，应在行政法层面上完善对水人权的保护。

《宪法》规定了国家对人权的尊重和保护还是不够的。要想实现基本人权，必须从行政法层面入手，在行政法上规定政府的基本义务，采取保证本地区人民基本用水的有效措施。保证人民基本用水如果被规定为政府的基本义务，则有利于各地水人权的实现，而水人权的实现在缺水地区主要表现为政府帮助人民修建集雨设施。过去雨水集蓄事业的发展也是通过各地方的行政规章、政策而推进的。因此，行政立法对水人权以及缺水地区雨水集蓄权的实现具有重要意义。此外，如果政府部门在实际履行上述义务时出现了问题，权利人可依行政诉讼程序提出诉讼，倘若在相关资金使用、挪用、贪污或项目投招标方面出现问题则可能进入刑事诉讼程序。

再次，在基本法律层面上加强对水人权的确认和保护。

我国新《水法》的第四、二十一、四十八、五十四、三十三、三十四、六十七条都对居民获得基本生活用水的权利给予了优先的、特殊的保护，第三十三条规定尤为明显。该条规定："省、自治区、直辖市人民政府应当划定饮水水源保护区，并采取措施，防止水源枯竭和水体污染，保证城乡居民饮水安全。"该规定已经十分强调政府的作为义务，是很大的一个进步。虽则如此，上述规定仍然是不够的，对于不十分缺水的地区而言，仅强调政府有"防止水源枯竭和污染"的义务就可以了，但是对于缺水地区这种规定则是不充分的。上文反复强调，在缺水地区因为没有充足的地表或地下水源，因而也就不存在或很少存在"水源枯竭和水体污染"问题，而真正的问题是"缺少收集雨水的设施"。由此可见，在缺水地区，政府的明显义务应该是"保证居民拥有必要设施来收集生活基本用水"。综上所述，我们建议在新《水法》第三十三条增加一款：

> 在缺水地区和以雨水集蓄作为基本用水来源的地区，当地政府应该扶持居民修建足够的雨水集蓄设施，以保证居民获得足够、安全的基本用水。具体实施办法和相关标准由地方政府制定。

同时，在环境法规中也要加入相应条款：

> 如果单位或个人实施了污染空气的行为，该行为导致了对雨水的污染，因此而给雨水收集者造成的损害，应该予以赔偿。

最后，应该加快立法，将国家政策尽量转化为国家法律。

我国已有的许多政策都有关于水人权的规定，比如，由国务院批准、国家计划委员会 1997 年 9 月发布的《水利产业政策》第四条规定干旱地区的人畜饮水被列为重点建设项目之一；第二十九条要求省级政府应当优先保护生活用水及其质量。

上述中央各部门的政策都对基本水人权提出了明确的保护规定，但是也正是由于它们是政策，其执行效力和实现程度都不能令人满意，因此，建议在下次修改我国《水法》和其他相关法律时，将上述政策中涉及的水人权问题转化为立法，从而更有利于对缺水地区人民雨水集蓄权的保护。

二　物权法中确认先占取得所有权的效力

从理论、历史和现实来分析，我国法律都应该承认先占制度的法律效力。因此，我们建议在《物权法》中规定的"财产取得方式"中以明确条文来确认先占效力：

> 除法律另有规定外，民事主体占有无主物即依法取得对该物的所有权。

其中所谓的"法律另有规定"的情形主要指：无人继承遗产、文物、埋藏物、遗失物等。

具体到《中华人民共和国物权法》而言，我们建议在"第四章"中第四十二、四十三和四十四条（关于征收和征用的规定）之后加入几种其他必要的"不动产所有权取得方式"，其中就应该包括"先占"这种方式，承认这种方式除了本书前面已经讨论过的原因，还涉及"物的社会效用"问题。法律承认的"先占"是指善意的而非"恶意"的，如拾得遗失物后得知原主仍不归还则属恶意。如果国家一味否定先占的效力，则一方面私人没有动力（也不允许）去利用无主物，另一方面国家为了管理和保护这些无主物而花费大量成本。在其他情况下，许多人先占无主物而不敢公开加以利用，最终造成社会财富的巨大浪费。因此，从实现物的效用方面分析也应该承认善意的先占行为，对于自然界提供给人类的宝贵财富除了国家已经规定明确所有人的，都应该成为先占的对象。而雨水正是这样一种巨大的自然界的恩赐，应该依照《物权法》可以先占取得。

三　依法明确集蓄雨水的所有权

1. 对"水资源"重新进行界定

我国《水法》规定"水资源包括地表水和地下水"，而没有对上述规定进行具体界定，依照这个规定，很难说水窖中的水是不是水资源。根本原因在于制定《水法》的立法者没有将自然状态的"水资源"与"加入了人类劳动、已经转化为其他主体所有"的水体区别开来，比如，自来水厂已经依法引入自己单位储水设施中的水、农民水窖中的水，就不应该再是"水资源"的组成部分，现行立法没有对此加以区别。因此，我们建议《水法》中关于"水资源"的定义应修改为："本法所称水资源，是指存于自然载体、处于自然状态，可供人类开发利用的淡水，包括地表和地下自然资源水。"

依上述修改，则处于某些单位或个人储水设施中的水就不再是"水资源"的组成部分，一般应该属于储水设施人所有，原因有三：第一，修建储水设施时设施所有人支付了大量成本，如果没有后来的占有雨水而带来的利益，是没人去投资的；第二，储水设施的所有人及其使用权人修建设施或者取得使用权都以取得蓄水所有权为目的；第三，主体将地表水、地下水或雨水引入到集水设施中也要花一定成本。因此，依照"谁投资谁受益"的原则，储水设施中的水应该归投资者所有。但是，2002年新《水法》并未对此做出明确规定。

2. 对集蓄雨水的所有权明确界定

新《水法》第三条规定："水资源属于国家所有。水资源的所有权由国务院代表国家行使。农村集体经济组织的水塘和由农村集体经济组织修建管理的水库中的水，归各该农村经济组织所有。"这显然是不够的，建议在该条最后加上一款：

由其他主体投资修建的集水（储水）设施中的水归该主体所有。

依此规定，则水窖中的集雨归水窖所有人所有，若集雨设施使用权出让给他人，依合同目的，集雨归集雨设施使用权人所有。

我国已经出现了严重的缺水危机，本书主要探讨了西北黄土高原区、西南沟壑区、华北山地区这几个主要缺水区，实际上许多大中型城市，也是严重的缺水区。如果中心城市的缺水问题得不到良好的解决，则势必会对我国整体经济造成显著影响。在现阶段，除了修建大型水利工程之外，雨水集蓄也是解决城市缺水问题的捷径之一，值得国家重视。雨水集蓄还是一个具有较高预期效益的产业。国家应该制定相应法律鼓励不同资本（国外资本、民间资本等）投入到雨水集蓄产业中来；并且在初期给予优惠的政策支持和优惠条件（减免税款、工商管理费用等）。这种政策的好处有三：缓解城市水资源危机；打破政府单一垄断城市水务局面，引入竞争机制，实现市场优化配置资源功能，提高对雨水的利用效率、实现企业盈利增加、社会财富增加的目的。

四　遵循市场规律、完善雨水定价制度

在未来制定的专门调整雨水集蓄的法律文件中，应该明确规定：

缺水地区雨水集蓄者对其多余集雨、雨水集蓄企业对其集蓄的雨水可以依法转让。

转让程序、方式及纠纷解决适用一般动产转让法律即可，无须再专门立法。

集蓄雨水转让价格与一般用水转让并无特别之处，都会受到价值规律和供

求关系的影响。如果一般水转让机制实现了优化，则雨水转让依其机制即可。因此，只要对现有的水价机制进行优化，也即可实现对雨水转让价格机制的完善。黄锡生教授认为对现有水价机制可以从以下几个方面予以完善：

1. 确定科学的水价制定依据

（1）所有权因素。水资源所有者不但享有所有权，还要投入相应成本用于修建水利工程、保持水土、进行管理等。

（2）可供水总量因素。一般供水和集蓄雨水的余缺变动周期一般是一年，在年度内根据可供水总量余缺定价，符合市场规律。

（3）地域、季节因素。我国水资源分布的首要特征是"时空分布不均"。而在同一地区集蓄雨水价格的影响因素，主要是季节因素。

（4）产业因素。制定水价对国家重点扶持的产业应给予优惠政策，主要是指农业、环保产业等。

（5）水质因素。高质高价，低质低价。影响集蓄雨水水质的因素主要是当地大气污染状况。

（6）水污染因素。对于集蓄雨水而言，还是与大气污染状况一致。

（7）水务企业效益因素。如果水价过低，水务企业经营绩效太差，则会影响企业提高水质的积极性，易形成恶性循环。

2. 优化水价结构

水价构成是指构成水价的各种因素的比例关系。我国现有水价构成尚不合理，需要从两方面改进：

一方面，要优化、完善水价构成。水价一般应该包括资源水价、工程水价和环境水价。资源水价是指用水者向国家缴纳的资源使用费；工程水价是指水务企业运营成本的价格；环境水价是指污水处理费用，包括取用水带来的外部补偿和废水处理费用。传统水价的缺陷在于忽视了水资源费和环境水价，应该及时修改《城市供水价格管理办法》，充分考虑水资源费和环境水价，以促进水资源的可持续利用和发展。

另一方面，应该根据不同情况制定不同水价政策。对于国家大力扶持发展的产业（如环保、生态、园艺、绿化等）实行低水价；对于需要稳定发展的产业实行中等水价；而对于高度污染的产业实行高水价，以促进其技术革新、提高水利用率、减少水污染程度。

通过以上水价体制改革，有望建立一个完善的、优化的合理水价体系，集蓄雨水虽然在水体的收集方式上有其特殊性，但是作为一种市场商品与其他水资源并无区别，应该在国家整体的水价体系之下实现其定价。

　　总之，本部分对雨水集蓄相关立法问题进行了全面分析，在宪法、基本法律和国家相关政策方面提出了明确的立法建议和法律修改意见。在适当的时候，国家可以出台单行法规，对雨水集蓄问题进行单项立法，以此促进雨水集蓄事业的发展，缓解水资源危机，造福于国家和人民。

第七章　雨水集蓄利用的
行政法学分析

第一节　雨水集蓄过程中的法律范畴分析

所谓范畴有两层含义，一是指人的思维对客观事物的普遍本质的概括和反映；一是指类型、范围①。本书使用第二层含义，即雨水集蓄过程中所涉及的法律类型和范围。本章主要从行政法律角度来分析。

一　雨水集蓄中的政府服务特性

从政府职能的角度分析，"所谓服务型政府就是提供私人和社会无力或不愿提供的、却又与公共利益相关的非排他性服务的政府"②。由于受长期计划经济深刻影响，全社会形成了"政府高明"、"政府至上"的理念。在计划经济的体制下，管制型政府扮演了更多的生产者、监督者、控制者的角色，在管理上注重计划和控制功能，为社会和民众提供公共服务的职能和角色被淡化。在管制行政的作用下，公民被视为行政关系的客体和实现行政管理目标的工具。公民对政府的管制只能被动地予以接受和服从③，这与我国现阶段法治社会的宗旨不相符。从法治社会的要求来看，服务型政府是指政府管理职能的主体地

---

① 《辞海》上卷，上海辞书出版社 1979 年版。
② 侯玉兰：《论建设服务型政府：内涵及意义》，《理论前沿》2003 年第 23 期。
③ 郭彩霞：《我国构建服务型政府的内涵及路径分析》，《开封教育学院学报》2006 年第 12 期。

位让位于服务职能。

对于服务型政府不同领域对其理论基础有不同的论述，本书重点从国家和政府起源的角度来分析。社会契约论是关于国家和国家权力起源的学说，同时是民主政治法治化的逻辑起点和历史起点，是天赋人权的逻辑发展。该理论认为，"人们为了克服自然状态的不便"更好地保护人身和财产安全"便相互订立契约"，自愿放弃某些权利把这些权利交由他们所指定的人（主权者）按一定的规则来行使，"这就是立法和行政权力的原始权利和这两者之所以产生的缘由"，此即第一次契约；第二次契约是主权者与治权者之间的行为，它是以政府履行保护公民的政治自由和对公民生命财产负责为条件的。社会契约，意味着政府在承诺维护社会公共利益的基础上，它拥有了公共权力，即管理社会的权力、服务社会的义务、满足公众需求的责任；同时也意味着公民有服从公共权力管理的义务、监督与制约公共权力的权利。政府应保护全体公民的公共利益，维护和平的社会秩序，否则，公民有权收回委托之权力，选举出新的政府。社会契约论就是把政府权力的正当性建立在公民与公民或公民与政府之间签订政治契约的基础上，并以契约的内容来约束政府行为的学说。也就是说，国家与政府的一切权力来源于公民与公民或公民与政府之间的委托①。政府为社会提供财产、人身安全等公共安全服务是政府的重大的和主要的目的。同时，这种权力委托代理关系也是政府责任存在的基础。

但不同时期的社会契约论者对政府服务职能的界线有多种解释，从"最低限度的国家"、"守夜人政府"到"福利国家"、"干预式政府"争论的只是服务职能的范畴。事实上，在政府职能方面即使是古典自由主义者也不否认政府提供公益物品和公共服务的职能。亚当·斯密在《国富论》中就明确提出为社会提供公共工程是政府的三项主要职能之一。人们服从政府是因为人们认为政府是为自己行使公共权力、解决社会问题和保障公众利益的，它不一定最好，但能避免最坏政府，为消除自然状态自身的不便为社会提供必要的以公共权力为后盾的公共服务正是政府存在的合法性来源和合理性所在②。而作为行政法研究视角的公共服务是指由法律授权的政府和非政府公共组织在提供纯粹公共物品、混合性公共物品以及特殊私人物品三个层面的

---

① 于飞：《论责任政府的理论基础》，《哈尔滨市委党校学报》2006 年第 6 期。

② 李荣娟：《构建公共服务型政府的理论诠释与现实依据》，《理论与实践》2006 年第 8 期。

公共服务时实施的法律行为和承担的法律职责①，即责任型政府。而权责一致是政府责任实现的保证，同时，法律规范政府行使自由裁量权。强化政府公共服务职能，其中关键因素是政府和民众关系的定位②。在服务型政府中政府和民众的关系是服务者和利益享有者，即政府是民众实现利益的工具或机制。我国是人民民主专政的社会主义国家，人民民主体现了人民的主人翁地位。政府的角色就是为人民主人翁地位的巩固，为人民利益的维护，为人民自身的发展提供制度性工具。服务型政府就是要"权为民所用，情为民所系，利为民所谋"③。

　　干旱地区雨水集蓄是广大缺水地区老百姓智慧的结晶，其从产生到发展的历程中，与政府各部门的服务是密不可分的。由于雨水集蓄技术最早产生于个别地区，具有一定的封闭性，然而，"雨水"的利用不仅关系着干旱地区人民的生活生产，同时也事关干旱地区的稳定乃至国家秩序。因此，在雨水集蓄过程中，充分体现了政府在公共事务管理中的职能，即服务性。政府为在整个干旱地区推广雨水集蓄做了大量努力，组织专门人员挨家挨户做思想动员，这在一定程度上体现了政府的服务思想；在集雨工程建设的过程中给予资金或材料补助并派专门人员进行技术指导，以调动群众的积极性。这点显现了"权为民所用"。在集雨设施建成后，验收合格建卡登记，以明晰产权，即归农户所用。这即"利为民所谋"。十年来的实践证明，雨水集蓄的社会效益，深得干旱地区广大人民的称赞。同时也是对政府工作的肯定。在这个过程中我们可以看到两种思想和理念的转变。政府挨家挨户做动员，从直观角度表明广大群众对政府的不信任，从深层来说，是政府管理职能长期至上在现实中起到的反面效应。实践是检验真理的唯一标准，而对于广大群众来说真理就是"受益"。这就是雨水集蓄工作在其后顺利展开的原动力。

二　雨水集蓄中政府行政许可的特殊性

　　根据我国《行政许可法》第二条规定，行政许可是指行政机关根据公民、法人或者其他组织的申请，经依法审查，准予其从事特定活动的行为。其特点

---

①　于静：《公共服务问题的行政法学研究》，《中共太原市委党校学报》2006年第6期。
②　郡爱红：《公共服务的伦理内涵与价值》，《中国特色社会主义研究》2006年第4期。
③　向阳春、周巧洪：《试论服务型政府社会化的必要性》，《科技经济市场》2006年第11期。

有：第一，主体的专属性。实施行政许可的主体只能是行政机关或法律法规授权的组织。依法委托的实施行政许可的，也只能委托行政机关。第二，发生的被动性。行政许可只能以当事人的申请而发生，行政主体不能主动作出。第三，是指审查性，即审查申请人是否具备从事特定活动的法定条件。最后是内容的受益性，申请人因许可而行使许可的权利并获得相关的权益，但并不排除在许可的同时附加一定的条件或义务。在雨水集蓄中农民申请权力机关登记，然后行政机关发放雨水集蓄专项资金（实践中大多以实物形式发放）。在这里我们可看到，行政机关许可的并不是"从事雨水集蓄的权利"即取水权，而是专项资金。对雨水集蓄的许可不仅仅是行政机关的权利，同时也是其义务，专项资金是国家从财政中划拨用于特定领域或事项的财政专款。财政专款由相关机关或部门统一管理支配，既然是专款，相关部门就有义务将其用到特定的领域或事项，对符合条件的请求，必须给予专项资金支持。可以说，对雨水集蓄的专项资金的许可使用不仅仅是管理机关的权力，更多地体现其义务，行政机关对雨水集蓄专项资金没有裁量的余地。这点不仅仅体现于雨水集蓄中的专项资金运用，同时也为国家其他关系公众利益的专款专用提供了路径。当然这并不是说行政机关或资金管理机关不享有任何的权力，在服务型政府职能的引导下，行政机关有权决定资金发放形式以使其得到最高效率的运用。雨水集蓄中专项资金的实物化，即将专项资金首先由政府组织采购雨水集蓄中所需的材料等，然后再按一定的标准发放。

三　雨水集蓄专项资金使用者请求性权利

请求性权利反映的是行政主体的积极义务。所以，行政主体不仅不能侵犯私权，而且还必须要有所作为，从而最大程度地保障私权。这就要求行政主体应该树立服务行政的理念。请求性私权同样是相对人的权利，不能因其"请求"而改变性质。所谓请求性只是指相对人行使权利的方式，而行政主体实现相对人的请求性私权，仍然是其职责和义务[①]。现实中此类权利主要有受许可权、受裁决权、受救济权等。

行政法律关系中的主体单方面性已是我国目前行政法学界的共识。但从服务型政府的角度来看是矛盾的。服务型政府强调政府的义务性，而当代的行政

---

① 　张子成：《行政法上私权的梳理》，《黑龙江省政法管理干部学院学报》2005 年第 5 期。

法律关系中所指的主体单方面重在强调行政主体的权力，这同样与我国法治社会建设不相符。在具体的行政法律关系实践中，有些行政主体并非是主导者。就拿干旱地区雨水集蓄专项资金的运用来看，农户在建集雨设施时，需通过申请—相关部门登记—发放—工程验收的流程。从这个流程中我们可以看出，专项资金的享有者对专项资金享有申请给予的权利，即请求性权利，享受许可权和受救济权。而政府等相关部门登记、工程验收则是为保证专项资金的专用性，即所谓的对上负责。以权利制约权力是权利制约路径的一种。权利是国家权力禁止之处，它意味着以承认公民的权利为根本前提，以保护和实现公民权利为最终目的和归宿，它体现的是在国家与社会分野之后社会对国家的监督和制约①。具体在雨水集蓄专项资金使用中，由于专项资金使用的特定性，意味着其使用者范围的特定性，符合条件的使用者享有申请给予的权利，管理机关相应也就有给予的义务。改变了以往一揽子式发放方式，同时也就变相赋予符合条件者对专项资金的请求性权利。在民法中请求权包括物上请求权和债权请求权。在这里我们所指的请求性权利，并非民法范畴中的请求权，它是一个权利系，在服务型政府的理念下，政府作为义务型的主体，政府有义务进行某种行为，同时相对人也有权请求其作为。雨水集蓄专项资金是根据干旱地区经济状况给予的救济帮助性资金。符合这项资金条件者有受许可和受帮助救济的权利，在权利受到侵害时有请求裁决的权利。这充分体现了行政权力与私权的融合，同时也是法治的内在价值。

第二节　雨水集蓄过程中具体法律关系的运作

一　行政许可的主体

1. 行政许可主体

在雨水集蓄过程中，凡是实施集雨灌溉的有关地、县，应建立必要的集雨

---

① 邓名奋：《论权力制约的三种机制》，《国家行政学院学报》2005 年增刊。

节灌指挥部或集雨节灌办公室等机构,而集雨节灌工程的规划设计、设计管理、技术服务、质量控制、检查验收等工作,在各级政府的统一领导和有关部门指导下,由各级集雨节灌办公室具体组织实施。专项资金由省政府根据年度建设计划统一协调筹措(参见《甘肃省集雨节灌工程建设管理办法》)。而在有些地区集雨节灌工程由省水利厅、财政厅共同组织实施,两厅联合成立项目领导小组,下设办公室,具体负责项目的规划、计划、协调、管理、验收等。这个项目以主管县长为组长,财政、水利、农业、科委、农建、计委等部门负责人组成项目实施小组,负责筹措配套资金,协调解决项目实施过程中存在的问题。以财政、水利为主成立项目办公室,具体负责本县集雨节灌工程的计划编制、项目的组织实施、指导、监督检查和初步验收。资金由各级财政部门负责划拨、管理和监督(参见《宁夏南部山区集雨节灌工程建设管理办法》)。通过以上两个管理办法我们可以看出,资金的管理机关或机构与工程组织实施的机构完全不同。从本质上说,资金的管理单位是许可的真正主体,根据确认证明来发放资金。

2. 工作原则

第一,行政效率原则。农户提出申请,由其进行实质审查来许可。从行政效率性原则角度分析,这种审查应是有时间限制的。在雨水集蓄中这种审查一般是可以当场做出的,即便不能当场做出,其审查期限也比较短。其原因在于,在集雨节灌过程中,基层组织发挥了重要的作用,这就在很大程度上提高了行政的效率。第二,发挥基层组织作用。基层组织是与农民最直接的接触者,同时其成员又是当地居民,对当地的各种人文地理环境的了解相对其他政权组织更具有直接性和实际性。在雨水集蓄过程中,对上级下达的指标任务由基层组织按照实际情况编制方案,上级管理机关按照其方案制定计划,然后,再由基层组织来具体实施。这不仅提高了行政效率,同时也加强了行政机关与基层组织的联系,发挥行政机关的作用。第三,与群众相结合原则。在雨水集蓄过程中,有些农民自发组织了施工组织,当有建设集雨设施的需要时,有些农户便把集雨工程的修建承包给施工小组来修建。相关部门应充分发挥其作用,积极予以技术等方面的指导。

二 行政相对人请求性权利的行使及其条件

就权利本身来讲,它在现实法律生活中总是表现为外在的行为,因此,总归有一个适度的范围和限度。超出了这个限度就不为法律所保护，甚至可能构成"越权"或"滥用权利"，属于违法行为，必然招致法律的禁止或制裁。因此，法律对权利作适度的限制是完全必要的。严格地讲，限制是法律为人们行使权利而确定技术上、程序上的活动方式及界限。但这种限制是以保障作为前提的，限制是为了更好地保障。显然，权利不是绝对无限制的，同样正义的法律从来不会无根据地限制甚至剥夺国民的权利。在现实中，雨水集蓄主要是按户操作实施，雨水集蓄专项资金主要用于家庭生活用水设施建设。干旱地区的生活习惯是将自家屋面庭院作为集雨场，在房前屋后适当位置建造集雨装置。农户按自家的庭院面积提出申请，然后农户拿着相关部门的批准证明到指定的地方领取水泥等材料。随着集雨灌溉技术的发展，有些地区以法规的形式确定了专项资金的专用性，即只能用于兴建集雨节灌工程购买水泥及其配套的灌溉设备。但在集雨灌溉专项资金的使用条件中，并没有具体确定补助对象本身具备的条件，由此推出的结论是只要有建设集雨设备的，就可以申请领取专项补助。同时，行政相对人申请专项资金前必须有集雨节灌办公室或领导小组予以确认，方可申请专项资金。集雨节灌办公室或领导小组的行为可定性为行政确认行为。也就是说，先由集雨节灌组织实施机构确认其使用资金的特定条件及数额，然后由资金管理部门许可发放。

三　侵权救济及其程序

由于政府权力机关有为农民提供服务的义务，同时管理相对人也有要求其提供服务的权利。无论行政确认行为还是行政许可行为，都是行政机关应当履行的义务。当行政主体不作为时，其相对人的权利必然受到侵害。在权利救济方面，各地集雨工程管理办法中几乎都没有明确规定。本书认为，可以通过行政复议、行政诉讼或申诉的方式来救济。同时行政诉讼中实行举证责任倒置原则，即行政相对人只需证明其提出过请求即可。具体程序依照现行法律规则来进行，本书不展开论述。

第三节　雨水集蓄过程中的资金保障机制

一　政务信息依法公开

公开透明是政府责任的必然要求。政务信息是指各级人民政府及其职能部门以及依法行使行政职权的组织在其管理或提供服务过程中或为履行职责而产生、收集、整理、储存、利用和传播的信息，涵盖行政程序、会议活动及文件资料等方面的信息。从具体内容看，包括行政法规、行政规章与规范性文件、政府机构职能、人员配置、办公程序、执法依据等信息。从行政过程看，包括决策前信息、决策过程、决策内容及其执行和反馈的信息[①]。从民法角度来说，政务信息公开是公众知情权的必然要求。其基本含义是公民有权知道他应该知道的事情，国家应最大限度地确认和保障公民知悉、获取信息尤其是政务信息的权利[②]。在我国，知情权立法比较分散庞杂，同时在《宪法》中也没有明确地予以确定。《中华人民共和国宪法》第二章第四十一条规定："中华人民共和国公民对于任何国家机关和国家工作人员，有提出批评和建议的权利；对于任何国家机关和国家工作人员的违法失职行为，有向有关国家机关提出申诉、控告或者检举的权利。"可以说宪法这一条是关于公民知情权的模糊规定，可谓一大遗憾。政务公开在我国算是新事物，我国政务公开开展得最早的是在农村地区。1998年中共中央办公厅发布《关于在农村普遍实行村务公开和民主管理制度的通知》，提出在我国农村推行"村务公开"，主要是与农民切身利益息息相关的农村财务公开。村务公开的开展为农民获得知情权打开了一扇大门。随着村务公开轰轰烈烈地开展，各地也开展了"警务公开"、"司法公开"、"狱务公开"等活动[③]。但在实践中，公开的内容中缺少人事、财务、行政执行过程等内容，这就在很大程度上侵犯了公民的知情权。政务公开是公民知情

---

① 关保英、赵耀荣：《论依法开放政务信息》，《法学论坛》2006年第6期。
② 黄德林、唐承敏：《公民的"知情权"及其实现》，《法学评论》2001年第5期。
③ 黄德林：《"政务公开"初探》，《中国行政管理》2000年第1期。

的要求，同时，也是公民监督行政的前提，只有政府政务信息公开透明，公民才有可能知道在政府提供服务的过程中享有哪些权利以及哪些权利受到侵害，也是政府、政府工作部门和工作人员没有按照其公布的信息履行义务即行政法中所指的行政不作为时，利害关系人寻求救济的前提。

雨水集蓄中的政务信息公开也同样存在很多问题，我们可以从各地的工作总结中看到，只有在实际中使用的资金总数额，没有具体的运用过程，同时也没有公开财政拨款的总额。这样公众也就不知道资金的实际使用额和总拨款数额之间是否存在数量差，其差额用处等问题，这样就在一定程度上剥夺了群众受救济的权利。同时，也为贪污腐败留下了可乘之机。

二　责任机制建立

如前所说，服务型的政府并不意味着政府没有任何权力，完全听从市场摆布。政府的产生是因人民权利的让渡决定了政府享有一定的管理社会经济事务的权力，这种权力的行使是通过宪法法律的形式得以保障的。然而，"一个被授予权力的人，总是面临着滥用权力的诱惑，面临着逾越正义与道德界线的诱惑"。既然政府手中握有权力，那么它就不甘心充当"服务者"角色，就会存在权力扩张的倾向和滥用权力的危险。服务型政府应有之义，指政府服务于公民的义务性，并要为其提供的服务承担相应的责任。社会契约论认为，"政府存在于社会公众的期望中，它必须遵守一定的权利和义务，这些权利和义务是政府与社会之间契约的结果，因此，政府在行使权力时，不应忘记自己对社会承担的责任。政府责任是社会（公民）控制政府的重要手段，它要求政府，一是透明的和公民参与型的，以便于公民监督和控制；二是建立责任追究机制，由对上负责型政府向对上负责和对下负责统一型政府转变。传统的政府管理存在着只对上级负责，不对下级特别是公民负责的倾向。政府应该成为以公民的需求为导向，并向其提供优质的公共产品和良好的公共服务的高效、廉洁和廉价的政府。公民满意程度要成为衡量政府在公共管理上成效如何、政府工作人员是否称职的一个主要依据。这就需要在建立服务型政府，积极履行行政服务义务的同时，还要建立和完善消极责任的追究机制。

在雨水集蓄过程中，为了真正实现专款专用，在赋予公民请求性权利的同时还应建立相应的救济机制。我国目前"专项资金"的法律救济主要存在于《刑法》中，另外，救济主要是从国家角度来进行，而对专项资金享有请求性权利的主体，并没有使其权利得到保护。因此，本书认为，对于"专项资金"享有请求性权利的人，在认为自己的权利受到侵害时，可以对行政机关的不作为申请裁决。主要途径有以下几方面：

1. 行政复议。根据现行《行政复议法》的规定向相应的机关进行复议。在雨水集蓄中，对专项资金享有请求权的人在其权利受到侵害时，可以依据《行政复议法》第十二条第二款向上级财政部门或该财政部门所属同级人民政府申请复议。或者可以依据《行政复议法》第十五条第一款，联合办理的可向各办理机关的共同上级机关申请复议。鉴于雨水集蓄事关干旱地区人民生产生活，其复议期间应相应地缩短。

2. 行政诉讼。在雨水集蓄中行政复议和行政诉讼实行选择性原则，以最大限度地救济相对人，诉讼中举证责任方面，相对人只需证明其向相关机关提过申请即可。

3. 行政赔偿。由于行政机关法定行政职责只是相对人的合法权益遭受损害时，应当承担行政赔偿责任。但在确定赔偿数额时，应当考虑不履行法定职责的行为在损害发生过程和结果中所起作用等因素。

正如权利是有限度的一样，义务也是有限度的。而要求义务主体超出义务范围履行义务的行为，同样是法律所禁止的。时间的限度是义务限度的表现之一，义务在大多数情况下都有一定的时效或时间界限，超过了时效或时间界限，义务就不复存在。因此，权利主体在寻求救济时也是要遵守一定的时效制度的。

第八章 西部缺水地区雨水资源
利用的制度经济学分析

第一节 国内外理论与实践综述

一 国内外理论研究综述

当前水资源危机已成为世界性的问题，各国都在采取不同的措施从水需求和水供给两方面对关系国计民生的水问题进行干预。水需求方面，世界水管理的趋势是从水供给管理逐渐转变为水需求管理。水需求管理的实质是鼓励节水和提高用水效率，间接解决水资源的供需矛盾。需求管理政策包括价格政策与非价格政策两方面，水资源需求管理价格政策典型的也是最重要的形式是建立可交易水权制度，即通过市场手段使水从低效使用向高效使用有偿转移，从而有效地提高用水效率和促进节水；而需求管理的非价格政策主要包括教育、提供节水的公共信息、发放采用节水技术的补助金等；水供给方面，在可以选择的地下水、地表水、降雨中，由于前二者的开发成本高且对生态环境容易造成影响，降雨正成为各国积极开发利用的对象。随着水资源的日益短缺和人们对可持续发展的深入思考，20 世纪 80 年代以来，雨水集蓄利用在世界许多国家和地区迅速发展起来。集蓄雨水发展农业灌溉在一些国家技术已经趋于成熟，雨水集蓄利用也被各国列入水资源综合管理的议事日程中。

三分建设，七分管理。刘伟等学者通过研究提出"水短缺表面上是资源危机，实质上是制度短缺"的观点，并对中国水制度进行了新制度经济学视角的分析。在集雨工程技术层面已经比较成熟（国家在这方面投入了大量的研发资金）的情况下，制度层面的有效设计将成为决定该工程最终功效发挥的决定性因素。"经过长时间的探索，人们发现，政策的效用比技术要大，政策的地位较之技术更加重要。"（周纯、吴仁海，2003）

世界上一些国家不仅在集雨技术方面走在了世界前列，配套的制度设计更是大大提高了雨水集蓄利用的效率和效益。我国一些省份，尤其是西部缺水地区的集雨工程也已经起步，解决了贫困地区很多家庭的生产生活用水问题，但是在这个过程中也存在不少问题。于是，借鉴国内外不同地区集雨工程发展的经验，对于我们更好更有效地利用集雨工程来解决西部缺水地区的水问题具有重大意义。

二 国外集雨工程利用现状

以色列是世界上最具有水智慧的国家之一，在水行业管理的各个方面都有一些成功的经验①。内盖夫沙漠中，雨水是唯一的水源，年降雨量仅 100 毫米，以色列却种出庄稼并建立了一系列城市，成就了灿烂的沙漠文明。以色列最为著名的是用水户和政策制定者都有很强的节水意识，节水技术和节水作物得到了广泛的推广，从价值上提高了水的生产率。其他成功之处包括建议对水行政管理有选择地私有化，以及强力推行水循环和重复水利用技术。不仅对地表水、地下水实行统一管理，而且对废水利用、人工降水、海水淡化和盐水灌溉也实行统一管理，并通过立法，实行严格的奖惩制度。

集雨工程的实施以供水设施的建设为基础，法国在设施建设方面采取了多种可供选择的经营模式：①市政当局投资、建设并设立政府所有的公司经营。②市政当局投资、建设，建成后委托经营公司负责经营并还建设期所借贷款，期限一般为 20 年。③市政当局投资、建设，然后特许经营公司经营，经营公司需付一定的许可费用，相当于购买供水设施，但仍然明确设施归市政当局所有。这样的经营期限一般为 30 年。④市政当局直接授予公司特许权，由公司进行投资、建设和经营，一般为 30 年。当合同期满后，将供水设施及供水图交给市政当局。这种 BOT 式的工程建设管理方法有利于实现基础设施建设运

---

① 刘伟：《中国水制度的经济学分析》，上海人民出版社 2005 年版，第 123—133 页。

营的企业化或市场化，提高供水效率和质量[①]。

埃塞俄比亚发展集水技术的重点在于解决旱季人畜饮用水源和小规模灌溉。在开发应用集水技术中有几方面的特点：①明确发展集水技术的原则，在农村家庭无力承担建造费用的条件下，明确选择示范户的标准，使有限的国际、国内资金及技术用在最需要的地方。②在水窖类型选择中，注重结合当地土壤地质条件和当地建筑材料以及农民施工技术水平。③水窖建造中考虑比较全面，不仅取水便捷，而且对防止蚊虫、动物进入水窖等都有措施。

波黑联邦[②]于1998年5月11日颁布了新的水法，该法一共14章，244条。水法的第二部分规定了水管理的基本原则、流域管理体制的确立和流域的划分、水管理的依据以及水工程的建设和管理。第四部分涉及水工程的特许经营，规定供水、发电、灌溉、港口等水工程的经营权都需要通过特许获得。波黑联邦内的水工程都采用特许合同的方式授予经营权。特许经营可以改善水工程系统的运行，提高用水效率。特许经营合同的授予对于本国人和外国人都是一样的。特许期最长99年。特许的范围包括：居民供水工程、水力发电、开发地热水、灌溉、港口建设、将公共水资源用于经济活动、建设永久设施，等等。

德国实行水资源统一管理制度[③]，即由水务局统一管理与水事有关的全部事务，包括雨水、地表水、地下水、供水和污水处理等水循环的各个环节，并以市场经济的模式运作，接受社会的监督。这保证了水务管理者对水资源的统一调配，使其可以谨慎地管理好水循环的每个环节。德国是一个水资源较为充沛的国家，常年平均降水量为800毫米，且年内和年际间分配均匀，不存在缺水的问题，但却能大规模地推广雨水利用技术。究其原因，一方面是通过经济手段，征收高额雨水排放费用，使用户从经济的方面考虑采取雨水利用措施；另一方面是应用法规的形式规定了对新建或改建开发区，必须采取雨水利用措施方能进行项目立项。这既有利于环境改善，又可减轻雨水径流对污水处理厂的压力。同时德国雨水利用技术工程的设计，不仅考虑了资源利用方面的因素，还将资源利用与城市景观和环境改善融为一体，使雨水利用技术更具生命力。

---

① 林洪孝：《水资源管理理论与实践》，中国水利水电出版社2003年版，第82页。
② 徐方军：《波斯尼亚和黑塞哥维那水资源开发与管理》，《水利发展研究》2006年第8期。
③ 何京：《德国水资源综合利用管理技术》，《国外水利》2005年第6期。

美国西部出现了"旱灾水银行"①，主要负责购买自愿出售水的用户的水，然后卖给急需用水的其他用户，水银行的水权交易体系将每年的入存水量按照水权分成若干份，以股份制的形式对水权进行管理，方便了水权交易程序，使得水资源的经济价值得以充分体现。美国政府鼓励农民采用先进的技术进行农业灌溉，对于水资源开发和发展农业灌溉，政府都给予相当的支持。为保证工程质量和工期，以政府投资为主的工程一般由陆军工程师兵团负责规划设计与建设，竣工后再移交当地农民推选出来的理事会经营与管理。灌区的管理机构是理事会，理事会的成员也是拥有土地的农民，由当地农民选举产生，实际上就是由农民自主管理自己的灌区。在用水过程中，灌区理事会根据每位农户土地所在位置与水源的关系以及历史沿袭的因素，确定用水权——用水量与用水优先等级。配水根据水权的优先与否进行，有水权的农户比没水权的农户优先配水。城乡供水工程在美国被确认为基础设施，属于公益事业，其投资大，回收期长，应以政府为主要筹资者，其新建工程资金来源为：①主要靠政府财政拨款；②由政府向企业贷款；③由政府向社会发行债券。对于改、扩建工程要经过董事会研究，通过适当提高水价或向用户征收部分费用的方式来筹集资金。对于新建工程的政府拨款在项目建成运行后，需偿还部分费用，但不还利息，期限一般在 20 年以上；政府贷款则一般可达 40 年，年利率比商业贷款低2%—3%；债券一般为 30 年，利率高于储蓄约 2%—3%，但债券的购买者不需缴纳个人所得税。美国的城乡供水建设管理的基本组织由政府、中介机构、供水企业构成。联邦一级的水事权力比较分散，没有专门的水统一管理机构；与城乡供水有关的中介机构主要有水工程联合会、水环境联合会等非营利协会组织，其活动的主要目的就是从城乡供水政策、法律、法规、先进技术的推广应用、业务培训、信息交流等方面为政府决策提供依据，为供水企业服务。供水企业的管理模式基本是：董事会—总经理—部门经理—员工。

在埃及，农民参与用水管理，成立了用水者协会，有利于农村水利设施的运行维护和管理。水资源管理的民主化进程加快，使直接用水的农民参与到水的管理中来。从 1996 年开始，成立了以农民为主的用水者协会，农业、水利、财政、法律等部门派代表参加。国家将已修建好的田间固定灌水渠系移交给用水者协会管理，由他们负责节水灌溉技术的培训和渠系的维修、运行和管理

---

① 张勇、常云昆：《国外水权管理制度综合比较研究》，《水利经济》2006 年第 4 期。

等，其费用由使用灌溉水的农民负担（根据面积和作物分配）①。

农村雨水利用规模最大的是泰国。20 世纪 80 年代以来开展的泰缸（Tai-jar）工程，建造了 0.12 亿个立方米的家庭集流水泥水缸，解决了 300 多万农村人口的吃水问题。澳大利亚在农村及城市郊区的房屋旁，普遍建造了用波纹钢板制作的圆形水仓，收集来自屋顶的雨水。这种建筑甚至作为澳大利亚的一种特色风光，出现在 1999 年昆明的世博会上。据南澳大利亚的一项抽样问卷调查，使用雨水的居民比用城镇集中供水系统的要多②。

日本墨田区是其首都东京都 23 区之一，是日本开展雨水利用业绩最突出的行政区，墨田区开展雨水利用的工作经验，主要是政府部门重视此项工作的领导，以及单位、社区、家庭和社会各界、广大群众的参与。从广泛开展雨水收集利用的科普宣传做起，深入进行雨水利用技术、信息和经验的交流，以雨水利用样板工程带动雨水利用工程建设的实施。在实践过程中，共同转变观念，加深了对雨水利用重要性的认识，提高了雨水收集和利用的自觉性，从而使雨水收集和利用活动蓬勃开展起来。墨田区在具体的实施过程中配套以雨水利用补助金制度。对于在摩天区内设置利用雨水装置的单位和家庭（不包括国家单位、地方机关和其他公共团体）实行补助，对不同储雨装置补贴不同限额的办法。由于墨田区多年来雨水利用工作的突出业绩，被国际环境自治协会（ICLEI）授予"国际环境水专业优秀奖"③。

在节水方面，摩洛哥通过建立滚动发展基金，为用水户安装水表提供贷款，成为促进用水户自觉节水的创新途径④。

智利是最早进行水制度改革的国家之一，按照 1981 年的《水法》和 1988 年的《宪法》的规定，水使用权在法律和实际上是独立于土地财产之外的私人财产，水使用权可以贸易，也可以用作融资担保⑤。

近年来，许多高科技也逐渐应用于雨水集蓄利用系统。如印度在半干旱地区应用地理信息系统，输入相应的地理及土壤信息，预测出该地区的雨水集蓄潜力和雨水集蓄的适应性。该方法不仅适用于干旱半干旱地区，同样也适用于

① 水利部赴南非、埃及水资源管理体制考察团：《南非、埃及水资源管理体制对我国的借鉴意义》，《水利发展研究》2005 年第 4 期。

② 奕永庆：《雨水利用的历史现状和前景》，《中国农村水利水电》2004 年第 9 期。

③ 刘延恺：《东京墨田区的雨水利用及其补助金制度》，《北京水利》2005 年第 6 期。

④ 刘伟：《中国水制度的经济学分析》，上海人民出版社 2005 年版，第 123—133 页。

⑤ 同上。

降雨量丰富但时空分布不均的湿润地区。

三　国内集雨工程先进经验及设施办法

甘肃省作为西部缺水地区的典型代表，在集雨工程建设方面也取得了不少成绩，其 1995—1996 年实施的"121"雨水集流工程（即每户建一个 100 平方米左右的雨水集流场，打两眼水窖，开发一亩左右庭院经济，简称"121"工程）已成为各地相继借鉴和学习的对象，在这一基础上，又提出了"梯田＋水窖＋地膜＋结构调整"这一具有甘肃特色的旱地农业发展模式。与此同时，在政策指导上，出台了《甘肃省集雨节灌工程建设管理办法》，其中对资金管理、工程管理都做了详细规定，例如，第十六条规定："坚持自力更生为主，国家补助为辅的方针，多渠道多层次地筹集集雨节灌的资金。鼓励农民使用贷款和依靠自己的力量，筹集投劳兴建。"第十八条规定："省上用于集雨节灌的补助经费，支持多干多补助，少干少补助的原则，不搞一刀切。"对于工程管理，第二十一条规定："科学管理县、乡两级要对建成的集雨面、引水沟（渠）、窖（池）和灌溉面积实行档案管理。乡镇根据普查核实结果，统一编号，按户建卡，一式三份，县、乡、村各保存一份。对建成的水窖（池）实行以县为单位统一格式、统一编号。"第二十二条规定："按照分级管理原则，建立责任制。县上要制定集雨节灌工程的管护办法，保证工程的完整和长期发挥效益；区、乡水利水保站要把集雨节灌工程的管护纳入工作范畴，加强技术指导；村上要制定村规民约，加强对连片集雨工程的管护。"并在第二十三条中规定"实行谁投入，谁建设，谁使用，谁管护，责、权、利统一"。对于工程的检查验收上，规定"对不合格工程，坚决不予验收，并在安排下一年的计划时扣除相应的补助费，超额完成任务的，经验收合格，可以定下年任务。在下年段派经费时兑现补助或者视省上的资金筹集情况及其他形式予以补助"。在《甘肃省集雨节灌工程资金使用管理办法》中规定专款专用，并在第九条规定"为了保证专款专用，由地区集雨节灌工作领导小组办公室，设专户存入当地农业银行（或农业发展银行），实行专户储存、专人管理，专款专用，主管专员审批"。在这个大的背景下，具体实践中，又体现出以下特点：结合农村经济体制改革和水利改革，明确集雨节灌工程"谁建、谁有、谁管、谁用"的政策，允许继承、转让，鼓励农民在集资的房前、屋后、承包地打窖蓄水，发展生产；在资金筹措上，明确投入主体，坚持多渠道、多元化、多层次筹资，以群众筹资为

主、国家补助为辅的筹资原则,通过典型引导,增强群众投入意识。大力推行
先贷后补,并与激励机制配套使用,严格实行点上多补、面上少补、多干多
补、少干少补、先干后补,不干不补的激励政策,鼓励早干多干;在技术指导
上,采取县培训到乡、乡培训到村的办法,建立了一支农民技术队伍,初步形
成了技术服务网络;注意与其他方面的有机结合也是甘肃省突出的一个特点,
即集雨工程的布局,重点向贫困片倾斜,向效益好的村庄倾斜,向村庄周围和
小流域倾斜,使集雨节灌工程与梯田建设、扶贫攻坚、发展旱地高效农业、退
耕还林(草)结合起来,融为一体。

宁夏回族自治区在其《宁夏南部山区集雨节灌工程建设管理办法》中规
定,工程实行分级管理,层层签订责任书。并规定建立管理档案,以户建卡,
一户一卡,集雨工程与常规节灌方式并举,工程建成后由受益人自己管理、使
用、维修。体现农民雨水支配权的一个典型例子是,宁夏回族自治区西吉县田
坪乡下和村村民在 2000 年大旱中,由于水窖蓄水充足,将多余窖水以每立方
米 10 元的价格卖给了附近甘肃的农民。

广西壮族自治区在集雨工程实施过程中,积累了以下经验:政策扶持方
面,制定了《旱地节水灌溉工程奖励投资实施办法》,其中对旱地水渠集雨工
程的奖励实行如表 8—1 所示的灵活制:

表 8—1　　　　　　　　　新建水柜(水窖)集雨节灌工程奖励办法

名称	一般县(市)	28 个国定贫困县
总容积 V	3000m³ 及 3000m³ 以上	1000m³ 及 1000m³ 以上
奖励投资	N=10KV	N=12.5KV

其中:N 为奖励投资(元),V 为水柜(水窖)总容积(m³),K 为旱作物分类系数,玉米 K=1,
甘蔗 K=0.85,蔬菜 K=0.7。

资料来源:水利部农村水利司农水处:《雨水集蓄利用技术与实践》,中国水利水电出版社 2001 年
版,第 105 页。

实行"谁建、谁管、谁受益"和"多干多补、少干少补、先贷后补、先干
后补"的政策,以政策拉动措施加快发展。筹资方面,开展了多方筹资,将扶
贫和农业综合开发、水利、水土保持等多项资金统筹安排,向集雨工程倾斜;
向农民提供"小额信贷";鼓励私营企业主或个人通过投资兴建集雨工程进行
土地开发等。如广西壮族自治区政府从 1998—2000 年,平均每年投资 2.76 亿

元，对集雨工程进行补助，同时群众自筹达0.9亿元以上。对涉及土地使用权的问题，宣传中央关于土地承包使用权再延长30年不变的政策，并与农户签订协议，按照自愿建池原则，执行谁受益谁投工投劳，谁永久使用，水池建成后，由政府颁发给证书，可以永久和继承使用。为加强对雨水集蓄利用工程的技术指导及管理，在施工质量上实行技术承包责任制，要求技术人员签订技术承包合同，把责任落实到个人，规定每个技术人员负责区域内的水池质量监督和技术调控，并以此作为技术人员评优、评职称的考核依据。广西还制定了不少管理办法、技术规范、技术规定及设计手册等，如《雨水集蓄利用工程建设管理办法》、《雨水集蓄利用工程资金使用管理办法》、《竣工验收办法》、《工程管护办法》等。这些规范性文件对开展雨水集蓄利用工程的发展起到了良好的保障作用①。

贵州省在集雨工程建设推广中呈现出一些典型，如罗甸县，该县在工程实施中最突出的特点是采取"以物放贷，以粮（钱）还贷"或者"建成后拍卖，分期付款，收回再贷（建），滚动发展"的方式，实行"产权到户，可继承、转让、拍卖"，把集雨工程推向了市场。具体方式又包括以下五种：

（1）农户向村委会写出申请，村委会统计后向乡政府申请，最后由乡政府统计后统一向县水利公司申请，县水利公司根据申请派技术员到实地勘测，帮农户选点规划设计，带农户投劳开挖好基础，备好沙、石料后，水利公司方同意借贷。乡政府以乡财政担保，与水利公司签订合同后，水利公司才发放水泥。乡政府在与农户签订好借贷水泥合同后，才将水泥发到农户手中。乡政府和县水利公司在水池修建过程中，自始至终进行监督和技术指导。

（2）由农户找到领财政工资的国家干部作担保，直接向水利公司申请借贷水泥，县水利公司与农户和担保人签订担保借贷合同，派技术员实地检查选点，在农户开挖基础，备好沙石料后发放水泥并给予技术指导。

（3）对部分无建筑施工技术或缺乏劳动力的农户，由县水利公司请专业施工队包工包料建成后，按需水量50—100元/立方米不等的成本造价卖给（转让给）农户，以物放贷和建成转让（拍卖）均为两年到三年还清。

（4）由水利公司建成交给农户使用后，按每年蓄水量以2—5元/立方米的标准收取水费，（群众投劳开挖基础备沙石料的为2—3元/立方米，不投工投劳的为4—5元/立方米），直到收回成本，一般为20—30年。工程建设时用户

---

① 张敦强、龚孟建：《我国雨水集蓄利用的实践与探索》，《中国农村水利水电》2001年第9期。

写出申请，水利公司才给予建设。

（5）对于修建大蓄水池集中供水的工程，则按每人每年 10—15 元逐年计收。

陕西省在全省范围内为促进水利发展，政策方面规定了承包地修建的水窖和相关配套设施，土地承包期可以延长至 50 年，可把部分农田水利补偿费用与集雨工程，集雨工程与农田水利建设同等对待，可以使用劳动积累工程等。陕西省志丹县在工程布局和施工设计中，把"甘露工程"和村庄建设，农户改厕与改圈同步实施，达到卫生用水标准并建立了新的融资机制，县上将扶贫基金、以工代赈资金和国家基建拨款捆在一起，集中用于"甘露工程"和窖灌农业建设。

内蒙古于 1995 年实施了"112"集雨灌溉工程，即一户人家建一处能够集蓄 40 立方米左右雨水的旱井或水窖，采用坐点点种和微灌等先进节水技术发展两亩抗旱保收田。清水河县提出了"行政技术"承包责任制并把集雨节水灌溉工作完成的好坏作为考核乡镇、部门领导干部业绩的一项主要指标。对有功人员进行奖励，对没有特殊理由完不成工程建设任务的乡镇领导就地免职，工程技术人员与农户签订服务合同，凡完不成技术服务任务的技术人员一律取消职称和待遇。

四川省巴中地区提出了一种新的理念，即微型水利工程应当"农业建、企业管、产业办"，并据此制定了一系列优惠条件，主要有：第一，在统一规划的前提下，鼓励农户私人建立水利工程并允许继承、转让、出租；第二，上级给予一定的以奖代补资金，集水占地实行农税、提留、定购粮减免；第三，受益人三年免交税费，五年免交农林特产税。四川省还鼓励和引导私人企业主投资兴建雨水集蓄利用工程，既解决旱地浇灌又促进地方经济发展。成都市一位私人企业主投资 20 多万元兴建雨水集蓄利用工程[1]，在解决旱地浇灌的同时，利用水面搞开发，发展养殖业和农家乐旅游项目，既解决了雨水集蓄利用工程建设所需的资金投入，又得到了回报，促进了地方经济的发展。

山东东南沂蒙山区的费县明确规定对新建工程要以明确产权、放开建设权、落实管理使用权为重点，可以由集体兴建，再拍卖、承包、租赁到户；也可以本着"谁建、谁有、谁投资、谁受益"的原则，鼓励单位和个人采取户办、联户办、股份合作的形式投资建设。凡户办、联户办和股份合作的工程项目，一律要

---

① 迟方旭、贾登勋：《西部雨水集蓄合伙企业法律制度初探》，《兰州大学学报》2005 年第 1 期。

坚持有偿占用的原则，村集体可根据工程占地面积和开发利用价值大小，合理收取土地占用费，对拦蓄量较小，农户自建自用为主的工程设施，可以少收或不收；对多户争建的，要公开竞标拍卖建设使用权。在使用和管理上，以户办、联户办或股份制兴建的工程设施，土地所有权归集体，工程所有权、受益权、管理使用权归工程建设者。使用期限可根据工程投资回收期和寿命期的长短，由村集体和工程建设者协商确定。在使用期内，工程建设者享有继承、转让、转包、转卖权，任何单位和个人无权变更和收回，对国家和集体用地或责任山（田）调整，确属变更调整的，要合理作价，有偿转让，保护农户投资权益。在筹资中，积极协调银信部门，发放集蓄工程贷款，保证工程投入，先后发放贷款 100 余万元，保证了雨水集蓄工程建设的顺利进行。并成立了水利合作社，保证了工程资金和劳务投入在各类小型水利工程建设上。费县积极鼓励农户以资金、物资、劳务投入为基础，成立水利合作社，农户在建设小型水利工程时，可根据平时投入，合理动用合作社资源进行建设，解决了工程建设应急难题①。

四　国内外经验对西部缺水地区发展集雨工程的启示

从以上介绍我们可以看到，国外大多数国家都实行了水资源综合管理，把集雨工程和其他水资源管理放在同等重要的位置上，并在法律上通过对水权（完全、独立的水使用权）的清晰界定为雨水交易提供了保障，如智利规定的水使用权可以用作融资担保即是对水权的充分肯定，可以保障这一水权利最大程度地发挥其应有之效。水银行的出现更是制度上的一大创新点，为水市场创造了一个平台，间接提高了人们的用水效率（在利益驱动下），水工程建设方面的市场化和多元化是国外的一大特色，通过不同投资主体的参与，形成竞争格局，保证了工程质量（通过工程的统一化和标准化来实现），并使使用者得到实惠（支付较低价格）。这些国家把集雨工程与节水结合起来，在注重"开源"的同时不忘"节流"；二者并举，实现了水需求管理和水供给管理的有机配合。用水者协会起到了相当重要的作用，民主化管理使国家能及时听取民众的意见和建议，从而在工程设计和管理时能为民所需，达到了需求与供给的较完美结合。集雨工程在国外不仅仅是个蓄水的水池（窖），也成为代表村容从而市容的一大形象工程，赋予集雨工程新的内涵。高科技化与集雨工程同步，从而为更有效地集雨起到了非同

---

① 　刘乃行、赵首创：《山丘区雨水集蓄工程开发与应用经验探讨》，《地下水》2005 年第 2 期。

寻常的作用，如前面提到的印度利用地理信息系统对集雨工程可行性的检测。

国内很多地方尤其是西部一些缺水地区在集雨工程实施与管理上也积累了不少经验，主要表现出以下特点：在工程建设上，明确了责任制，技术、行政责任具体到个人，保证出了问题有据可依。贵州省在工程建设模式上走出了跨越性的一步，规定的五种模式均跳出了现有的单一框架，使农民有更多选择，可以因人因户选择不同的工程建设模式。对于集雨工程与土地制度的不可分割性，先进省份给出了具体答复，给农户吃了一颗定心丸，并在一定程度上增加了建设的积极性。"谁建、谁有、谁管、谁用"原则的规定，对工程产权和雨水权利进行了模糊界定。

通过对国内外先进经验的总结，我们认为，西部缺水地区在发展集雨工程时应注意以下几个方面，以促进工程效益的发挥。

第一，筹资与工程建设并举。先前的筹资与工程建设在一定意义上是分离的，虽然规定了要多渠道筹资，却由于建设的主体是农民，造成其他主体进入的机会缺失，于是多渠道、多层次只能成为不能落实的政策。工程建设主体的多元化必将带动投资主体的多元化，从而使筹资问题迎刃而解。

第二，在技术方面，可以借鉴一些地区采用的"技术承包制"，在充分论证的基础上实施工程，注重工程长期效益的发挥，在技术比较成熟时，可以适当向较特殊地区（如国家级贫困地区）倾斜，并注意与高新技术的结合。

第三，集雨工程应冠以全名"集雨节灌工程"，并使这一观念深入人心，使人们认识到这项工程是"开源"与"节流"同步，使有效的水资源发挥最优效用。这就必然涉及集雨设施与配套设施的建设问题，在积极研究集雨设施的同时加紧开发与之配套的节灌设施，并在节灌设施的投入使用方面提供一定优惠或者通过提供专项贷款使农民一步到位。前面提到的摩洛哥通过建立滚动发展基金，为用水户安装水表提供贷款，促进用水户自觉节水可以成为很好的借鉴。当然如果是其他主体建设，国家则应对投资主体进行这方面的一定补贴或提供一些优惠政策，激励其做长远考虑。

第四，对于集雨节灌工程以及集蓄到的雨水甚至包括工程建设所使用的土地的具体产权，法律方面应有相应的回应，安德森（Anderson）等（1997）考察了美国从 17 世纪到现代的水行政的演变，注意到良好界定的、专有的土地和水权为所有者提供了必要的保障，刺激私人为灌溉投资。国外成功的案例也向我们表明了这一点。产权的界定的目标应该是让农民真真切切感受到实在与放心，从而放手去干。

第五，注意集雨节灌工程与其他建设的结合。在西部缺水地区，水资源的稀缺性与重要性已无须赘述，从而雨水资源将成为农民增收的重要保证，集雨节灌工程的顺利实施还将带动退耕还林工程，进而对这些地区的生态改善与环境保护产生积极影响。该工程还将进一步促进农业产业化、农业工业化进程，从而为"三农"问题的解决、新农村建设、统筹城乡发展和农村城镇化产生深远的影响，于是这项工程绝非简单的"开水源"，而是"开众源"，认识到这一点对于工程的实施必将产生久远而深刻的作用。同时借鉴国外经验，集雨节灌工程可以当做一项形象工程来建，当做村庄容貌的具体体现。

第六，建立水权交易市场从而建立雨水交易市场是必然趋势，也是体现水资源（雨水资源）稀缺性的重要制度保障。这一举措将从"开源"与"节流"两个方面对用水户产生积极作用，人们会感受到水资源（雨水资源）为他们带来的经济效益。这种市场化的水权交易（水资源或雨水资源交易实质上是一种权利的交易，通过交易实现了权利财产化）会通过"看不见的手"的调节，促进社会整体福利的提高（因为在这个过程中，个人不仅实现了经济利益，也促进了整个社会稀缺资源最优效用的发挥和最优化配置）。

第二节　西部缺水地区雨水集蓄工程的现状分析及其必要性

一　西部缺水地区的概况

1. 西部地区概况

我国西部地区包括：内蒙古自治区、广西壮族自治区、重庆市、四川省、贵州省、云南省、西藏自治区、陕西省、甘肃省、青海省、宁夏回族自治区、新疆维吾尔自治区12个省（市、区），总面积达 687.6×10^4 平方公里，约占全国的71.5%[①]。地形上属于第一、第二阶梯，地貌上主要以山地和盆地为主。湖泊数量较多，但大部分分布在青藏高原，以咸水湖和盐湖居多。我国现代冰川全部

[①]　中华人民共和国国家统计局：《中国统计年鉴》（2006），中国统计出版社2006年版。

分布在西部，面积约为 5.87 万平方公里，是大江大河的主要补给来源之一①。

截至 2005 年，我国西部 12 个省（市、区）的人口总数为 35976 万人，占全国总人口的 28.0%，平均人口密度为 52.32 人/平方公里。但分布极不均匀，如可可西里等地区由于自然环境比较恶劣，现仍为无定居人口地区。我国尚未实现温饱的贫困人口大部分集中分布在这些地区，也是我国少数民族聚集的地区。尽管西部矿产资源丰富，但由于各种条件限制，工业化的速度缓慢，工业产值只占全国的 13.9%（2005）②。

整体而言，西部的水资源和水能资源十分丰富③，水资源总量 15000 多亿立方米，占全国总量的 55.65%，可开发水能资源装机达 3.4 亿千瓦，占全国总量的 90%。但西部最根本的矛盾是水土组合的极端不平衡和不合理，西南水多地少，西北水少地多，占西部总面积 57% 的西北地区，水资源量只占 18%，水能资源只占 24.4%。西北地区干旱少雨，自然条件恶劣，全地区多年平均降雨量 235 毫米左右，而年蒸发量却高达 1000—2600 毫米，是世界上干旱缺水较严重的地区，农业用水和人畜饮水十分困难。我国西南地区湿润多雨，多年平均降雨量在 1000—2000 毫米以上，但山多地少，山高坡陡，水低地高，调蓄工程少，资源开发利用程度低，目前人均耕地仅 0.056 公顷，扣除 25 度以上的坡地只有 0.045 公顷，土地承载力低，人均灌溉面积只有 0.024 公顷，尚有 56% 的耕地因缺水而得不到灌溉。西部地区水资源时空分布也极不均匀，大部分地区表现出明显的季节性缺水，近年来随着西部地区人口增加，经济发展和人类物质文明的不断提高，对水的需求量越来越大，许多地方已经陷入严重缺水状况。

2. 西部缺水地区的范围

水在自然界中以固体、液体和气态三种聚集状态存在，分布于海洋、陆地（包括土壤）以及大气之中，通过水循环形成水资源。水资源是发展国民经济不可缺少的重要自然资源。地球上水资源主要有：地表水资源、地下水资源和降水资源三个方面。对西部缺水地区的界定，我们可以采用不同的指标，在此，我们采用两套指标，直接指标和间接指标。

（1）直接指标

我们利用瑞典水文学家马林·富肯玛克（Malin Falkenmark）可持续利用

---

① 水利部南京水文水资源研究所：《21 世纪中国水供求》，中国水利水电出版社 1999 年版。

② 中华人民共和国国家统计局：《中国统计年鉴》（2006），中国统计出版社 2006 年版。

③ 张艳玲、葛芬莉、周红：《西部水资源开发利用中存在的问题及对策》，《水资源保护》2001 年第 4 期。

水（Sustaining Water）报告中 149 个国家的水资源资料提出的"水资源紧缺指标"[1]（见表 8—2），作为评价标准。

表 8—2　　　　　　　　　　　　　水资源水平评估标准

紧缺程度	人均水资源（立方米）	主要问题
不缺水	>3000	基本上不存在缺水问题
轻度缺水	1700—3000	局部地区、个别时段出现缺水问题
中度缺水	1000—1700	将出现周期性和规律性用水紧张
重度缺水	500—1000	将经受持续性缺水，经济发展受到损失
极度缺水	<500	将经受极其严重的缺水，需要调水

表 8—3　　　　　　　　　　　　　西部地区水资源情况

地区	水资源总量（立方米）	地表水资源量（立方米）	地下水资源量（立方米）	地表水与地下水资源重复量（立方米）	人均水资源量（立方米/人）
内蒙古	456.2	338.7	214.6	97.1	1917.3
广西	1720.8	1720.8	356.7	356.7	3703.8
重庆	509.8	509.8	107.7	107.7	1827.4
四川	2922.6	2921.0	590.1	588.5	3569.6
贵州	834.6	834.6	237.9	237.9	2244.4
云南	1846.4	1846.4	660.4	660.4	4161.7
西藏	4451.1	4451.1	1013.3	1013.3	161170.6
陕西	490.6	468.2	135.3	112.9	1132.7
甘肃	269.6	260.3	150.2	140.9	1042.4
青海	876.1	857.6	374.2	355.7	16176.9
宁夏	8.5	6.9	24.2	22.5	143.6
新疆	962.8	910.7	562.6	510.4	4808.9

资料来源：《中国统计年鉴》（2006），中国统计出版社 2006 年版。

对照表 8—2 和表 8—3，按照表 8—2 所示标准，我们可以看出，西藏、青海、新疆、云南、广西、四川（按人均水资源量依次递减）为基本不缺水地区，贵州、内蒙古、重庆为轻度缺水地区，陕西、甘肃为中度缺水地区，宁夏

---

①　Malin Falkenmark, Water Scarcity and Population Growth: a Spiraling Risk, *Ecodeision*, 1992, 21 (9)。

为极度缺水地区（人均水资源量远远小于上限500立方米），这主要是由各地特殊的地理自然环境因素所决定的。

同时，国际上对水资源的缺水程度分为资源型、工程型、水质型和综合型四种类型。在我国则把水资源利用率、人均供（用）水量作为识别缺水的分类指标[①]。具体标准为：

①资源型缺水：水资源利用率大于40%，人均供（用）水量小于500立方米的地区，水资源开发已接近世界公认的极限值。

②水质型缺水：水质污染造成的缺水。

③工程型缺水：水资源利用率小于20%、人均供（用）水量小于500立方米的地区，水资源应该进一步开发。

④综合型缺水：若缺水地区一般兼有以上两种或两种以上类型的特征，确定为综合型缺水。

表8—4　　　　　　　　　　西部地区供水用水情况

地区	供水总量 （立方米）	地表水 （立方米）	地下水 （立方米）	其他 （立方米）	用水总量 （立方米）	农业 （立方米）	生产 （立方米）	生活 （立方米）	生态 （立方米）	人均用水量 （立方米）
内蒙古	174.8	87.7	86.2	0.9	174.8	143.9	13.2	12.2	5.6	734.5
广西	312.9	298.4	12.0	2.4	312.9	225.4	45.0	38.9	3.6	673.4
重庆	71.2	69.5	1.6		71.2	21.4	33.0			
四川	212.3	191.1	17.1	4.1	212.3	121.8	56.8	31.7	2.0	259.3
贵州	97.2	91.2	5.6	0.4	97.2	50.5	28.1	17.9	0.7	261.4
云南	146.8	140.2	6.1	0.6	146.8	108.4	18.4	19.1	0.9	330.9
西藏	33.2	31.3	1.9		33.2	30.3	0.5	2.5		1201.8
陕西	78.8	44.4	33.5	0.9	78.8	52.2	12.8	13.0	0.7	212.4
甘肃	123.0	92.3	29.5	1.2	123.0	95.0	15.8	9.1	3.1	475.5
青海	30.7	23.7	7.0		30.7	21.1	6.3	3.2	0.2	565.9
宁夏	78.1	72.7	5.4		78.1	72.3	3.5	1.8	0.6	1314.2
新疆	508.5	448.9	58.6	0.9	508.5	464.4	8.2	10.5	25.5	2539.7

资料来源：《中国统计年鉴》（2006），中国统计出版社2006年版。

表8—4给出了西部12个省（市、区）的供水用水情况，人均供（用）水

---

① 雷刚旭：《西部大开发中的四川水资源问题》，《农村经济》2002年第3期。

量小于 500 立方米的地区有：甘肃、云南、贵州、四川、重庆、陕西，在这里，前面分析结果表现出极度缺水的宁夏人均用水量达到了 1314.2 立方米，超过缺水类型界定上限（500 立方米）的两倍之多，我们需要特别指出的是，当利用用水量来考察缺水状况时，不应该用用水量的绝对量去衡量，因为一些真正的缺水地区（如宁夏）由于经济落后，生产力低下，故而采用粗放式的生产生活方式，从而造成用水绝对量的上升，甚至高于水资源丰沛地区，这种利用由于缺水导致的结果作为判断是否缺水的依据，显然是不恰当的。

（2）间接指标

一个地区水资源短缺与否及其程度可以间接地从该地区生态景观、生产和生活用水能否得到保障和保障程度反映出来[①]。下面将分别从这几个方面进行分析：

①生态景观角度：各种生态系统的单位土地的水资源需求量有较大差异，其高低顺序为：城市＞耕地＞森林＞草地＞难以利用的荒地。因此，从生态景观上看，水资源丰富的地区，城市或耕地、森林的所占比例大一些，而在水资源短缺的地区，草地和难以利用的荒地的份额会更大些。按照这种逻辑，我们结合表 8—5，做出如下分析：

表 8—5　　　　　　　　　　西部地区自然资源状况

地区	国土面积（万平方公里）	耕地面积（千公顷）	森林面积（万公顷）	森林覆盖率（%）	草地面积（万公顷）
内蒙古	118.3	7317.0	1866.7	14.8	8666.7
广西	23.7	2652.6	981.9	41.3	78.2
重庆	8.2		177.9	23.1	215.8
四川	48.5	4346.1	1172.4	39.7	
贵州	17.6	1843.5	451.9	30.8	
西藏	122.8	230.9			8574.2
陕西	20.6	4800.0	4973.5	24.1	317.9
甘肃	45.4	3486.2	425.7	9.4	
青海	72.2	615.6	222.0	3.1	3644.9
宁夏	5.2	1288.1			243.8
新疆	166.5	3416.0	178.0	1.7	5726.0

资料来源：《中国西部统计年鉴》（2001），中国统计出版社 2001 年版。

---

① 参见李周、宋宗水、包晓斌、于法稳、王利文《化解西北地区水资源短缺的研究》，中国水利水电出版社 2004 年版。

从表 8—5 可以看出，西部各省区耕地或森林面积所占比例大的，草地面积相对较小，其中，广西、四川、贵州的森林覆盖率均超过 30%（全国平均水平为 18.21%），水资源相对丰富，其余地区则小于 30%，甘肃、青海、新疆森林覆盖率还不到 10%，宁夏由于数据缺失，但是依据草地面积可以推断出宁夏为缺水地区，于是我们认为从生态景观角度分析，西部缺水地区包括内蒙古、重庆、陕西、甘肃、青海、宁夏、新疆。

②生产生活用水保障度可以通过对比人均生活用水量来表示，生活用水量在水量均匀分布的情况下呈现出同质的特征，即人们生存的基本需水量是相差不大的。因此我们可以通过各省区与全国平均水平的对比，对西部缺水地区进行界定。

表 8—6 　　　　　　　　　　西部地区人均生活用水量

地区	人均生活用水量（升/天）	
	城镇居民	农村居民
全国（平均）	212	68
内蒙古	119	41
广西	312	117
重庆	228	62
四川	155	56
贵州	212	56
云南	192	66
西藏	107	46
陕西	162	42
甘肃	190	41
青海	198	39
宁夏	161	25
新疆	219	53

资料来源：《中国水资源公报》（2003）。

从表 8—6 中我们得知，内蒙古、四川、西藏、陕西、甘肃、青海、宁夏的城镇与农村人均生活用水量均低于全国平均水平，广西则高于全国平均水平，其余省份基本接近全国平均水平，于是从生产生活用水量方面来反映，以上七省表现出缺水特征。

综合以上各指标，我们可以看出，从直接指标来看，我国西部缺水地区可以界定为陕西、甘肃、宁夏、贵州、重庆，间接指标反映出西部缺水地区为陕西、甘肃、宁夏、内蒙古、青海，于是我们可以认为西部缺水地区主要集中于以下七省：陕西、甘肃、宁夏、贵州、重庆、内蒙古、青海。

　　在这里需要注意的是，我们以上只是以省为基本单位进行界定，在一个省内部不同的地方又有不同的情况。雷刚旭在研究西部大开发中的四川水资源问题时指出，四川是属于工程型缺水的地区，而全省21个市州的缺水类型分别是：资源型缺水的有成都市、自贡市、德阳市、遂宁市、内江市、眉山市、资阳市；工程型缺水的有泸州市、绵阳市、广元市、乐山市、宜宾市、南充市、达州市、雅安市、广安市、巴中市、阿坝州、甘孜州、凉山州和攀枝花市；另外，成都市、德阳市、眉山市、资阳市、内江市、自贡市是兼有水质型缺水的综合性缺水地区①。这让我们看到，每个省的不同地区情况大不一样。在这里，我们利用中国科学院地理科学与资源研究所程维明、周成虎、汤奇成三位学者的研究成果（见图8—1），作为我们对西部缺水地区界定的完善和补充。

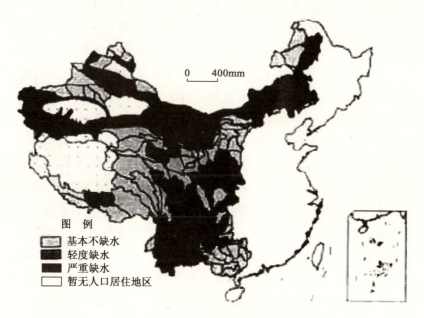

图8—1　1990年我国西部缺水状况图

　　资料来源：程维明、周成虎、汤奇成：《我国西部水资源供需关系地区性差异变化研究》，《自然资源学报》2001年第4期。

---

　　①　雷刚旭：《西部大开发中的四川水资源问题》，《农村经济》2002年第3期。

二 西部缺水地区水资源及雨水资源利用现状

按照我们以上对西部缺水地区的界定，以下我们主要以陕西、甘肃、宁夏为例，对西部缺水地区水资源及雨水资源利用现状进行分析和评价。

1. 水资源现状及其利用评价

从前面的表8—3、表8—4、表8—5和表8—6中，我们已经可以清晰地看出西部缺水地区的水资源状况，呈现出水资源绝对量短缺，从而相对其他地区呈现出资源型短缺的特点，同时由于水资源开发利用率低，水资源时空分配不均，表现出工程型缺水，西部工业的相对落后使得水质型缺水不是很明显，总体而言，表现为综合型缺水。

从水资源利用状况来看，有以下特点：

投入不足，设施薄弱。中央对西部缺水地区的水利投资占中央水利总投资的不到10％，加之这些地方财力薄弱，水利建设历史欠账较多。

水资源开发利用程度低。目前我国西部地区已建水电站的装机容量仅占可开发水能资源量的5％左右，水能资源开发利用程度还比较低。全世界水能资源的开发利用程度在20％左右，法国、意大利、英国、瑞士等国超过90％，德国、澳大利亚、日本、瑞典、奥地利、加拿大等国也在50％左右，不少发展中国家水能资源开发利用程度超过10％。[①] 由此可见，我国西部地区水能资源开发利用的潜力是十分巨大的。

水资源开发利用程度极不均衡。西部地区的长江及西南水系水资源开发利用率仅为6％，但西北的内陆河及黄河的水资源开发利用率却高达63.7％[②]。

农村水利基础设施薄弱。西部缺水地区的农业生产还没有摆脱靠天吃饭、抗御自然灾害能力低的被动局面。主要体现在：一是农村人口饮水困难。农村饮水困难人数占全国总饮水困难人口的50％以上。二是有效灌溉面积极少。西部缺水地区人均占有灌溉面积均低于全国平均水平。重庆、贵州、青海等地没有一个大型灌区，人均只有0.02公顷灌溉面积。

用水效率低，用水浪费严重。西部缺水地区农田灌溉大都采用传统的土

---

① 三石、李沉：《水多水少都是灾——访著名灾害经济学家于光远》，《城市防灾减震》2000年第5期。

② 董增川、刘凌：《西部地区水资源配置研究》，《水利水电技术》2001年第3期。

渠输水、大水漫灌等方式，水的利用系数只有 0.25—0.5，万元 GDP 用水量、万元工业产值耗水量、农田灌溉亩用水量均高出全国平均水平 1—3 倍，用水浪费很大[①]，于是加剧了水资源短缺状况，即水资源短缺与过度浪费并存。

水资源利用导致生态环境恶化。西部缺水地区要么人与自然争水严重，社会总用水量增加 4 倍多，大量挤占了生态环境用水，加上无序开发，气候变化，造成河湖干涸萎缩，地下水位下降，大片林草枯死，土地荒漠化和水土流失严重；要么人与自然争地严重，毁林开荒，陡坡开荒，造成严重的水土流失。

2. 雨水资源现状及其利用评价

在中国水资源公报中，供水总量包括地表水、地下水和其他（又包括污水处理再利用和集雨工程提供的雨水），从表 8—4 中可以看出，西部缺水地区目前的供水构成中，地表水占的比重最大，地下水次之，其他类最小。对于"中水"[②] 和雨水资源的利用都只是初级阶段，地表水和地下水开发技术难度高、投入成本大，尤其是地下水的开发极易对环境造成一些负面影响，而且通过对照表 8—3（西部地区水资源情况）和表 8—4（西部地区供水用水情况）可以看出，地表水和地下水的开发潜力不大，这两方面的缺陷使我们把目标转向其他类水资源，现在"中水"利用被提上议事日程，但是结合西部缺水地区自身的特点，中水利用的技术水平要求较高，从而成本也较高，它只是对地表水和地下水的末端处理，并无开源之功效，集雨工程则因为弥补了这两点，雨水利用的成本远比中水低，水质比中水更纯，还具有开源之功效，成为最具开发潜力的选择。

图 8—2 标出了我国西部地区主要城市降水量分布状况。从图 8—2 中可以看出，西部各主要城市降水均显示出明显的季节特征，分别表现为春旱和夏旱，降水的相对集中性降低了集雨的成本，虽然降水总量相对国内其他地方比较少，但是在总体水短缺的状况下，前面的分析表明，如果能较好地利用雨水资源，将成为前面所述选择中的最优方案，从而实现有效资源的最优化利用。

---

① 张艳玲、葛芬莉、周红：《西部水资源开发利用中存在的问题及对策》，《水资源保护》2001 年第 4 期。

② "中水"指生活污水经过处理后，达到规定的水质标准，可在一定范围内重复使用的非饮用水。

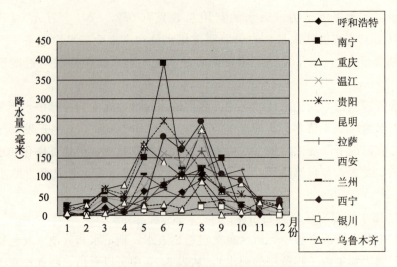

图 8—2　西部地区主要城市降水量

资料来源：《中国统计年鉴》（2006），中国统计出版社 2006 年版。

　　雨水资源利用已经在我国西部缺水地区起步，一般认为雨水资源利用包括：①雨水的原始利用或自然利用，即雨水或土壤水被植物吸收利用，即植物对没有人为活动影响的、自然水文循环过程中的雨水利用；②雨水的被动利用，指通过一定的工程措施增加拦蓄入渗（如梯田）或减少蒸发（如覆盖）来利用雨水；③雨水的主动利用，指通过一定的汇流面将雨水汇集蓄存，到作物需水关键期进行补灌。和被动利用相比，主动利用中须使用灌溉手段，使作物不完全依赖于降水，从而提高了可控性。西部缺水地区的雨水利用主要通过集雨工程来实现，即雨水集蓄利用。广义的雨水集蓄利用[①]是指经过一定的人为措施，对自然界中的雨水径流进行干预，使其就地入渗或汇集蓄存并加以利用，狭义的则指将汇流面上的雨水径流汇集在蓄水设施中再进行利用。雨水集蓄利用中强调了对正常水文循环的人为干预，如前所述的主动利用和被动利用就属于雨水集蓄利用的范畴。简言之，集雨工程可以用图 8—3 来表示：

　　目前我国西部缺水地区对雨水资源的利用表现出以下特点：

　　（1）筹资渠道窄。集雨工程资金的主要来源为政府补贴加农民自筹，而缺水地区的农民由于自身经济条件的限制，筹资能力弱。

---

　　① 刘小勇、吴普特：《雨水资源集蓄利用研究综述》，《自然资源学报》2000 年第 2 期。

图 8—3　雨水集蓄工程实施利用图

（2）工程建设形式单一，从而提高了显性和隐性成本。目前集雨工程设施的建设基本上都采取政府提供原材料，农民自建或者政府承包出去建设的模式，第一种模式由于农民是为自家建设，虽然会尽可能保证工程质量，但是农民需要投入大量的劳动力，而且由于设施在技术上的要求，农民若无专业技术指导，很可能会出现用了大量原材料，却得到质量不高的集雨设施，这样就提高了工程的显性成本（资源没有得到最有效的利用本身就是提高了成本）。而建设一个符合当地条件（包括降水、地形等自然条件和用水需求等社会条件）的集雨设施是集雨工程实施的第一步，也是关键一步。第二种模式则容易出现寻租行为，可能会包含更多的隐性成本在内，于是出现所谓的"豆腐渣"工程，寻租行为本身会提高交易费用，并导致资源的最优化配置出现失灵，这种模式会导致更多的"形象工程"，外坚而内虚，就很难发挥应有的效益了。

（3）对基层的技术指导不够。由于集雨工程面广量大，相对分散，基层技术指导和服务力度不够，部分集雨工程的规划布局不尽合理，尤其是对于小区域规划工作做得不够，一些地方出现了放任自流现象，影响了工程效益的充分发挥。

（4）配套工程远不能满足现实需要。配套工程主要包括提水设备、清洁消毒设施、节水灌溉设施。由于投资主体单一，资金来源不足，就目前状况来看，集雨工程基本设施的建设尚未能解决所有缺水地区的需要，更何况配套工程。有些地区只注重蓄水工程建设，忽略了雨水汇集措施和沉沙过滤设施的配套建设。有的地区田间节水综合措施不完善，没有充分引导农民将集雨与节水灌溉、节水增产农艺措施及种植业和养殖业的发展结合起来，从短期来看，水质不能得到很好的保障，从长远来看，与我们的初衷相违背，即我们实施集雨工程是为了开源的同时提高用水效率，实现雨水资源的高效配置。配套设施的不足不利于充分发挥有限水资源的最佳利用效率，甚至可能出现越集越不够用，越集水资源越短缺的不良后果。

在雨水利用方面，现存状况是工程实施落后，集雨工程并没有发挥人们的预期最佳效果。例如，有些农民家里有七八个水窖，集蓄的雨水就多一些，在满足人畜饮水和灌溉后尚有富余，而有些农民家里只有一两个水窖，连人畜基本的饮用需要都得不到满足。在这种情况下，尽管"供需"双方都已具备，但由于目前制度层面和理论研究对于以上问题并没有提供明确的答案，更由于由此导致地方政府在此问题态度上的模糊，使得原本可以实现的"供需"交易无法进行。最后，宝贵的富余的水没有得到应有的应用，缺乏足够饮用水的农户的需要也无法得到满足。由于对雨水资源的传统认识的不足和雨水交易市场制度的缺失（主要指通过价格机制反映雨水供求矛盾及水资源的稀缺性），以及雨水产权体系中产权界定不明晰（科斯定理指出，在交易成本不为零的情况下，只要产权界定清晰，资源即可得到最优化配置），导致水权交易成本很高，于是出现了以上所述的制度"瓶颈"，这些障碍大大削弱了集雨工程的潜在利益，阻碍了集雨工程最优功效的发挥。

三 实施集雨工程的必要性

1. 扶贫、农民增收与集雨工程的必要性

我国是一个人口众多的农业大国，农业生产的发展对于确保我国社会经济的长期持续发展具有决定性的意义。但是由于我国降水时空变化较大，耕地较集中的东中部湿润半湿润地区降水不能完全满足农作物生产的需要，要进行补充灌溉；而西部的干旱半干旱地区基本上属于灌溉农业区，没有水源，只能靠天吃饭，为雨养农业。因此，开发利用水资源，发展灌溉对于提高农作物产量，提高草场的承载能力，发展畜牧业具有重要的意义。

西部的干旱半干旱地区是传统的农牧业区，这一特点决定了农业是该地区的经济起飞的关键，是该地区农民脱贫乃至增收的基础。但是对于该地区的农业生产而言，水是至关重要的因素，它对农作物的产量的增加和稳定具有其他因素不可替代的作用。然而在西部的干旱半干旱地区，年降水量和单位面积产生的径流量在全国是最少的。宁夏回族自治区人均水资源仅为 177 立方米，陕西省关中地区人均水资源量仅为 446 立方米，陕北地区为 888 立方米，远低于

国际公认的人均 1700 立方米的水资源紧张的警戒线[①]。在这样的条件下农业很难发展起来，只是停留在温饱的水平上，要想脱贫致富还是相当困难的。

据统计口径，农民纯收入分为生产性纯收入和非生产性纯收入，生产性纯收入由第一、二、三产业纯收入组成。干旱缺水造成种植作物的减产，对农民的第一产业纯收入的影响较大，对第二、三产业的纯收入也有一定影响。但由于量化计算第二、三产业的经济损失比较困难，因此一般只分析干旱缺水对第一产业的影响。

20 世纪 90 年代，全国农村居民的年人均纯收入为 1585.3 元，其中第一产业年人均纯收入 943.6 元因干旱产生的损失为 31.6 元，占农村第一产业人均纯收入的 3.35％。严重干旱的 2000 年因旱灾造成的经济损失占农村居民第一产业纯收入的 6.1％[②]。上述数据按全国农村居民平均水平计算，实际上绝大部分损失都集中在受灾区的少数农民身上，灾民受到的实际影响比上述情况要严重得多。

从全国农村经济发展趋势分析，由于产业结构调整的逐步升级，农民人均第一产业纯收入占总纯收入的比重是在下降的，已从 1991 年的 74％下降到 2000 年的 50％。因此，从全国总体上分析，干旱缺水带来的经济损失对农民纯收入的影响有逐年减少的可能。但对于以种植粮食作物为主的农户而言，旱灾带来的影响仍然是十分巨大的，特别是还处于贫困和刚刚脱贫的农民，在遭遇旱灾时难免会使贫困加剧甚至导致已脱贫农民返贫现象的出现。

由于西部的大部分地区是干旱半干旱地区，而且也主要是以生产粮食为主，因此，干旱缺水的年份，该地区农民的收入受到的影响是巨大的。近年来，西部地区农民的年人均第一产业的纯收入占总纯收入的比重也在下降，但下降的速度是缓慢的，而且由于自然条件等原因，贫困人口也大多集中在西部的干旱半干旱地区，所以缺水干旱对于西部农民尤其是贫困和刚刚脱贫的农民而言，影响更为严重。在西部干旱地区，农业的发展又受到生态环境恶劣、土壤肥力低下等问题的制约，如何协调这些问题，保持农业的发展，促进农村经济增长，就必须找一种与农民利益紧密相关的发展模式。建设集雨工程、促进农业发展就是一条有效的途径。

首先，集雨工程有效地解决了农民的饮水问题。在西部干旱地区，农村的

① 王德荣、张泽、李艳丽：《水资源与农业可持续发展》，北京出版社 2001 年版，第 94 页。
② 刘颖秋：《干旱对我国社会经济影响的研究》，中国水利水电出版社 2005 年版，第 103 页。

饮水困难长期制约了当地农民生活条件的改善和农村经济的发展。据统计，2000 年居住在农村的人口占总人口的 64％。有相当大的一部分农村居民生活用水困难。在西部，饮水困难人口占农业总人口的四分之一。宁夏回族自治区1994 年有 46 万人、30 万只羊、13 万头大牲畜发生饮水困难，其中 20 万人要到 10 公里以外取水，最远的要 50 公里。在过去，只要一发生干旱就得远距离运水来解决农民的饮水问题，不仅水价昂贵而且纠纷不断。雨水是这里唯一的水源，所以寻找一种收集利用雨水的方法是解决当地水资源短缺问题的有效途径。实践证明，通过发展微型水利工程收集雨水，会有效地解决当地农民的饮水问题。农民利用房屋院落作为集雨场，把雨水引入水窖储藏，等到利用时再加以净化，就完全解决了日常的饮水问题。

其次，集雨工程有效地解决了粮食的增产问题。在集雨工程实施之前，干旱半干旱地区的宁夏也主要是靠天吃饭。雨水较多的年份还可以有一定的收成，在雨水少的年份，粮食产量就会大幅度下降甚至颗粒无收。干旱不仅制约着当地的生产和社会经济的发展，而且还加大了广大农民的贫困程度。若是在这些地区实施集雨工程情况就会有很大的不同。而且在这些地区，雨水大多集中在 6—9 月，若将多余的雨水收集起来缓解春旱、初夏旱，将大大提高农作物的产量。另据研究，作物在水分缺乏的情况下，有利于水分利用率的提高。表 8—7 展示了不同的农业技术对农作物的增产效果及原理。

表 8—7　　　　不同农业技术的生产力水平、增产原理及对环境的影响[①]

项目	主要技术	生产力水平（千克/公顷）	增产原理	对环境的影响
水保耕作	水保耕作、少量有机抗逆品种、深耕改土、施肥	450—750	水保肥土	不同程度的水土流失
梯田建设	有机肥、少量化肥	750—1500	增加土壤蓄水	基本控制水土流失
化肥良种配套	增加化肥良种配套	1500—2250	提高水分利用率和利用效率	除过度放牧外，植被破坏得到遏制
优化栽培	常规栽培技术优化组合、配套集成	2250—3000	提高水土光热资源效率	部分退耕还林
集雨灌溉	工程、生物、农业、管理、节水技术高度集成	＞3000	调控使用雨水、增加水分供应、雨水治旱	资源永续利用、生态良性循环

---

① 高俞兆、李小雁、苏德荣：《水资源危机》，化学工业出版社 2002 年版，第 114 页。

由表8—7可以看出集雨工程的实施不仅可以使粮食大幅度增产，而且具有多重的经济以及生态效益。因此，在西部的干旱半干旱地区实施集雨工程是很有必要的。

2. 社会效益和集雨工程的必要性

在极度缺水的地区，集雨工程不仅可以促进当地经济发展，而且还会带来相当大的社会效益。"在这个世界的很多角落有这样的一群孩子，他们每天行走七八个小时才能够获得水源，而当得到一天所需要的水时，他们这一天的生活也就结束了。"这是第四届世界水环境论坛上的发言。"在莫桑比克或埃塞俄比亚农村，人们用的是家中的妇女和年轻的女孩从河边取回的水。大约每个家庭成员仅享有5—10升的水。那种妇女取水的圣洁形象隐藏着一个更为残酷的事实。你不妨尝试一下扛着一只盛20升水的塑料容器，在炎炎烈日下步行4英里是什么滋味。"这是联合国开发署人类发展报告处处长凯文·霍金斯的原话[1]。其实在我国的西部干旱半干旱地区同样存在这样的现象，只不过在这里人们并不仅仅只用儿童和妇女去取水。1995年，甘肃发生特大旱灾，有300万人缺水，陇东有40万人要到10公里以外去取水，最远的有50公里左右[2]。有些地方1立方米水价高达100元，每桶5—10元，就是在非旱的年份也有一部分人因为缺水或缺好水而需要到外地拉水，劳动力资源浪费很严重。推行联产承包责任制之前，宁夏每个缺水生产队一般要为6户人家配备一头牲口、一辆架子车和相应的劳动力专门拉水。改革开放后，缺水地区每户要投入一个劳动力，每3—5天拉一次水。据估算，宁夏南部山区有50万户，每年投入3000—5000万个工作日。干旱缺水还影响农村的社会稳定。1987年河西走廊东部和陇中，年降水量只有往年平均降水量的4成左右，重灾县有46个，人口333万，牲畜544万头[3]，因严重缺水造成疾病流行和牲畜死亡，出现了为抢水打架、武斗的现象，引发了社会动乱。集水工程的建设极大地缓解了当地的饮水困难，解放了大批的劳动力，把节约的劳动力直接转移到农业生产和第三产业，发展了农村经济，而且还节省了大量政府、社会和农民用于拉水、运水的用工和资金支出。同时农业产业结构的调整，促进了生产、加工、储运等的发展，为社会

---

① 科文·霍金斯：《是消除水资源享有的鸿沟的时候了》，《世界环境》2006年第2期。
② 于法稳：《集雨工程是解决黄土高原半干旱区缺水问题的有效途径》，《中国水利》2004年第21期。
③ 刘颖秋：《干旱对我国社会经济影响的研究》，中国水利水电出版社2005年版，第94页。

提供了更多的就业机会，避免了因缺水而产生的社会动乱问题。从某种程度上说，雨水的集蓄利用促进了生产要素的合理配置，因而产生了巨大的社会效益以及经济效益。

3. 生态效益和集雨工程的必要性

我国西部地区的生态环境脆弱。全国的五大生态脆弱带除江南红壤脆弱带以外，占全国生态脆弱区面积82%的其余四大脆弱带均匀分布在西部地区，占全国耕地面积25%的坡耕地中有70%在西部；全国80%以上的水土流失在西部地区；92%的沙漠和沙土化土地集中在西部[①]。西部的干旱半干旱地区大多是生态比较脆弱的地区，由于经济发展、人口增长致使这一地区水资源进一步短缺，因而带来一系列生态环境恶化的问题。如草原面积退化、沙漠面积不断扩展以及河流、湖泊、水库等水体面积不断缩小等一系列问题。面对如此严峻的生态问题现状，集雨工程的实施会不会加剧生态的恶化（比如，减少地表径流可能产生的不利影响等）？答案是否定的。

首先，集雨工程不会减少河川的径流量。以黄河为例，黄河的径流系数仅为0.2，而在实施集雨节灌的地区径流系数还不到0.1，也就是说每集蓄1立方米雨水平均减少的径流量不足0.1立方米[②]。而且，为了改善生存条件，取水的问题总是要解决的，不集雨也要从河中取水，而这些措施对径流量的影响更大。

其次，集雨工程不会减少植被而对生态造成破坏。由于大部分的集流面都是天然的，如屋顶、道路、场院，不存在对植被不良影响。相反，集雨工程的实施还促进了一些地区的生态环境改善，这种改善体现在以下几方面：

第一，集雨工程有效地保持了水土。全国30个省市（区），水土流失面积超过10万平方公里的有7个，其中除山西外其余6个全部在西部，包括四川、内蒙古、云南、陕西、新疆、甘肃。对于雨水的利用可以有效地保持水土，其模式有主动和被动之分，雨水就地入渗利用模式是一种被动利用模式。黄土高原国土整治的"二十八字方针"的核心就是"全部降水就地入渗拦蓄"。在生产实践中，通过修梯田、鳞坑等水土保持工程措施，就地拦蓄雨水径流入渗，提高了作物的产量和林木的成活率，拦截分散了地表径流从而减少了对土壤的

① 杨东升：《中国西部地区的农村经济发展与自然生态环境的可持续性研究》，《经济科学》2006年第2期。

② 参见杨志保、汪山、潘远友、李慧《水资源知识》，黄河水利出版社2001年版。

冲刷侵蚀，水土保持作用十分明显。从雨水的利用角度来看，这是雨水的被动利用，但是这种利用的作用十分有限。然而，如果在田头、路边修一些水窖、沟道、塘坝、涝池等拦截雨水集中时期多余的雨水径流，到作物蓄水期再进行补充灌溉，既解决了作物林木在枯水季节因缺水而枯死减产的问题，同时也防止了暴雨径流对坡面、路面、沟头的侵蚀，这实际上是雨水的主动利用，因此就水土保持而言，雨水集蓄利用是就地入渗拦蓄的进一步延伸和拓展，在水土保持中更具积极的作用和意义。

第二，集雨工程为控制乱开滥垦、退耕还林（草）创造了条件。干旱地区农业的生产大多沿用广种薄收的传统模式。由于产量低，农民不得不依靠扩大种植面积求得温饱，形成了"越穷越垦，越垦越穷"的恶性循环。由于这种生产模式，西部生态环境已遭受巨大破坏，其沙化耕地面积达 110.77 万公顷，占本地区耕地面积的 2.24％，占全国沙化耕地面积的 43.21％。其中轻度、重度沙化面积占 87.95％[①]。西部地区也是我国草场退化的主要区域。不打破这个恶性循环，当地的经济就无法发展起来。为了加快西部地区的经济建设并与生态同步发展，中央提出了退耕还林（草）的政策。但是农民已经长期习惯了这种低效的生产模式，在现阶段如果要农民马上退耕，农民的粮食的绝对产量就会下降，这又会导致当地农民的贫困加剧，造成经济的停滞不前，显然达不到这项政策的目的。但是如果把集雨工程作为退耕还林的一项附加工程来做，就可以确保这项工程收到良好的效果，雨水的继续利用工程的建设使粮食的产量大幅度提高，传统的种植模式开始让位于精耕细作，为退耕还林（草）、调整产业结构的优化创造了较为宽松的前提条件，对整个农业和农村经济的发展起到了推动的作用。

雨水集蓄利用工程不仅为大力发展农业提供了水源，而且已经成为退耕还林（草）的水源工程。在西部的干旱半干旱地区，退耕还林（草）工程的效果既是改善西部生态环境的原因，又受到其自然条件的制约。如果没有必要的水源保证，这项工程便毫无意义。根据西部的特殊情况，在实施退耕还林（草）时实施集雨工程，就可以有效地保证此项工程的实施以及取得相应的效果。

---

① 参见陈健生《退耕还林与西部可持续发展》，西南财经大学出版社 2006 年版。

第三节 西部干旱地区集雨节水
工程筹资制度设计

集雨节水工程是决定西部发展的决定性要素。西部恶劣的自然环境是西部发展的瓶颈，而恶劣的环境要素中缺水处于第一位，它不但制约西部经济的发展和西部生态环境的改善，从而进一步妨碍西部干旱地区人民生活水平的提高。也就是说解决不了西部干旱地区的缺水问题，国家的西部大开发、解决西部"三农"问题、构建和谐社会等政策都将难以落实，至少是收效甚微，国家白费财力、物力、人力，最终结果必然与国家、人民所期望的相去甚远。因此，考虑到西部缺水地区的特殊状况，推进西部发展、实现和谐社会必然首先要解决该地区的缺水问题，它是关系民生的决定性要素。而解决西部干旱地区的缺水问题，就得推行集雨节水工程，实现西部旱区水资源的持续利用。集雨节水工程的实施能产生巨大的经济效益、社会效益和生态效益[①]。但集雨节水工程的实施需要投入大量的资金，同时集雨节水工程是一项"准公共产品"[②]，收益期长、见效慢，私人一般情况下均不愿投资该项目。目前该项目资金主要来源于国家财政拨款和社会捐助，资金来源渠道窄、资金量少。另外，西部地区人民生活水平普遍低下，无法完全筹集到实施集雨节水工程所需的资金，使所筹资金与所需资金严重错位，供需矛盾激烈。这一方面加重了国家财政负担，另一方面也严重阻碍西部经济的发展。那么如何才能筹到实施集雨节水工程所需的资金呢？这就需要从集雨节水工程自身出发，通过拓展投融资渠道来解决这一问题，因为水是一种资源，而且在西部它是一种稀有资源，因而本身就具有巨大的价值。这些特点为集雨节水工程实现多元化、多渠道融资提供了依据。集雨节水工程也只有实施多

---

① 魏文密、徐洁等：《宁夏彭阳县集雨节灌工程建设成效与对策》，《黑龙江农业科学》2006年第2期。

② 准公共产品是指具有不完全的非竞争性和非排他性的社会产品，是不纯的公共产品。现实中符合纯公共产品概念的只有国防。我们平常所说的城市公共产品、农村公共产品等都属于准公共产品。

元化、多渠道筹资才能融到更多的资金，才能保证集雨节水工程的大力推广。本书根据集雨节水工程本身特点结合现代先进投融资方式给出以下适合集雨节水工程融资的模式，供国家水利部门、地方政府对有关事项进行决策时参考。

一　集雨节水工程项目筹资方式

1. 债权融资模式

债权融资模式就是指融资主体通过举债的方式取得所需资金的一种融资方式，通过该种渠道融资使得融资主体成为在一定的期间内具有偿还债务义务的债务人。被融资主体一般是具有多余资金并且将要经过某种方式将所拥有多余资金进行投资取得增值的个人、社会团体、企事业单位等。债权融资模式具体包括以下几种形式：银行贷款、其他金融机构贷款、他国政府贷款、发行债券、民间资本融资等。在这里我们结合各种具体债权融资形式，对该模式在集雨节水工程中的具体运用进行解释。

（1）银行贷款

通过银行贷款融资具有多种形式，可以通过国内银行贷款也可以通过国外银行贷款。国内银行分为中央银行、政策性银行和商业银行，中央银行是发行货币和管理国家其他银行的总行，一般不对外贷款经营；政策性银行是国家设立的专门用于扶助国家经济发展的银行，不以营利为目的，因此从这类银行贷款需要国家政府的宏观调度，从而也可取得集雨节水工程所需的资金贷款；另外，实施集雨节水工程也可从商业银行取得贷款，目前四大国有商业银行占去了国内银行业的半壁江山，具有雄厚的资金实力。对于国外银行贷款，我们要积极争取具有贷款优惠政策的银行的贷款，例如，世界银行贷款、亚洲开发银行贷款等，这些银行只针对发展中国家进行扶助性贷款，主要贷款领域集中在农业、农村发展和能源运输等基础设施项目以及教育、环保等，而我国目前的状况恰好适合其贷款条件，并且集雨节水工程属于基础设施建设项目，具有取得贷款的有利优势。对于要求有担保或其他消除贷款风险条件的银行贷款，我们就以建造的集雨节水工程设施进行抵押或者以具有很高信誉的第三方进行担保。由于集雨节水工程是一宗准公共产品，某种程度上具有一定的排他性和竞争性，同时水资源是一种稀有资源①，因此集雨节水工程本身具有一定的价值，同时还可对所集的雨水进行经营取得收益，用它来抵押或者担保是可行的。

（2）其他金融机构贷款

集雨节水工程除了从银行进行贷款外，还可从其他金融机构融资，如信托公司、基金会、保险公司等，这些金融机构是通过将运用各种手段获得的资金投向某些预期能获得收益的项目从而取得利益的合法机构，实现这一利益获得的因素是货币的时间价值，即货币在流通领域经过一定时期的流通运转就能实现增值。由于集雨节水工程具有收益性，因而这种融资形式也是可行的，只不过它仍然需要一定的风险担保。只有转移或者承担了金融机构贷款的风险，才有可能融到所需资金。

（3）他国政府贷款

他国政府贷款是指贷款国用国家预算资金直接与借款国发生的信贷关系，是外国政府向发展中国家提供的长期优惠性贷款。政府贷款多数是政府间的双边援助贷款，少数是多边援助贷款，它是国家资本输出的一种方式。利用他国政府贷款是我国引进外资的一种重要模式，也是进行像集雨节水工程这样的基础设施建设的重要融资渠道和融资模式。他国政府贷款一般期限长、利率低、赠与成分高，按照国际惯例，政府贷款一般都含有 25％的赠与部分。目前向我国提供政府贷款的主要国家有日本、德国和科威特。因此在获得他国政府贷款时应将一部分用于集雨节水工程建设。

（4）发行债券融资

发行债券融资具有两种形式：一是发行地方政府债券，二是实行 ABS（Asset-Backed Securitizaition）债权融资，即资产证券化。发行地方政府债券在发达国家已成为一项成熟的资本市场融资工具，而在我国却受到了阻碍，在我国 1995 年开始实施的《中华人民共和国预算法》中明文规定："除法律和国务院另有规定外，地方政府不得发行地方政府债券。"由于受到该条法律的限制，不经国务院允许，地方政府不得自行发行政府债券，但由于地方经济发展

---

① 尽管水覆盖了地球表面的 71％，约为 $1.338×10^9$ 立方千米，但其中的 97.47％为含盐量较高的咸水，真正能够满足人类生理和生活需要的淡水资源仅占地球水总储量的 2.53％。即便在这些有限的淡水资源中，也有 70％以冰川、永久积雪、长年冻土和深层地下水的形式存在，分布在地表河湖、土壤和地下 600 米以内，能方便地供人们利用的淡水仅有 $1.065×10^7$ 立方千米，仅占全球淡水量的 30.4％和全球水资源总量的 0.80％。从这个意义上说，可供人类使用的水资源是稀缺的。

与城市基础设施建设的需要，一些经济发达地区通过地方政府投融资载体发行政府债券来取得基础设施建设资金，例如上海城市建设投资开发总公司在上海市政府的授权下发行债券，筹到了大量城市基础设施建设资金，有力地推动了上海市城市基础设施建设和上海经济发展。由于我国经济的持续稳定增长，城市化、农村城镇化的进一步发展，需要大量的基础设施建设基金，在国外地方政府债券已经普遍成熟运作的情况下，在我国发行地方政府债券势在必行，同时也有学者认为我国西部部分省市已经具备发行地方政府债券的条件①。目前在《预算法》没有修订的情况下，实施集雨节水工程筹资可借鉴上海市发行政府债券的形式进行，如先行建立集雨节水工程投资开发公司，并在政府授权的情况下发行政府债券，以最终经营所集雨水的收益支付该债务。

实行 ABS 债券融资需要以即将建成的集雨节水工程项目未来收益为保证，通过资本市场发行高档债券等金融产品来获得建设集雨节水工程的资金。发行 ABS 债券需要借助信用增级机构，这一步在整个资产证券化过程中显得尤为重要，这是因为资产支持证券持有者的投资利益能否得到有效保护和实现主要取决于证券化产生的信用保证。只有信用级别达到一定高度，发行的 ABS 债券才能销售出去，才能达到发行 ABS 债券的目的。信用增级可通过内部增级和外部增级的形式来实现。内部增级就是在开始发行 ABS 债券时允诺该债券具有直接追索权或者证券化资产的价值超过发行证券的面值（即超额负担），并建立用以弥补投资者损失的储备基金账户。外部信用增级主要是借助第三方担保或者保险公司保险来实现。关于 ABS 融资在我国早在 1992 年就有尝试，如 1992 年海南省三亚市开发建设总公司以三亚市丹州小区土地为标的物，在三亚、海口两市向持有三亚市身份证的居民以及海南的法人团体发行三亚地产投资债券，所筹资金用于小区的开发建设，发行金额为 2 亿元。在该小区开发完成后，该地产的销售收入及全部存款利息在扣除了各种费用和税金后，剩余部分即为投资者的投资收益。这次地产投资债券的发行模式具有典型的资产证券化特征。因此集雨节水工程也可借鉴该模式进行筹资。

（5）民间资本融资

民间资本融资是指地方政府将城镇居民闲散资金或储蓄转化为投资资本吸收到集雨节水工程建设项目中以进行项目建设的一种融资模式。根据统计资

---

① 胡春兰、成学真：《中国西部地区发行地方公债的可行性分析》，《甘肃金融》2006 年第 1 期。

料，截至 2005 年底，我国居民储蓄余额达 14.1 万亿元[①]，这一方面给银行带来了巨大的金融风险；另一方面也说明我国民间资金很丰富，尤其是经济发达地区的城乡村镇。因此，从我国民间也可融到大量集雨节水工程建设资金。集雨节水工程本身在利用上的某种排他性使得民间融资变得可能。民间资本参与集雨节水工程的建设可有效缓解政府的财政压力，更能有效地提高工程建设质量，同时也能普及项目管理经验和推进技术革新。民间资本融资具体有以下应用模式：

①PPP 模式。PPP（Public-Private Partnerships）模式是一种新型的公私合作现代融资模式，它是在 20 世纪 70 年代市场化程度较高的欧美国家公共服务民营化的浪潮中兴起的，又称公私合作制。一般是指公共部门与私人部门为提供公共服务而建立起来的一种长期合作关系。在合作关系下，政府部门与私人部门发挥各自的优势来提供公共服务，共同承担风险、共享收益。双方合作关系形式非常广泛，包括特许经营、建立合资企业、合同承包、管理者收购、管理合同、国有企业股权转让或者私人开发项目政府提供补贴等，不同形势下私人参与程度与承担风险各不相同。该模式运用于集雨节水工程筹资的实质是：政府通过给与私人合作伙伴某种利益（如长期特许经营权、收益权等）来换取建设集雨节水工程的资金。PPP 模式在我国水务的运用从理论和现实上均具有可行性，并且具有承担政府部门风险、帮助政府部门提高管理水平、提高资金利用效率等内在优势[②]。

②租赁模式。租赁模式是指政府将投资建成的集雨节水工程项目租给私人或民间组织，让承包商在租赁期内负责运营和维护，并从其经营收益中拿出部分上缴政府作为政府初期投资补偿和进行更多集雨节水工程的建设。这种模式下需要政府与承包商签订完善的租赁合同，政府负责融资和建设，承包商则进行运营和维护。

③特许经营。特许经营实质上是租赁模式的进一步深化，在租赁模式下承包商不需要在投资方面出更大的力，而在特许经营模式下则需要承包商承担更多的投资责任。承包商的特许经营权往往是通过竞标的方式取得。

④服务合同。服务合同是指在建造的集雨节水工程比较庞大的情况下，政

---

① 中国民间资本网：《我国居民储蓄余额达 14 万亿元 高储蓄加大金融风险》，http://www.ourzb.com/content/1455.htm。

② 刘海燕、易丽佳：《PPP 模式在我国税务行业应用的可行性分析》，《企业家天地》（理论版）2006 年第 4 期。

府将集雨节水工程建设中的部分项目转包给私营部门去实施，从而间接获得集雨节水工程建设的部分资金。该模式参与方式简单，有利于合理利用参与者在某一方面的专门技能，保证了工程建设的高质量。

2. 股权融资模式

股权融资模式是指在进行建设集雨节水工程并对其进行收益性经营时，先通过设立雨水投资开发股份制企业的方式募集资金，从而取得集雨节水工程建设资金的一种融资模式。该模式相当于设立股份制企业，因此，在设立时要有一定的招股书、企业章程、企业场所、名称等，按照国家有关法律由政府牵头设立。在企业成立后，根据未来集雨节水工程经营收益作为入股股东的股息和红利。

3. BOT 项目融资模式

BOT 是英文 Build-Operate-Transfer 的缩写，即建设—经营—转让。BOT项目融资是，政府同私营部门的项目公司签订合同，由该项目公司筹集资金并承建政府委托的公共项目，在双方协定的一段时间内，项目公司通过经营该项目，以及利用政府给与的其他补偿条件，偿还项目债务并收回投资和赚取利润。协议期满后，项目公司将项目无偿转让给政府。该项目融资模式用在集雨节水工程上就是政府首先与有承包意向的私营部门公司签订合同，约定由该项目承包公司负责筹资并建设集雨节水工程，建成后由其在一定期间内进行运营管理，协议期满后无偿转让给政府。BOT 项目融资代表着国际项目融资的发展趋势，在不断实践和发展的过程中在其基本形式的基础上衍生出了 BOOT（Build-Own-Operate-Transfer，建设—拥有—经营—转让）、BOO（Build-Own-Operate，建设—拥有—经营）、BOOST（Build-Own-Operate-Subsidy-Transfer，建设—拥有—经营—补贴—转让）、BLT（Build-Lease-Transfer，建设—租赁—转让）、FBOOT（Finance-Build-Own-Operate-Transfer，融资—建设—拥有—经营—转让）、DBFO（Design-Build-Finance-Operate，设计—建设—融资—经营）等多种变通形式。该项目融资模式具有以下优点：有利于减轻政府直接的财政负担；可以吸引外资，引进先进技术，提高管理水平；有利于提高项目的运营效率；有利于获得稳定的资金回报率。

4. 其他融资方式

除了以上融资方式外，还有政府财政拨款、社会团体或个人捐赠等融资方式。由于财政拨款需要政府有广泛的财政收入，在西部经济落后、地方政府财政收入有限的情况下，我们一方面需要有特殊的融资方式；另一方面我们要从有限的西部大开发资金投入中挤出一部分用于集雨节水工程建设，如国家或社会团体对西部投入的扶贫资金、国家投入到西部生态建设的资金，还有国家投入的社会主义新农村建设资金等。不论是国家推行的改善生态环境的退耕还林（草）工程和其他环境保护措施，还是促进西部发展的农业产业化、农业工业化、农村城镇化以及新农村建设、城乡统筹发展，均以解决西部干旱地区缺水问题为前提。在西部干旱地区，水成为民生之根本，也成为生态改善与环境保护之根本。在特殊的筹资模式中，我们要借鉴中国扶贫基金会的筹资模式，如通过义演进行募捐等方式进行筹资。另外，集雨节水工程项目融资不能囿于一般形式，要借鉴国外的先进水利融资模式，如日本、美国、德国的水利筹资模式等①；同时兼顾国内发达地区筹资水利资金的模式，如浙江、上海、江苏②以及广东、广西③的水务融资模式。广泛、多渠道、多手段进行集雨节水工程融资是获得集雨节水工程建设大量资金的保证，也是促进西部大开发、城乡统筹发展、改善西部生态环境的前提和基础。

二 集雨节水工程建设及经营管理

上述集雨节水工程各种融资模式均有一个前提——就是引入市场机制，集雨节水工程必须要市场化运作，这样才能不断地为建设集雨节水工程输入资金，同时也为促进西部发展、农民增收脱贫、解决"三农"问题提供有效措施和绝佳的手段。那么对集雨节水工程如何进行具体的运营管理呢？在具体运营过程中还要注意哪些问题呢？即集雨节水工程运作的内外环境如何界定？这里结合现代先进企业制度和集雨节水工程自身特点，并在借鉴发达国家水资源管理模式基础上提出设立雨水投资开发股份制企业的构想，并对其如何具体运作进行具体解释，并结合运作过程中要注意的问题提出相应的制度建议。

1. 建立雨水投资开发股份制企业的构想

在西部干旱地区水资源奇缺的情况下，如何合理利用雨水资源，对西部可持续发展至关重要，尤其是对人畜饮水、水土保持、生态保护、农业灌溉

---

① 徐家贵、徐雪红：《国内外典型水利投融资模式及启示》，《水利经济》2006年第1期。

② 张文、张旺、祖雷鸣、黄河：《浙江、上海、江苏水利投融资情况的调查报告》，《水利发展研究》2002年第1期。

③ 刘松深、祖雷鸣、乔建华：《关于广东、广西水利投融资对策研究的调查报告》，《水利发展研究》2002年第1期。

具有不可估量的作用。为了解决西部水资源缺乏问题，曾有学者提出利用虚拟水的办法，即通过贸易方式从富水国家或地区购买水密集型农产品来获得西部水和粮食的安全（程国栋，2003），既然有此构想足以说明水资源对西部发展的重要性，从而也说明了我们必须以最合理的方式利用水资源。那么如何才能合理利用而不造成水资源浪费呢？这就需要对水资源的利用引入市场机制，对其进行经营利用。同样，雨水作为西部水资源的一部分，毋庸置疑，也必须进行经营利用，设立专门的雨水投资开发企业，这需要政府部门的合理有效引导，同时要注意政企分开。那么如何合理设计雨水投资开发股份制企业呢？

第一，应由政府出具发起设立雨水投资开发股份制企业的意向书，并向社会公开招标，选择招标企业。

第二，由获标企业负责召集股东，召开股东大会并组织成立董事会，由政府有关机构领导人出席建立监事会，监事会可有适当的股东参与。

第三，设立企业二级部门，包括集雨工程建设部、集雨工程财务部、集雨工程规划部、集雨工程日常运营管理部、雨水产品推介部。其中建设部负责集雨节水工程的建设；财务部负责日常的资金筹资、运用，负责企业财务管理；规划部负责集雨节水工程的规划，即在何时何地如何最有效建立；日常运营管理部负责日常的雨水工程经营；雨水产品推介部相当于企业的营销沟通部门，负责向社会公众推介集雨工程产品。在上述基础上最终成立雨水投资开发股份制企业（包括公司）（如图8—4所示）。

第四，由成立的雨水投资开发股份制企业负责筹资并建立集雨节水工程，筹资时可参考本节第一部分所述融资方式，进行多渠道、多元化融资。

在建设集雨节水工程时将城市与农村分开对待，城市所集雨水净化后可用于城市居民日常生活饮用、城市街道卫生、建立水上娱乐场所等；农村所集雨水可用于农业灌溉，进行农业产业化、农业规模化生产，并将一部分雨水资源用于生态环境的建设，由国家负责出资，另外农村所集雨水也可净化后用于日常人畜饮用。考虑到一般情况下，农村集雨工程较为分散，农民收入有限，政府应当做出适当的补助。

第五，将获得收益保持适当留存的情况下进行分配，并将留存部分作为下一项目建设的资金。上述过程可循环发展，将集雨节水工程持续推行下去（如图8—5所示）。

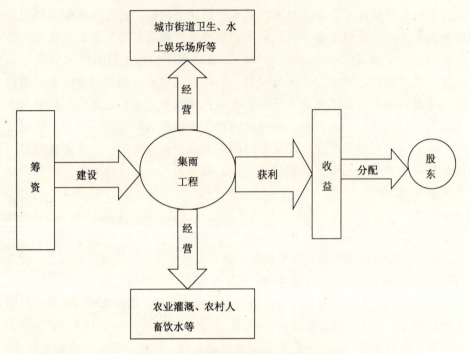

图8—4　雨水投资开发股份制企业结构图

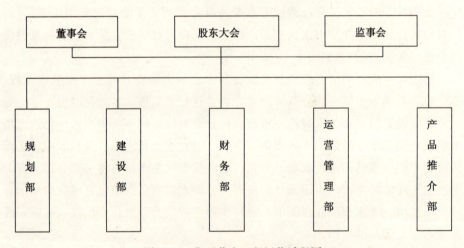

图8—5　集雨节水工程运作过程图

2. 实施集雨节水工程股份化市场运作的优点

如前所述，集雨节水工程既是一项关系西部发展、缩小东西差距、促进社会主义社会全面和谐发展、贯彻党的以人为本的社会发展观的基础设施工程，也是一项国家之对于西部干旱地区的准公共项目，因此，对它实施股份化、企业化、市场化运作具有显著的优点。

第一，有效利用社会各界的资金力量，大大减轻国家财政负担。由于集雨节水工程的融资方式多样，只要参与市场运作，就必然能筹到社会团体、个人等的大量资金，甚至可以从国际上融到资金，从而可以改变集雨工程始终以政府转移支付的方式获得发展的资金的状况，有效减轻国家财政负担。

第二，实现资金的合理高效利用，防止贪污腐败。集雨节水工程实施过程中吸纳了社会各界的投资，社会大众均参与其中，不但拥有了合理高效运用资金的人才，而且以市场为导向终能导致资金投向最有利的方向，实现资金的高效利用。另外，在雨水开发投资股份制企业中政府只起引导、监督作用，再加上社会公众的监督，可有效防止贪污腐败的发生。

第三，解决西部民生之根本问题，实现农民增收。西部干旱地区最为根本的问题是缺水问题，水关系着西部干旱地区人民的生存问题，集雨节水工程的实施能有效解决西部缺水问题。同时由于对雨水进行市场化经营，农民可从中获得收入，增加西部农民的可支配收入，解决西部大多数农民的贫困问题。

第四，促进地方行政体制改良，提高地方政府管理水平。市场化机制的引入使得地方政府不得不根据需要改进地方行政体制，以适应市场机制的发展，从而从另一个侧面不断提高地方政府的管理水平，以适应我国经济的飞速发展，革除落后地区政府的低效体制。

第五，实现水资源的高效利用，顺应社会节水倡导。我国目前的水资源安全形势十分严峻：全国水资源总量为 28124 亿立方米，占全球水资源的 6%，居世界第四位，但我国人均水资源量仅为 2200 立方米，是世界平均量的 25%，居于世界第 110 位，是世界上人均水资源最贫乏的 23 个国家之一[①]。尤其是西部干旱地区人均水资源更为匮乏，年径流量为 1000 亿立方米，仅占全国的 4%，而水资源仅占全国的 18%，人均水量 654 立方米，为全国人均的 24.1%[②]，因此，实施集雨节水工程，实现雨水资源的经营利用，能提高水资源利用技术，防止水资源浪费，为社会营造一片节水的氛围，顺应全国以至全

---

① 张志强、程国栋：《虚拟水、虚拟水贸易与水资源安全新战略》，《科技导报（资源环境）》2004 年第 3 期。

② 马致远：《西北水资源的可持续利用》，《西北水资源与水工程》2003 年第 3 期。

球的节水倡导。

第六，有利于雨水产权的明确界定，为水资源产权的界定提供借鉴。对集蓄雨水实施股份化企业制经营，可使雨水所有权、经营权、使用权三权分立，所有权属于国家，经营权属于从事雨水工程经营的企业，而使用权却属于通过补偿取得雨水的个人和团体，明确界定了雨水产权。同时雨水产权的界定方法也为我国其他水资源产权的界定提供了可借鉴的经验。

3. 实施集雨节水工程股份化企业运作需要注意的问题

尽管西部干旱地区实施集雨节水工程股份化企业运作具有诸多优点，但在当前我国基本国情及市场经济条件下仍有以下问题在实施集雨节水工程时值得注意。

（1）我国还未形成十分健全的水资源市场，对实施集雨节水工程股份化企业运作具有一定的约束。尽管我国目前的关于水资源的理论很丰富，但很多理论直接借鉴国外发达国家的理论，相对于我国的水资源市场状况具有一定的超前性。另外建立完善的水市场还需要较长的时间，因为这在很大程度上受到水资源产权明确界定的制约，只有水资源产权明晰了，才能降低水市场上水产品的交易费用，才能保证水市场有效。

（2）西部干旱地区农民对水资源认识的观念以及对水资源市场化的可接受程度对推行市场化运作的集雨节水工程具有一定的制约作用。西部干旱地区贫困而落后，人民观念也在一定程度上受这些客观因素的制约落后于发达地区人民的观念，因此必然影响西部干旱地区农民对实施集雨节水工程的积极性。

（3）我国法律法规对推行集雨节水工程股份化企业运作的影响。我国目前存在的《水法》、《防洪法》、《水土保持法》等法律均没有对雨水进行股份化企业运作做出明确的规制，从而也容易产生法律上的纠纷。另外雨水如何定价也还需要商榷，需要政府做出明确的规制，以防乱抬水价或者滥用雨水定价权，给雨水资源使用者造成利益伤害。

（4）集雨节水工程股份化企业运作的风险问题。集雨节水工程作为一项基础设施建设，对其进行市场化经营运作必然有一定的风险，很有可能资金投入者最终一无所获。如果投资者是干旱地区农民，如果遭受损失，那么对他们而言是雪上加霜。因此，风险如何承担也是值得探讨的一件事。

（5）雨水储备对继续建设集雨节水工程的影响。由于储备了大量雨水资源后就相当于占用了继续建设集雨节水工程的资金，毕竟集雨节水工程所筹资金是有限的。那么如何既储存大量雨水又不对继续加大集雨节水工程建设造成制约呢？这也是需要解决的迫切问题。

三　实施集雨节水工程的制度建议

集雨工程实施几年来在各地区均取得了不同程度的成绩，是干旱地区发展农业增加农民收入的有效途径。集雨工程不但减少了地表径流的冲刷，减少了土壤的侵蚀程度，有效防止了水土流失，使生态环境得到了改善，而且还为退耕还林（草）、调整农业产业结构创造了较为宽松的条件，也成为了退耕还林的水源工程。但是，这项工程在发展的过程中还是存在一些问题的，下面主要从资金、技术、管理等方面分析并提出相关的制度建议。

1. 要加大对集雨工程建设的扶持力度

目前主要是资金短缺问题，迫切需要加大投入力度，否则这些地区的不少群众要长期在贫困线上徘徊，或者脱贫后再度返贫。建议当地政府进行雨水集蓄利用规模方面的可行性分析，制定一个经济可行、社会接受和生态环境可承受的发展规划，并且与国家、省区等在该区的扶贫工作结合起来使扶贫资金和其他资金用于增加农业发展能力上。

第一，合理使用国家的扶贫资金。在《国家八七扶贫攻坚计划》中已经包含了促进贫困地区农业发展的一整套措施，包括改良土地、小规模水利工程以及发展粮食作物、养殖业、林业作物和经济作物等所需的一整套技术。其中对于诸如小型水利工程、饮水系统和小农具投资比较关键，因为这可以使农户重新分配劳动力，把劳动投入到有较高产出的工作上。虽然国务院扶贫开发小组负责协调全国的扶贫工作，但并不掌握详细的扶贫计划以确保所有的扶贫资金都会让贫困人口受益。这种权力有限和人员不足的情况直接造成的后果，一是许多扶贫资金被用于贫困人口不能受益或者受益很少的项目，如投资于当地的工业；二是大量的扶贫工程虽然只针对贫困人口，但其中质量低劣、不符合标准的比例很高，到了让人不能接受的地步。在西部这种情况尤其突出。所以，在现有的扶贫系统中，扶贫部门在制定资金的使用和监测中应该发挥更重要的作用。建议扶贫部门合理地制定资金的使用计划，实行专款专用，多投资于农业项目，如雨水的集蓄利用工程。这将大大促进西部干旱半干旱地区的农业经济发展，实现贫困地区的农民脱贫。

第二，合理使用收入转移的资金。除去国家的专门扶贫资金外，社会以及国际上都会有大量的针对贫困地区尤其是干旱缺水地区的资助。这些资助是以收入转移的形式进行的，而且更多是用在与农民密切相关的项目中的。这些资金的根本目的还是彻底改变农民的生存状态，使农民早日脱贫。在干旱的西部地区，将部分资金用于集雨工程的发展将是一个事半功倍的措施，它将从根本上解决该地区的农业发展的问题。

第三，合理使用专门针对妇女和儿童的救助资金。妇女和儿童本来就是弱势群体，在西部的很多干旱地区，取水的任务主要是妇女和儿童的。这不仅使她们自身的发展受到限制，而且也会因此导致劳动资源配置的不合理，这又会使该地区的经济长期发展受到一定程度的阻碍。如本书前面分析所示，干旱缺水致使该地区的农户要用专门的人员从事取水的工作，至少在一定时期是这样的。而这些人大多是妇女和儿童，妇女因此被束缚而不能得到报酬更高的工作；对于儿童而言，他们失去了受教育的机会。因此，建议这些专门针对贫困地区妇女和儿童的救助资金能起到"标本兼治"的作用，从根本上解决该地区的贫困问题。在这一方面比较有影响力的例子就是前些年在甘肃进行的"母亲水窖"工程，取得了良好的效果。

第四，合理利用小额信贷和退耕还林的经济补偿金。小额信贷是最近几年在贫困地区比较常用而且颇为有效的一种融资方式，它对于贫困地区农民进行各种脱贫项目具有重大的意义。其操作灵活、方便，对农民的帮助很大。在西部的干旱地区，农民可以通过小额信贷来进行雨水集蓄利用工程的建设，等到这项工程发挥了效益以后，再还清贷款。

经济补偿是退耕还林的关键和核心，补偿制度的是否合理直接影响到退耕还林的持续推进以及后续产业的培育、生态巩固等多方面。因此，研究退耕还林补偿政策具有十分重大的意义。2004年至今，退耕还林的政策经过多年的实践和调整，最终确立为全面补钱。从钱粮补助到全面补钱是退耕还林补助政策的一个重大调整。

由于退耕还林是一项生态公共产品并且具有正的外部效应，即使不愿意为退耕付费的企业或个人，同样能够享受到因退耕还林而带来的生态环境改善所产生的效用，所以政府如果不进行合理的补偿制度，退耕户很难有动力主动地退耕还林。再加上干旱缺水，退耕的效果就可想而知了。所以，政府在进行退耕还林的经济补偿时一定要考虑既要最大限度地调动退耕户的积极性，又要使退耕资金得到合理的使用，发挥出最大的效益。针对西部干旱缺水地区，政府的退耕补偿金可划出一部分进行小型水利工程建设，如雨水的集蓄利用工程，这样，既可以使政府的补偿金得到最有效的利用，又可以调动农民的积极性。

因为农民既可以通过这项工程保证退耕林的成活及生长，也可以用来灌溉自己的农作物，确保退耕后不减产。政府可以直接修建水窖作为退耕补偿金的一部分，也可以直接将补偿金给农民，让农民自己修建水窖，还可以采用政府和农民相结合的方式建设。对于不同的地方采用不同的形式，以达到最佳的效果。

2. 强化技术服务和监督支撑体系

雨水的集蓄利用工程牵涉千家万户，但当地群众的文化教育水平相对较低，在短期内使所有的农民都能利用雨水集蓄进行生态农业建设，增加收入，也是不现实的。因此，随着雨水集蓄利用技术的推广，强化技术服务体系的关键是要普及雨水集蓄利用的知识，培训从事雨水集蓄利用的规划设计、施工管理的技术人员，避免雨水集蓄利用工程建设的盲目性。

3. 加强对已有工程的管理，提高其利用效率

雨水集蓄利用工程能否发挥作用关键在管理，再好的工程如果缺乏有效的管理，其效益就无法发挥，要把能蓄上雨水作为集雨工程的管理重心，除农户自管外，社区（村）在雨季要派人对集流场、引水沟、沉淀池及水窖进行检查，以确保在雨季收集到尽可能多的雨水。

在解决了水源问题以后，应引导农民适应市场需求，结合其他先进技术，调整农业产业结构，发展商品经济。同时结合西部大开发，引导农民将退下来的耕地种植人工牧草，发展养殖业或是种植经济林木，增加收入。

参 考 文 献

[1] 王铁军：《中国地方政府融资 22 种模式》，中国金融出版社 2006 年版。

[2] 徐茂魁：《现代公司制度概论》，中国人民大学出版社 2006 年版。

[3] 魏文密、徐洁：《宁夏彭阳县集雨节灌工程建设成效与对策》，《黑龙江农业科学》2006 年第 2 期。

[4] 胡春兰、成学真：《中国西部地区发行地方公债的可行性分析》，《甘肃金融》2006 年第 1 期。

[5] 刘海燕、易丽佳：《PPP 模式在我国税务行业应用的可行性分析》，《企业家天地》（理论版）2006 年第 4 期。

[6] 徐家贵、徐雪红：《国内外典型水利投融资模式及启示》，《水利经济》2006 年第 1 期。

[7] 张文、张旺、祖雷鸣：《黄河、浙江、上海、江苏水利投融资情况的调查报告》，《水利发展研究》2002 年第 1 期。

[8] 刘松深、祖雷鸣、乔建华：《关于广东、广西水利投融资对策研究的调查报告》，《水利发展研究》2002 年第 1 期。

[9] 张志强、程国栋：《虚拟水、虚拟水贸易与水资源安全新战略》，《科技导报（资源环境）》2004 年第 3 期。

[10] 马致远：《西北水资源的可持续利用》，《西北水资源与水工程》2003 年第 1 期。

[11] 金典慧、雷健波、张菊清：《日本水资源管理的启示》，《广西水利水电》1998 年第 2 期。

[12] 王宏江、陆桂花：《水市场及水交易问题》，《水利水电技术》2003 年第 9 期。

[13] 吕忠梅：《环境法新视野》，中国政法大学出版社 2000 年版。

[14] 贾登勋、孙阿凡：《雨水资源集蓄的市场化探讨》，《兰州商学院学报》2004年第12期。

[15] 中共中央、国务院：《关于推进社会主义新农村建设若干意见》2006年第2期。

[16] 丁祖全：《榆中集雨节灌农业》，《内部资料》2002年第3期。

[17] 丁圣彦、杨好伟：《集水农业生态工程》，河南大学出版社2001年版。

[18] 徐杰、金艳：《农村卫生的一项战略性选择》，《中国初级卫生保健》2006年第12期。

[19] 贾登勋主编：《环境与资源保护法论丛》，兰州大学出版社2007年版。

[20] 贾登勋、许丽婷：《试论集蓄雨水的所有权》，《科学·经济·社会》2005年第3期。

[21] 朱玲：《公共资源配置的一个误区》，《国际经济评论》2000年第3期。

[22] 盛维德：《实施雨水集蓄利用工程 实现水资源可持续利用》，《中国水利》2003年第7期。

[23] 水利部农村水利司农水处编：《雨水集蓄利用技术与实践》，中国水利水电出版社2001年版。

[24] 张祖新：《雨水集蓄工程技术》，中国水利水电出版社1999年版。

[25] 《甘肃省黄土山区雨水集蓄利用技术》。

[26] 《甘肃省集雨节灌工程建设管理办法》。

[27] 《甘肃省集雨节灌工程资金使用管理办法》。

[28] 《甘肃省雨水集蓄利用工程技术标准》。

[29] 刘伟：《中国水制度的经济学分析》，上海人民出版社2005年版。

[30] 林洪孝：《水资源管理理论与实践》，中国水利水电出版社2003年版。

[31] 苏德荣、冯会胜、陈垣：《埃塞俄比亚的集水技术》，《中国农村水利水电》2004年第8期。

[32] 徐方军：《波斯尼亚和黑塞哥维那水资源开发与管理》，《水利发展研究》2006年第8期。

[33] 何京：《德国水资源综合利用管理技术》，《国外水利》2005年第

6 期。

[34] 张勇、常云昆:《国外水权管理制度综合比较研究》,《水利经济》2006 年第 4 期。

[35] 高德宏、曲歌今:《浅论美国的水资源管理体系》,《水利科技与经济》2006 年第 7 期。

[36] 水利部赴南非、埃及水资源管理体制考察团:《南非、埃及水资源管理体制对我国的借鉴意义》,《水利发展研究》2005 年第 4 期。

[37] 刘延恺:《东京墨田区的雨水利用及其补助金制度》,《北京水利》2005 年第 6 期。

[38] 奕永庆:《雨水利用的历史现状和前景》,《中国农村水利水电》2004 年第 9 期。

[39] 水利部农村水利司农水处:《雨水集蓄利用技术与实践》,中国水利水电出版社 2001 年版。

[40] 张敦强、龚孟建:《我国雨水集蓄利用的实践与探索》,《中国农村水利水电》2001 年第 9 期。

[41] 迟方旭、贾登勋:《西部雨水集蓄合伙企业法律制度初探》,《兰州大学学报》2005 年第 1 期。

[42] 刘乃行、赵首创:《山丘区雨水集蓄工程开发与应用经验探讨》,《地下水》2005 年第 2 期。

[43] 水利部南京水文水资源研究所:《21 世纪中国水供求》,中国水利水电出版社 1999 年版。

[44] 张艳玲、葛芬莉、周红:《西部水资源开发利用中存在的问题及对策》,《水资源保护》2001 年第 4 期。

[45] Malin Falkenmark. Water scarcity and population growth: a spiraling risk, *Ecodeision*, 1992, 21 (9)

[46] 雷刚旭:《西部大开发中的四川水资源问题》,《农村经济》2002 年第 3 期。

[47] 李周、宋宗水、包晓斌、于法稳、王利文:《化解西北地区水资源短缺的研究》,中国水利水电出版社 2004 年版。

[48] 程维明、周成虎、汤奇成:《我国西部水资源供需关系地区性差异变化研究》,《自然资源学报》2001 年第 4 期。

[49] 三石、李沉:《水多水少都是灾——访著名灾害经济学家于光远》,

《城市防灾减震》2000 年第 5 期。

［50］董增川、刘凌：《西部地区水资源配置研究》，《水利水电技术》2001 年第 3 期。

［51］张艳玲、葛芬莉、周红：《西部水资源开发利用中存在的问题及对策》，《水资源保护》2001 年第 4 期。

［52］杨志保、汪山、潘远友、李慧：《水资源知识》，黄河水利出版社 2001 年版。

［53］刘小勇、吴普特：《雨水资源集蓄利用研究综述》，《自然资源学报》2000 年第 2 期。

［54］杨东升：《中国西部地区的农村经济发展与自然生态环境的可持续性研究》，《经济科学》2006 年第 2 期。

［55］陈健生：《退耕还林与西部可持续发展》，西南财经大学出版社 2006 年版。

［56］刘颖秋：《干旱对我国社会经济影响的研究》，中国水利水电出版社 2005 年版。

［57］高俞兆、李小雁、苏德荣：《水资源危机》，化学工业出版社 2002 年版。